Dana Fuchs & Christoph Muck

Antifa heißt Anruf

Dana Fuchs ist Sozialwissenschaftlerin und beschäftigt sich mit den verschiedenen Erscheinungsformen und Akteuren der rechten Szene. Seit 2009 arbeitet sie im Bereich der politischen Bildungsarbeit und ist Argumentations- und Handlungstrainerin gegen rechte Hetze.

Christoph Muck ist aktiv bei der Erwerbslosenintiative BASTA! und lebt in Berlin.

Dana Fuchs & Christoph Muck

Antifa heißt Anruf

Organizing als Strategie gegen Rechts

UNRAST

Bibliografische Information der Deutschen Bibliothek
Die Deutsche Bibliothek verzeichnet diese Publikation in der Deutschen Nationalbibliografie; detaillierte bibliografische Daten sind im Internet über http://dnb.ddb.de abrufbar.

Diese Publikation wurde von der Rosa Luxemburg Stiftung gefördert.

Dana Fuchs, Christoph Muck: Antifa heißt Anruf
1. Auflage, Oktober 2019
ISBN 978-3-89771-272-0

Postfach 8020, 48043 Münster – Tel. (0251) 66 62 93
www.unrast-verlag.de – kontakt@unrast-verlag.de
Mitglied in der assoziation Linker Verlage (aLiVe)

Umschlag: David Hellgermann, Münster
Satz: UNRAST Verlag, Münster
Druck: Multiprint, Kostinbrod

Inhalt

Vorwort
Warum das Ganze? 7

1 Wenn reden gefährlich wird –
Rechte Kommunikationsstrategien 13

2 Alles eine Suppe –
Anknüpfungspunkte rechter Ideologie
an kapitalistische Verwertungslogik 35

3 Mit wem reden? –
Das Konzept des Organizing 63

4 »Mach mit, gönn dir!« –
Beispiele aus der Praxis 82

4.1 Um wen geht's? 82

4.2 Arbeitsweisen und die Mühen des Alltags 86

4.3 Mobilisierung: Ansprache, Wirkung, Reichweite 103

4.4 Linke Szene: schwierig, aber unverzichtbar 121

4.5 Antifaschismus! 128

4.6 Vom Kleinen zum Großen –
Gewinnbare Kämpfe und der revolutionäre Anspruch 134

4.7 safe with each other – dangerous together 143

Literaturverzeichnis 156

Zeitungen 159

rechte Quellen 160

Adressen 161

»Wir gewinnen nur, wenn wir kämpfen.«
(Emma Harris)[1]

Vorwort

Warum das Ganze?

Es ist kalt in Deutschland – spätestens seit 2014 verschärft sich die Lage für viele Menschen enorm. Der sogenannte Rechtsruck klopft nicht mehr nur an die Gesellschaft an, sondern er verstetigt sich immer mehr. Studien[2], die seit Jahren von einer zunehmenden Legitimierung der Gewalt sprechen, zeigten in den letzten Jahren ihre brutale Realität. So brannte beispielsweise im Dezember 2017 ein Wohnhaus in Plauen in dem unter anderem auch Romnja wohnten. Anwohner*innen applaudierten, riefen »Lasst sie brennen!« und hielten die Rettungskräfte vom Löschen des Brandes ab[3]. Ein 20-Jähriger, der gemeinsam mit seinem Vater an der Behinderungsaktion beteiligt war, wurde vom Amtsgericht Plauen verurteilt einen Aufsatz mit dem Thema ›Ausländerfeindlichkeit bei nichtkriminellen Migranten‹ zu schreiben. Applaudiert wurde auch bei der Verkündung des ähnlich absurden Urteils[4] im NSU-Prozess im Juli 2018. Nach über fünf Jahren endete der Prozess damit, dass Neonazis laut auf der Besucher*innentribüne jubelten[5].

---

1 Mitglied und Mitarbeiterin bei POWER (*People Organized to Win Employment Rights*)

2 Hier vor allem zu nennen sind die *Mitte-Studien* um Andreas Zick, Beate Küpper und Daniela Krause, die im zweijährlichen Rhythmus erscheinen.

3 Vice (2018): *»Lasst die brennen«. Gaffer beschimpfen Retter vor brennendem Haus, in dem Roma leben.* In: https://www.vice.com/de/article/9knzy8/lasst-die-brennen-gaffer-beschimpfen-retter-vor-brennendem-haus-in-dem-roma-leben.

4 Die Urteile lesen sich wie folgt: Hauptangeklagte Beate Zschäpe lebenslänglich, Ralf Wohlleben 10 Jahre, André Eminger 2,5 Jahre, Holger Gerlach 3 Jahre und Carsten Schultze 3 Jahre. Das Urteil bleibt damit hinter der Forderung der Bundesanwaltschaft zurück. Besonders die Freilassung von Ralf Wohlleben knapp eine Woche nach der Urteilsverkündigung ist für viele Angehörige nicht nachzuvollziehen (vgl. NSU Watch (2018): *Abhaken statt aufklären. Das Urteil im NSU-Prozess soll die unhaltbare Trio-These zementieren.* In: https://www.nsu-watch.info/2018/08/abhaken-statt-aufklaeren-das-urteil-im-nsu-prozess-soll-die-unhaltbare-trio-these-zementieren/).

5 Endstation Rechts (2018): *Wenn Neonazis den Rechtsstaat verhöhnen.* In: https://www.endstation-rechts.de/news/wenn-neonazis-den-rechtsstaat-verhoehnen.

Ebenfalls begeistert aufgenommen von der extremen Rechten wurde der Einzug der AfD in den Bundestag und diverse Landtage, aber auch die unzähligen Einladungen von Götz Kubitschek und anderen Vertreter*innen der *Neuen Rechten* in Talkshows, Podiumsveranstaltungen und auf Buchmessen. Während bei diesen Veranstaltungen das Phantom der ›Umvolkung‹ propagiert wird, organisieren sich Kreise in der Bundeswehr zum Staatsstreich und führen Todeslisten vermeintlicher Gegner*innen[6]. Währenddessen erhält die Anwältin Seda Başay-Yıldız mehrere Drohbriefe, die mutmaßlich auf ein extrem rechtes Netzwerk in der Frankfurter Polizei zurückgehen[7]. Nicht selten werden solche Drohungen brutale Realität, jeden Tag passieren in Deutschland circa fünf rechte Straftaten (Röpke 2018: 192). Opferberatungsstellen zählen rund 192 Todesopfer rechter Gewalt seit 1990.

Während sich extrem-Rechte in Parlamenten, staatlichen Institutionen, Bürger*inneninitiativen und losen Zusammenhängen immer mehr etablieren, werden Geflüchtete bereits kriminalisiert, bevor sie einen Asylantrag stellen können. Kriminalisiert und handlungsunfähig gemacht werden außerdem Seenotretter*innen, die unzählige Menschen vor dem Ertrinken im Mittelmeer bewahren wollen[8]. Rechtsansprüche für Minderheiten und Schutzsuchende werden zu Privilegien.

Rechte Themen werden verstärkt von der breiten Öffentlichkeit aufgegriffen und teilweise gemeinsam mit rechten Akteur*innen diskutiert. Rechten Erzählungen wird oft mit der Motivation, die ›Sorgen der Bürger*innen ernst nehmen zu wollen‹, Raum gegeben. Doch diese Einladungen extrem rechter Akteure auf Podien entzaubert weder ihre Ideologie, noch kann sie sinnvoll den Sorgen von Bürger*innen auf den Grund gehen. Denn um diese ernst zu nehmen, braucht es neue Gesellschaftsentwürfe und solche werden nicht gemeinsam mit Nazis entwickelt. Diese Gesprächsangebote bieten einzig und allein den Raum für rechte Hetze, Verachtung und Ausgrenzung.

In der Diskussion darum, wie sich rechte Strukturen und Akteur*innen erneut etablieren konnten, wird nicht selten linken Theoretiker*innen,

---

6 taz (2018): *Hannibals Schattenarmee*. In: http://www.taz.de/!5548926/.

7 Zeit Online (2019): *Frankfurter Anwältin erhält vierten Drohbrief von ›NSU 2.0‹*. In. https://www.zeit.de/politik/deutschland/2019-02/seda-basay-yildiz-drohbrief-frankfurter-rechtsanwaeltin-rechtsextremismus.

8 Weitere Informationen unter https://solidarity-at-sea.org/?lang=de.

Bewegungen und Ideen die Schuld gegeben[9] – es mangle angeblich an einer sinnvollen Gesellschaftsutopie.

Es mag stimmen, dass die linke Bewegung – so vielfältig sie ist – sich teilweise in Identitätspolitiken verliert, elitär ist oder sich zu sehr in der eigenen Blase aufhält. Aber jeder Mensch hat die Verantwortung für sein eigenes Denken und Handeln. Polemisch gesagt, niemand muss Rassist*in sein, nur weil es keinen Infoladen im eigenen Viertel gibt.

Allerdings stimmt es, dass linke Bewegungen es selten schaffen (Beteiligungs-) Perspektiven zu bieten und gesamtgesellschaftliche Lösungen transparent zu machen – denn die gibt es. Auch das praktische Mitdenken vom Lebensalltag und -realitäten anderer muss Teil linker Arbeit werden. Zum anderen sind linke Bewegungen gefordert, die eigenen Strategien zu überdenken. Ein erfolgreicher Antifaschismus wird nicht auf linken Szene-Inseln möglich, in denen extrem Rechte nur virtuell oder bei Protesten vorkommen. In vielen Orten sind Antifaschist*innen damit konfrontiert, dass rechter Ideologie Verständnis und Nachsicht entgegen gebracht wird, »dass rassistische Ressentiments tief verankert sind, dass man es mit Bündnispartner*innen zu tun hat, die den ›Sorgen‹ der AfD-Anhänger*innen zuhören möchten oder aber sagen, man müsse sich solchen Meinungen stellen.« (ak 2017 / 2018: 4).

Auch eine umfassende und alltagsnahe Kapitalismusanalyse muss wieder vermehrt in den Fokus linker Arbeit genommen werden. Denn immer mehr Menschen sind von prekären Arbeits- und Lebensbedingungen betroffen, verarmen oder werden marginalisiert. Und auch Menschen, die bisher vom Kapitalismus profitiert haben, verlieren zunehmend ihre Privilegien oder spüren die Folgen seiner krisenhaften Immanenz. Dieses krisenhafte Wesen des Kapitalismus zu beschreiben und einzuordnen ge-

---

9 Vergleich dazu: »Bislang war [die Linke] unfähig, eine glaubwürdige Alternative zu entwerfen und mit fantasievollen Programmen jenem rechten Antimodernismus Paroli zu bieten, der die Bürger für dumm verkauft und ihnen weismachen will, man könne die Folgen der Globalisierung mit einfachen Mitteln in den Griff bekommen. [...] Die Linke war unfähig, den Ärger der Bürger durch eine gemeinsame Zukunftsvision für Italien aufzufangen, denn es genügt einfach nicht, die Bitterkeit zum Schweigen zu bringen, man muss schon Hoffnungen wecken.« (Zeit Online (2018): *Handwerker der Wut.* In: https://www.zeit.de/2018/27/italien-rechtspopulismus-lega-fuenf-sterne-bewegung/komplettansicht). *Sowie*: Spiegel Online (2017): *Was heißt ›links‹ eigentlich noch?* In: http://www.spiegel.de/wissenschaft/mensch/ideologien-was-heisst-das-eigentlich-noch-links-kolumne-a-1141372.html

hört seit seiner Entstehung zum Repertoire linker Theorie und Praxis und doch schafft es die Rechte zunehmend Menschen, die besonders stark von den kapitalistischen Krisen betroffen sind, mit ihren Parolen zu erreichen.

Wir richten uns daher an alle, die sich mit dieser Schwäche linker Praxis nicht abfinden wollen. Denn um reaktionären und extrem rechten, vermeintlichen Lösungsansätzen, die Attraktivität zu nehmen, reicht es nicht aus, Menschen in prekären Lebenslagen in Flyern und Demoaufrufen zu erwähnen. Organisierungskonzepte müssen noch stärker von linken Bewegungen, Vernetzungen und Kämpfen ernst genommen werden. Eine Verankerung linker Politik im Alltag der Menschen und die Einbeziehung ihrer konkreten Interessen muss ein Ausgangspunkt linker Praxis werden. Denn nur im Alltag verankerte Formen der Solidarität und Selbsthilfe, die verbunden werden mit dem Mut, offensiv den sozialen Konflikt zu suchen, können letztendlich erfolgreich sein.

> »Sobald Menschen echte Beziehungen miteinander aufbauen und die Strukturen erkennen, die ihre Probleme verursachen, sehen sie sich selbst eher in der Lage, etwas zu verändern, a,5nstatt einfach nur Objekt der kalten Grausamkeit des Lebens zu sein.« (Williams 2013: 22).

Eine Organisierung muss daher über die eigenen Privatzirkel und Kleingruppen hinaus in die Gesellschaft wirken und darf nicht zu einem Aktivismus erstarren, der einzig eine Kampagnenpolitik verfolgt (Foltin 2016: 25f.) Dieses Überwinden der eigenen Subkultur führt zwangsläufig zu der Schwierigkeit, sich mit reformistischen Forderungen auseinanderzusetzen und trotzdem an einer grundsätzlichen Umgestaltung der Gesellschaft zu arbeiten. Es müssen zudem Orte entstehen, an denen kapitalistische, nationalistische und menschenverachtende Werte, Normen, Denkweisen und Strukturen infrage gestellt und verändert werden können. Orte, an denen sich auf Augenhöhe begegnet wird und emanzipative Werte und Ideen entstehen können. Selbstorganisierte Strukturen ermöglichen nicht nur eine emanzipative Verbesserung von Lebensalltagen, sondern bieten einen halbwegs realistischen Schutz gegen kapitalistische Abwertungsprozesse.

Dies ist alles nicht neu, sondern bereits seit Jahren – mittlerweile Jahrzehnten – als Erzählung in der Linken kultiviert und gehört fest zum Kanon linker Gruppen. Was dagegen oftmals fehlt, ist das Beschreiten der zugehörigen Praxis und einer Auseinandersetzung darüber, die Mittel und Wege eben dieser Praxis zu verbessern. Ein kurzer Blick in die USA kann dabei helfen, mögliche Techniken stärker in den linken Diskurs einzuführen und eine Diskussion darüber anzustoßen. Das dort aktiv praktizierte

Organizing in den Nachbarschaften oder den verschiedenen, oftmals prekären, Jobs hat eine Vielzahl an Basisorganisationen hervorgebracht und damit einhergehend einen Erfahrungsschatz, der uns zur kritischen Betrachtung zur Verfügung steht. Diese Erfahrungen können dabei helfen, die Praxis mit Ideen anzureichern, doch zuvorderst ist es nötig, die vorhandene Praxis überhaupt erst sichtbar werden zu lassen.

Dieses Buch widmet sich daher den Fragen und Möglichkeiten einer linken, antifaschistischen Selbstorganisierung in der Praxis: Wie kann sich linke Politik im Alltag der Menschen praktisch verankern? Wie können Menschen über die eigenen Alltagsprobleme hinaus mobilisiert werden? Was für Veränderungen sind realistisch und welche Schwierigkeiten entstehen dabei? Was braucht es, um nicht in reformistischen Strukturen unterzugehen, sondern eine linke und machtpolitisch relevante Perspektive zu entwickeln?

Um diese Fragen zu beantworten, haben wir sechs verschiedene Gruppen befragt. Ziel ist es, voneinander zu lernen, um aneinander zu wachsen. Es ist auch ein Versuch zu zeigen, dass linke Gruppen – entgegen der oftmals geäußerten Kritik – vor Ort darum kämpfen wieder einen Platz im Alltag der Menschen einzunehmen.

An dieser Stelle geht ein besonderer Dank und solidarische Grüße an

★ Basta Erwerbsloseninitiative Berlin
★ Roter Stern Leipzig '99 e.V.
★ Rothe Ecke Kassel
★ Schwarz-rote Bergsteiger*innen
★ Soligruppe Berlin der Gefangenengewerkschaft / Bundesweite Organisation (GG / BO)
★ Workers Center München

Das Buch ist denen gewidmet, die in diesem Land in Angst leben müssen.

Ein expliziter Dank geht zudem an alle antifaschistischen Strukturen und Einzelpersonen, die über extrem rechte Einstellungen, Netzwerke, Aktivist*innen und Gewalt aufklären und diesen entgegentreten.

»Wenn wir nicht akzeptieren, daß der Agitator lediglich ein Verrückter ist, müssen wir annehmen, daß er [...] entweder unfähig oder nicht willens ist, [den sozialen Wandel] deutlich zu umreißen.«
(Leo Löwenthal)[10]

1 Wenn reden gefährlich wird – Rechte Kommunikationsstrategien

Sie seien zum »prägenden Messethema«[11] geworden, so Götz Kubitschek über das Auftreten des rechten *Antaios*-Verlages auf der Frankfurter Buchmesse 2017. Die Beteiligung an der Messe wurde im Vorfeld scharf kritisiert. Sollte der rechte Verlag sich präsentieren dürfen oder nicht? Gegenproteste[12] wurden kriminalisiert und diffamiert – zu viel Aufmerksamkeit würden sie den Rechten geben. Die Diskussion über den richtigen Umgang vor und nach der Buchmesse zeigt ein deutliches Dilemma: Entweder wird die Präsenz rechter Verlage unkommentiert hingenommen, wodurch deren Inhalte Normalität erfahren oder sie werden zum Dauerthema bzw. zum Skandal, was Teil rechter Strategieanalyse ist[13].

10 Löwenthal 2017: 25

11 Tichys Einblick 2017

12 Insbesondere im Rahmen der Frankfurter Buchmesse 2017 wurde über die Rolle der Gegenproteste diskutiert. Im Fokus stand allerdings meist nur die Effektivität, nicht aber die Notwendigkeit von antifaschistischen Protesten. Immer wieder wurden Gegenprotestierende dazu aufgefordert mit ›Coolness‹ und weniger ›Empörung‹ zu reagieren. Diese Forderung wirkt absurd in einer ›Post-NSU-Zeit‹.

Zum Nachlesen:

- Der Freitag: *Cool down*. Ausgabe 11 / 2008. In: https://www.freitag.de/autoren/der-freitag/cool-down.
- Tagesspiegel: *Die Protestfalle*. 18.03.2018. In: https://www.tagesspiegel.de/kultur/rechte-verlage-auf-der-buchmesse-die-protestfalle/21085234.html.

13 So beschreibt Kubitschek das Dilemma eines effektiven Umgangs mit rechten Akteuren folgendermaßen: »Wir haben unsere PR-Abteilung ausgelagert, und jeder, der uns zu laut und zu durchschaubar skandalisiert, ist Teil dieser Auslagerung, ist einer unserer unbezahlten Mitarbeiter, ob er will oder nicht. Das klappt seltsamerweise immer wieder, das hat beim Skandal um Rolf Peter Sieferles ›Finis Germania‹ funktioniert und nun auf der Buchmesse erneut.« (Tichys Einblick 2017)

Beides legitimiert und normalisiert die Teilhabe rechter Akteure und deren Hetze am gesellschaftlichen Diskurs.

Publikationen wie beispielsweise das viel besprochene Buch *Mit Rechten reden – Ein Leitfaden*, fordern antifaschistische Akteure dazu auf, das Gespräch zu suchen und belehren diese, wie sie trotz menschenverachtender Hetze höflich und verständnisvoll bleiben sollen. Es wird geraten konstruktiv zu bleiben und Nazis und Rassist*innen nicht als solche zu benennen.

Die Autoren des Buches *Mit Rechten reden* glauben, dass rechten Aktivist*innen wie Götz Kubitschek tatsächlich an einer inhaltlichen Debatte gelegen ist. Das Problem mit Rechten sei nicht, »was sie sagen, sondern wie sie es sagen«[14] (Blätter für deutsche und internationale Politik 2018). Man müsse sie daher nur an bestimmte diskursive Regeln gewöhnen und dann im Gespräch auf Augenhöhe widerlegen, lautet der Rat (ebd.). Aber diese Einschätzung vergisst, dass eine rechte Ideologie kein Denkfehler ist, welcher einfach durch gute Argumente behoben werden kann. Rechte Ideologie ist ein Denkuniversum, welches auf Ungleichwertigkeit und Abwertung basiert und sich nicht mittels moralischer Appelle korrigieren lässt. Wer dies aber versucht, kann damit nur scheitern. Stefan Petzner – ehemaliger österreichischer Politiker und langjähriger Vertrauter von Jörg Haider – schildert dies eindrücklich:

> »Während meiner Zeit an Haiders Seite war mir immer bewusst, wie sehr er von seinen Gegnern lebte. Sie taten aus ihrer Sicht immer das Falsche. Sie empörten sich bei jeder Provokation, jedem Tabubruch, dienten damit unseren Interessen und machten in ihren Wahlkämpfen nicht sich, sondern uns zum Thema. Die etablierten Parteien taten das von Anfang an, und sie tun es in der politischen Auseinandersetzung mit Rechtspopulismus nach wie vor.« (Kellershohn/Kastrup 2016: 207)

Das Zitat zeigt deutlich, wer sich auf eine Diskussion mit rechten Akteuren einlässt, macht sich zur*m Statist*in rechter Kommunikationsstrategien.

---

14 Thematischer Exkurs: Dieses ›Wie‹ ist unter anderem in den Richtlinien des Troll-Netzwerkes *Reconquista Germanica* genauer beschrieben: »Beleidigen: Und da ziehe jedes Register. Lass nichts aus. Schwacher Punkt ist oftmals die Familie. Habe immer ein Repertoire an Beleidigungen, die Du auf den jeweiligen Gegner anpassen kannst.«. Es wird deutlich, dass die Rhetorik der Beleidigungen und Abwertungen keine diskursiven Ausrutscher sind. Sie sind Teil einer Kommunikationsstrategie, die pragmatisch und nüchtern vermittelt wird.

In den letzten Jahren konnten rechte Akteure durch Fernsehauftritte, Zeitungsinterviews, Demonstrationen bzw. Spaziergänge und weitere Aktionen immer wieder auf sich aufmerksam machen und eigene Themen in den gesellschaftlichen Diskurs einbringen. Besonders menschenverachtende Aktionen wie *Defend Europe*[15] der *Identitären Bewegung* stellen trotz ihres großen Misserfolgs eine Warnung dar: »Wenn Rechtsextreme gegen ›Boots-Invasoren‹ aus Afrika hetzen, die Europa angeblich bedrohen, dann werden ihnen kaum zivilgesellschaftliche Grenzen gezeigt. Vom Rufmord gegen Lebensretter*innen auf dem Mittelmeer bleibt etwas hängen. Nachhaltige gesellschaftliche Präventionskonzepte gegen den gefährlichen Aktivismus von Rechts fehlen.« (Goetz et al. 2017: 22)

Im Gegenteil kann beobachtet werden, dass die rechte Wortwahl teilweise unhinterfragt übernommen und reproduziert wird. So richtet sich das Grundsatzprogramm der CSU nun auch »gegen Gender-Ideologie und Frühsexualisierung«. Das Programm führt nicht weiter aus, was genau damit gemeint ist. Hier werden rechte Schlagworte kritiklos übernommen, aber nicht mit Inhalten gefüllt[16]. Die Deutungshoheit und Definitionsmacht bleibt also weiter bei rechten Akteuren.

Ähnlich verbreitet ist auch die Themensetzung der Rechten, welche unhinterfragt in etlichen Talkshow-Runden adaptiert wurde. So widmete sich 2015 und 2016 fast jede vierte Talkshow-Runde in den vier quotenstärksten Sendungen auf ARD und ZDF den Themen Flucht und Migration, häufig mit suggestiven und plakativen Ankündigungen: ›Die Glaubensfrage – Gehört der Islam zu Deutschland?‹ (Anne Will, 28. Januar 2015), ›Terror gegen die Freiheit – wie verteidigen wir unsere Werte?‹ (Hart aber fair, 16. November 2015). Dieser Trend verfestigte sich 2018 weiter durch Titel, wie ›Sind wir zu tolerant gegenüber dem Islam?› (Maischberger, 6. Juni 2018) oder ›Flüchtlinge und Kriminalität‹ (Hart aber fair, 4. Juni 2018). Vor allem die Letztgenannten führten zur Kritik: Der deutsche Kulturrat warf den öffentlich-rechtlichen Sendern vor, die Spaltung der Gesellschaft vorangetrieben und die AfD bundestagsfähig

15 Im Juni 2017 sammelte die rechtsextreme *Identitäre Bewegung* mit einer Crowdfunding-Kampagne Geld, um die humanitäre Arbeit der search-and-rescue (SAR)-Schiffe zur Rettung von Migrant*innen und Geflüchteten auf dem Mittelmeer zu behindern.

16 CSU: *Die Ordnung. Grundsatzprogramm der Christlich-Sozialen Union*. In: https://www.csu.de/common/download/CSU_Grundsatzprogramm_Parteitag_MUC_2016_ES.pdf.

gemacht zu haben[17]. Er empfahl den angesprochenen Talkshows eine einjährige Sendepause, um ihre Konzeptionen zu überarbeiten.

Leider werden rechte Inhalte auf diese Weise nicht nur weiter reproduziert, wobei ein großer neuer Erkenntnisgewinn ausbleibt, sondern verwandeln sich immer häufiger in bittere Realität. So kam es zu einer Verschärfung, bis hin zur weitgehenden Abschaffung, des Asylgesetzes, zur Einführung von ZAB's und AnkER-Zentren[18], sowie einer Kriminalisierung von humanitären und antifaschistischen Strukturen. Wobei hingegen rechte und rassistische Positionen weder problematisiert noch offen abgelehnt, sondern ihnen teilweise sogar Verständnis entgegengebracht wurde. Beispielsweise verharmloste der neue Ostbeauftragte der Bundesregierung, Christian Hirte (CDU), Rassismus als »Angst vor Veränderung« und betonte, dass Fremde abzulehnen »menschlich verständlich« sei (vgl. Berliner Zeitung 2018).

Noch geschmackloser wird es, wenn rechte Wortgeber*innen selbst eine Plattform bekommen, um die eigene Propaganda zu verbreiten: Im *Spiegel* konnte Götz Kubitschek die Position Björn Höckes zu Auschwitz erklären (vgl. Spiegel 2017) und in der Sendung vom *heute journal* vom 23. Oktober 2017 würdigte der rechte Vordenker Karlheinz Weißmann den AfD-Erfolg als Teil einer größeren Bewegung.

Die Forderung nach ›wir müssen miteinander reden‹, wurde in den letzten Jahren immer mehr zu einem ›wir müssen mit allen reden‹, wobei das Reden meist nur noch ein verständnisvolles Nicken ist, welches kritische Nachfragen als Zensur diffamiert. »Positionen, die in den 1980er und 1990er Jahren als unangemessen empfunden und bekämpft wurden, haben längst, wenn auch in abgeschwächter Form, Eingang in den allgemeinen Diskurs gefunden.« (Goetz et al. 2017: 15)

Zudem gilt heute als gefährlich, wer rechte Sprachmuster und Hetze kritisiert. »›Mit Rechten reden‹ [...] scheint der heutige ›Aufstand der Anständigen‹ zu sein« (ak 2018). Neonazis, wie der ehemalige Bautze-

17 Olaf Zimmermann (Geschäftsführer Deutscher Kulturrat): »Mehr als 100 Talkshows im Ersten und im ZDF haben uns seit 2015 über die Themen Flüchtlinge und Islam informiert und dabei geholfen, die AfD bundestagsfähig zu machen.« (Zeit Online (2018): *Die Flüchtlinge waren nur eine Phase*. In: https://www.zeit.de/politik/deutschland/2018-06/talkshows-themensetzung-fluechtlinge-populismus-analyse).

18 Zentrale Ausländerbehörde (ZAB), Zentrum für Ankunft, Entscheidung, Rückführung (AnkER).

ner NPD-Kreischef Marco Wruck, werden vom sächsischen Ministerpräsidenten Michael Kretschmer als ›vermeintliche Rechte‹ bezeichnet und ›ganz herzlich‹ zum Austausch ins CDU-Bürgerforum eingeladen[19]. Die selbsternannte ›politische Mitte‹ macht gerade einen Prozess durch, an dessen Ende die Einbeziehung der extremen Rechten in die Gesellschaft offen begünstigt und befördert wird.

Die Etablierung rechter Akteure im gesellschaftlichen Diskurs ist somit weniger Folge von Gegenprotesten, als von Gesprächsangeboten, welche sie erst zu akzeptablen Partner*innen gemacht haben. Gewachsen ist sie auch an den unzähligen Reporter*innen, die zu Kubitscheks ›Rittergut‹ in Schnellroda pilgerten und sich fasziniert den Ziegenstall zeigen ließen (Blätter für deutsche und internationale Politik 2018). Jede unkritische Homestory und jedes Dialogangebot haben stärker zur Verbreitung des Neofaschismus à la *Antaios* beigetragen als die Protestschreie auf den Buchmessen (ebd.). Rechte sind keine legitimen Sprecher*innen zu politischen Sachverhalten und sollten auch nicht als solche behandelt werden. Macht man Rechten Platz auf Podien, in Kommentarspalten oder im Parlament werden sie diese füllen. Und umso leiser der Gegenprotest, umso lauter werden sie ihre Reden voller Hetze und Abwertung halten. Sie sind keine fehlgeleiteten und verwirrten ›Populist*innen‹, die bekehrt werden wollen. Sie sind extrem rechts und wollen das auch sein. »Rechtsextreme lassen sich nicht weg ignorieren und allein die historische Erfahrung des Nationalsozialismus zeigt, zu welchen Verbrechen diese Ideologie fähig ist, wenn man sie ungehindert agieren lässt.« (Goetz et al. 2017: 409).

Auch werden rechte Akteure – sind sie einmal Teil großer gesellschaftlicher Debatten -- nicht einfach zivilisiert (Reinfeldt 2013: 59). »Vielmehr etablier[en sie] ein denunziatorisches politisches Klima, befestig[en] einen starken Sicherheitsstaat, optier[en] für autoritative Demokratie und [sind] andauernd damit beschäftigt, Personengruppen ein- und auszuschließen, rhetorisch und mittels administrativer und gesetzlicher Regelungen.« (ebd.). So lässt sich aktuell unter anderem die

19 Siehe dazu:

- Blick nach Rechts (2018): *Sachsen. CDU-Ministerpräsident Kretschmer will Neonazi treffen*. In: https://www.vorwaerts.de/artikel/sachsen-cdu-ministerpraesident-kretschmer-will-neonazi-treffen.
- Sächsische Zeitung (2017): *Der vorbestrafte Saubermann*. In: https://www.sz-online.de/nachrichten/der-vorbestrafte-saubermann-3593942.html.

Kriminalisierung von antifaschistischer Arbeit beobachten[20]. Dies folgt einer politischen Strategie, denn wenn Antifa als linke Gewalttäter*innen oder Krawallmacher*innen abgetan und stigmatisiert werden, wird eine gesellschaftliche Auseinandersetzung mit der extremen Rechten entpolitisiert (Goetz et al. 2017: 413).

Das Gesprächseinladungen an rechte Akteure nicht dazu führen, dass diese sich selbst entlarven oder es einen sinnvollen Diskussionsbeitrag gibt, ist bereits oft genug von Expert*innen und Praktiker*innen, wie mobilen Beratungsteams, Opferberatungsstellen, antifaschistischen Recherchegruppen und Journalist*innen, betont worden. Auch ist dieses Wissen kein großes Geheimnis, welches sich nur offenbart, wenn lange Jahre in der rechten Szene recherchiert wurde. Zumeist reicht ein kurzer Blick in Texte, Interviews, Reden und andere Publikationen aus der rechten Szene, welche seit Jahrzehnten veröffentlicht werden.

Ein wesentliches Strategiekonzept ist das der ›Metapolitik‹. Geprägt wurde dieses insbesondere durch den französischen Vordenker der *Neuen Rechten* Alain de Benoist[21]. Seine Gedanken führt er in seinem 1985 erschienen Buch *Kulturrevolution von rechts – Gramsci und die Nouvelle Droite* aus. Er fordert die Rechte dazu auf, die eigene Strategie langfristig zu planen, um wirkungsvoll sein zu können. Zudem könne eine Veränderung der Gesellschaft nur über die »Transformation der allgemeinen Vorstellungen«[22], welche gleichbedeutend sei mit »einer langsamen Umformung der Geister«[23] verwirklicht werden. Diese Transformation beschreibt er als »Stellungskrieg«[24]. In diesem wird Kultur zu einer zen-

20 So wird beispielsweise das *#Wirsindmehr*-Konzert in Chemnitz 2018 im sächsichen Verfassungsschutzbericht als ›linksextrem‹ kriminalisiert. Das Konzert war ein klares Statement gegen die rechten Ausschreitungen in Chemnitz in den Vortagen. Besucht wurde das Konzert von 65.000 Menschen. Aufgerufen wurde unter anderem auch vom Bundespräsidenten. (vgl. Deutschlandfunk Nova (2019): *Streit um #Wirsindmehr im sächsischen Verfassungsschutzbericht*. In: https://www.deutschlandfunknova.de/beitrag/wirsindmehr-konzert-kritik-am-saechsischen-verfassungsschutzbericht).

21 Alain de Benoist ist französischer Philosoph und Publizist. Er ist Mitbegründer des *Groupement de Recherche et des Etudes pour la Civilisation Européenne* (GRECE), einem Theoriezirkel der extremen Rechten. In Deutschland publiziert er in rechten Zeitungen, wie *Junge Freiheit* oder *Nation und Europa*.

22 de Benoist 1985: 46.

23 ebd.

24 ebd.

tralen Referenzkategorie mit dem Ziel, eine langsame Verschiebung der Mentalitäten von einem Wertesystem auf ein anderes zu verursachen[25]. Den Kulturbereich einer Gesellschaft versteht de Benoist als »Befehls- und Ausgabestelle für die Werte und die Ideen«[26], welche die Stimmung und Meinungsbildung prägen und so letztlich ausschlaggebend sind für Wahlergebnisse, die Durchführung von Gesetzesänderungen bzw. -verschärfungen und vielem mehr.

In seinem Buch bezieht sich de Benoist auf Antonio Gramsci[27]. Dieser Bezug ist zwar nachvollziehbar, verkennt allerdings völlig Gramscis Intention und seinen Hintergrund. Gramsci betonte, dass gesellschaftliche Veränderungen nur dann möglich sind, wenn es Akteure schaffen, eigene kulturelle ›Werte‹ in den vorpolitischen, zivilgesellschaftlichen Raum einfließen zu lassen, um so eine langfristige Veränderung des gesellschaftlichen Denkens zu erzielen. ›Zivilgesellschaft‹ ist hierbei für Gramsci ein Bereich freiwilliger politischer Initiativen, die sich oberhalb der ökonomischen Struktur und unterhalb des Staates entwickelt haben. Sie besteht aus freiwilligen Vereinigungen zahlreicher Bereiche, wie Kultur und Sport, aber auch aus den Parteien, Gewerkschaften und der Presse. Diese rufen meinungsbildende Effekte hervor und nehmen auf herrschaftssichernde Prozesse Einfluss. Um einen gesellschaftlichen Umbruch zu erreichen ist es unerlässlich, die Vorherrschaft im zivilgesellschaftlichen, vorpolitischen Raum zu erreichen. Gramsci geht davon aus, dass eine solche ›kulturelle Hegemonie‹ nicht an Universitäten oder in elitären Diskussionen errungen wird, sondern an Stammtischen und ähnlichen gesellschaftlichen Räumen. Wichtiger Teil dieser Einflussnahme und letztlich dem Herbeiführen gesellschaftlicher Umbrüche ist für Gramsci das Suchen und Geben von Antworten auf grundlegende gesellschaftliche Fragen.

Vor allem hier zeigt sich ein grundsätzlicher Unterschied in dem Anliegen Gramscis und der *Neuen Rechten*. Letzteren geht es nicht um die Realisierung einer Utopie, welche essentielle, solidarische Antworten auf wichtige gesellschaftliche Fragen findet, sondern um Ausgrenzung und die Erwirkung von Macht.

---

25 vgl. ebd.

26 ebd.

27 Antonio Gramsci lebte von 1891 bis 1937. Er wurde 1926 unter der faschistischen Herrschaft Mussolinis verhaftet und verfasste in Gefangenschaft seine berühmten *Gefängnishefte*. In diesen beschreibt er unter anderem den gravierenden Einfluss einer ›Zivilgesellschaft‹ in Bezug auf gesellschaftliche Umbrüche.

Trotz der Unzulänglichkeit einer Übertragung Gramscis auf rechte Strategieüberlegungen wird Alain de Benoist sowie das Konzept der ›Metapolitik‹ weiter zitiert und innerhalb der rechten Szene besprochen[28]. So veröffentlichte Thor von Waldstein[29] 2015 *Metapolitik. Theorie – Lage – Aktion*[30] im *Antaios Verlag*. Er definiert ›Metapolitik‹ als »Politik hinter der Politik«[31], in der es darum ginge, den vorpolitischen Boden vorzubereiten: »Und hierfür sei nichts wichtiger, als Einfluss auf die Denk- und Verhaltensweisen der Zivilgesellschaft zu gewinnen.«[32]. Das Erlangen der politischen Macht ist nur erfolgreich, so von Waldstein, wenn es vorher gelingt »den kulturellen Überbau einer Gesellschaft in den Griff zu bekommen.«[33]

---

28 Alexander Markovics, veröffentlicht unter anderem auf *identitaere-generation.info* oder in dem *Arcadi Magazin*, zu Alain de Benoist: »Jenseits von Minderheitenrechten, Bevölkerungsaustausch und Islamisierung scheint es keine Alternative zur herrschenden Politik zu geben. Keine Alternative? Und ob es eine gibt! Alain de Benoists Idee einer ›Kulturrevolution von rechts‹ und Alexander Dugins ›Vierte Politische Theorie‹ zeigen uns Wege aus dem universalistischen Abgrund von ›Freiheit, Gleichheit und Brüderlichkeit‹ auf.« (https://alexandermarkovics.at/2017/04/27/ein-neuer-blog-stellt-sich-vor/)

29 Thor von Waldstein ist seit Jahrzehnten fest verankert innerhalb der rechten Szene und gilt als Ideologielieferant und Stichwortgeber. Seine Aktivitäten sind vielschichtig: Er war von 1979 bis 1982 Vorsitzender des *Nationaldemokratischen Hochschulbundes*, ist Vortragender der *Gesellschaft für freie Publizistik*, promovierte 1989 zur Pluralismuskritik in der Sicht von Carl Schmitt, verteidigte als Rechtsanwalt den Holocaustleugner Fred Leuchter und publiziert als Autor in *Junge Freiheit*, *Sezession* und anderen Medien der rechten Szene.

Für das *Institut für Staatspolitik* erstellte er eine ›juristische Orientierungshilfe‹ mit dem Titel *Zum, politischen Widerstandsrecht der Deutschen*, indem er behauptet, dass es nach Artikel 20 Absatz 4 des Grundgesetzes ein Widerstandsrecht gebe, da die Bundesregierung die »Beseitigung des Souveräns, des deutschen Volkes« nicht nur hinnimmt, sondern diese sogar bewusst anstrebe. Was dabei als verhältnismäßig erachtet wird, wurde innerhalb der rechten Szene unterschiedlich diskutiert: Teile der AfD dachten über *›Steuerhinterziehung als Notwehr‹ nach, die Identitäre Bewegung* startete eine Kampagne in der sie zum *Generalstreik* aufruft und von Waldstein schlug unter anderem die Unterbrechung der Strom- oder Wärmeversorgung einer Unterkunft für Geflüchtete vor, um so die Belegung zu verhindern (vgl. Zum politischen Widerstandsrecht der Deutschen. Eine juristische Orientierungshilfe von Rechtsanwalt Dr. Dr. Thor v. Waldstein; Fassung vom 25. X. 2015. In: https://sezession.de/wp-content/uploads/2015/10/widerstandsrecht-waldstein1.pdf)

30 Dies ist die überarbeitet Fassung seines Vortrages *Metapolitik und Parteipolitik*. Gehalten wurde dieser auf dem II. Staatspolitischen Kongress des *Instituts für Staatspolitik* (IfS) am 13. Juni 2015.

31 von Waldstein 2015: 14.

32 ebd.

33 ebd.

Wie genau eine solche Einflussnahme auf das Denken aussieht, beschreibt die *Identitäre Bewegung* folgendermaßen:

> »Als Identitäre Bewegung betonen wir immer wieder unser Operationsfeld im Bereich der ›Metapolitik‹. Wir glauben, dass politische Veränderung nicht nur in den Parlamenten und der Parteipolitik möglich ist, sondern sich ebenso im Kulturbetrieb, den öffentlichen Debatten, den Medien und auf der Straße abspielt. [...] Wir prägen mit unseren Aktionen und Kampagnen die öffentliche Debatte über die Themen Identität, Masseneinwanderung, Asyl- und Grenzpolitik.«[34]

Weitere Ausführungen auf der offiziellen Internetseite der *Identitären Bewegung Deutschland* konkretisieren das ›metapolitische‹ Konzept:

> »Durch professionelle Medienarbeit, effektive Kampagnen, ein fundiertes theoretisch-weltanschauliches Fundament, verwurzelte Kulturarbeit und subversiven sowie kreativen Aktionismus dringen wir in die linksliberalen Konsenszonen des Establishments ein und schaffen uns eine Bühne, um unsere Inhalte möglichst breit zu streuen.«[35]

Eine andere Internetseite aus der rechten Szene, der *Block Identität*[36], verstand sich als »Sprachrohr des metapolitischen Gegenschlags« und warb auf *Zentropa*[37] für sich. Im Artikel *Die Wiederentdeckung der Metapolitik* fanden sie eindeutige Worte und beschrieben ihr Etappenziel:

> »Wenn wir erfolgreich sein wollen, müssen wir die Hebel da ansetzen, wo sie Wirkung zeigen: in der Bildungs- und Kulturarbeit. Unser Anspruch muss sein, vorherrschende linke Ideologien und ihre Denkmuster zu erkennen, zu analysieren und zu benennen, um sie schließlich im Zuge eines metapolitischen Gegenangriffs dekonstruieren zu können. [...] Etappenziel ist es also, im 21. Jahrhundert endlich als eigenständiger Akteur mit eigenem Identifikationsangebot, eigener Symbolik und Rhetorik wahrgenommen zu werden, um sich als non-konforme Alternative zur Konsumgesellschaft etablieren zu können.«[38]

---

34 *Identitäre Bewegung* Deutschland: *Was ist unter dem Begriff ›Metapolitik‹ zu verstehen.* In: https://www.identitaere-bewegung.de/faq/was-ist-unter-dem-begriff-metapolitik-zu-verstehen/.

35 *Identitäre Bewegung* Deutschland. In: https://www.identitaere-bewegung.de/metapolitik/.

36 Der Blog ging 2011 online, ist mittlerweile allerdings eingestellt.

37 Die Online-Plattform ist Teil des Netzwerkes um die faschistische *CasaPound*-Bewegung in Italien.

38 Artikel nachzulesen unter: https://impulsgeberblog.wordpress.com/2014/01/12/die-wiederentdeckung-der-metapolitik/.

Mit anderen Worten: Ziel eines ›metapolitischen‹ Konzeptes ist es also nicht in den Meinungsaustausch zu treten, sondern die eigenen Begriffe, Themen und unumstößlichen Grundsätze der eigenen Ideologie zu verbreiten und in das Denken der Zivilgesellschaft mit einfließen zu lassen, um so letztendlich neben der kulturellen auch die politische Macht zu erlangen.

Vor allem das Besetzen von Begriffen und einer Einflussnahme auf die Sprache des hegemonialen Diskurses[39] spielt für rechte Akteure eine wesentliche Rolle, um das Denken zu verändern, sich zu verankern und dadurch einen langfristigen Erfolg zu sichern. Wie das gelingt kann am Beispiel des Konstruktes des ›Großen Austausches‹[40] exemplarisch gezeigt werden. So beschreibt Martin Sellner in einem Interview mit der rechten *Sezession*:

> »Auch dieses Ziel, mit diesem Begriff die Empfindung für eine Entwicklung zu sensibilisieren und Debatten zu beeinflussen, verläuft in mehreren Phasen. Der erste Schritt ist, den Großen Austausch im ganzen patriotischen Lager bekanntzumachen und in den allgemeinen Sprachgebrauch übergehen zu las-

---

39 »In Anlehnung an Foucault sind hegemoniale Diskurse historisch entstandene Ordnungen, die das öffentlich Denk- und Sagbare regeln. Sie strukturieren gesellschaftliches Wissen, welches als wahr empfunden wird und in diversen Praxen institutionalisiert ist. Durchgesetzt werden sie in öffentlichen Institutionen wie Schulen, Medien, Gesetzen, administrativen Maßnahmen, Wissenschaft, moralischen Grundsätzen usw.. Diese verschiedenen Praxen finden dabei nicht mehr nur ihren Ausdruck in der Exklusion, sondern gehen weiter in eine ›limitierte Inklusion‹« (Fuchs 2017: 20).

40 Der ›Große Austausch‹ ist ein politischer Begriff, welcher durch Renaud Camus in seinem Buch *Revolte gegen den großen Austausch* geprägt wurde und eine zentrale Rolle bei *Neuen Rechten* Bewegungen, allen voran der *Identitären Bewegung*, hat. Das verschwörungstheoretische Konzept geht davon aus, dass mittels einer geheimen und gesteuerten Mission, schrittweise die ›einheimische‹ Bevölkerung verdrängt und ersetzt werden soll durch insbesondere muslimische Zuwanderer*innen aus Asien und Afrika. In dieser Logik würde Migration nicht auf individuellen Entscheidungen basieren und ist auch keine Folge von Krieg und Verfolgung. Der Begriff ist Teil des Konzeptes des ›Ethnopluralismus‹. »Ihm liegt die Behauptung zugrunde, dass Menschengruppen mit unveränderbaren und unvereinbaren Eigenschaften existieren und jede Gruppe ihr Potenzial am besten innerhalb ihres Nahfeldes ausschöpfen kann. Als Schlussfolgerung daraus soll jede Menschengruppe für sich und möglichst getrennt von allen anderen leben. Auch wenn Rassismus wesentlich perfider und nicht mehr so offen angreifbar formuliert wird, kann eine ethnopluralistische Argumentation ebenso die Ausgrenzung und Gewalt gegen Migrant*innen rechtfertigen, wie ein biologistisch begründeter Rassismus.« (Fuchs 2017: 25).

sen. Mehr und mehr wird er dann auch in die mediale Debatte eindringen. Wir haben mit unseren Aktionen im letzten Monat bereits einige Medienmeldungen provoziert, in denen unser Begriff übernommen wurde.«[41]

Geschehen ist dies unter anderem in den *Salzburger Nachrichten*[42], sowie im *Spiegel*[43]. Der Begriff wurde unhinterfragt übernommen bzw. sogar positiv rezipiert ohne einen Verweis auf den rechten Ursprung des Konzeptes.

Sellner beschreibt weiter, dass sie anstatt auf viele abwechselnde Parolen, lieber auf einen Begriff setzen, welcher sich durchsetzen wird[44]. Er spricht zudem von einem eindeutigen ›Feindbegriff‹, welcher darauf abzielt nicht gegen »Scheingegner, den Moslem, den Ausländer, den Schmarotzer, sondern gegen den Hauptfeind: unsere Politiker, Priester, Journalisten und Konzernchefs«[45] zu wirken. Allein an dieser Aussage wird deutlich, worum es Sellner in einer Debatte geht und wie er vermeintlich Mit-Diskutierende einordnet: Als Hauptfeinde. Ein Gegenüber, welches so bezeichnet wird, dass soll besiegt werden. Hier geht es nicht um einen Austausch auf Augenhöhe, sondern um ein ›Entweder Du oder Ich‹. Die »linke metapolitische Hegemonie [soll] in Wort und Tat [überwunden werden]«[46]. Sellner weiter:

> »Das ist kein idealistischer Wunschtraum, sondern eine klare, pragmatische Strategie, die von einem Planziel zum nächsten, Phase für Phase, zu unserer identitären ›Reconquista‹ führen wird. Der Weg ist klar, er muß nur beschritten werden.«[47]

Die Ernsthaftigkeit, welche in diesen Aussagen steckt, ist eindeutig und sollte keine Fehlschlüsse bezüglich des zugrunde liegenden ideologischen

---

41 Wegner, Nils (2015): *Fünf Fragen zur Demo gegen den ‚Großen Austausch'.* In: https://sezession.de/49945/fuenf-fragen-zur-demo-gegen-den-grossen-austausch-am-6-juni-in-wien.

42 Salzburger Nachrichten (2016): *Der große Austausch ist auch eine Chance.* In: https://www.sn.at/salzburg/der-grosse-austausch-ist-auch-eine-chance-1713736.

43 Spiegel Online (2017): *Die Angst vor dem großen Austausch.* In: http://www.spiegel.de/politik/deutschland/bevoelkerungsentwicklung-der-grosse-austausch-kolumne-a-1139526.html.

44 Wegner, Nils (2015): *Fünf Fragen zur Demo gegen den ‚Großen Austausch'.* In: https://sezession.de/49945/fuenf-fragen-zur-demo-gegen-den-grossen-austausch-am-6-juni-in-wien.

45 ebd.

46 ebd.

47 ebd.

Weltbildes zulassen. Ähnlich deutliche Worte findet die *Identitäre Bewegung* in ihren internen Strategiepapieren. Die Dokumente der *IB Allgäu* zeigen auf mehr als 50 Seiten Details zum Thema Öffentlichkeitsarbeit – vom Facebook-Posting bis zur Wortergreifungsstrategie bei Veranstaltungen. Die eigene Zielsetzung wird eindeutig formuliert, es geht um die Ergreifung der Hegemonie über den Diskurs. Die Menschen sollen laut Leitfaden »an die Hand genommen werden« und zu einem »identitären Verständnis« begleitet werden. Die eigene ›Debattenkultur‹ wird gemessen an Sieg oder Niederlage. Die Aktivist*innen sollen mittels Fragen das Gespräch ›beherrschen‹. Empfohlen werden hierfür klassische Marketing-Techniken, wie beispielsweise die ›Bejahungskette‹[48].

Weiter geht es in dem Leitfaden folgendermaßen: »Mit Aktionen schaffen wir einen medialen Hype und eine Viralität, die unsere Parolen und Bilder so schnell und breit wie möglich streuen.« Immer wieder konnten rechte Akteure, wie beispielsweise die *Identitäre Bewegung* mit dieser Strategie Aufmerksamkeitserfolge verbuchen, denn obwohl ihre Aktionen meist nur schlechte Kopien linker Aktionsformen sind und selten so viel Mut erfordern, wie später in rechten Social-Media-Accounts inszeniert, landen sie doch regelmäßig auf Titelblättern. Dabei übernehmen Zeitungen, Fernsehsendungen und andere Medien. meistens sogar die von Rechten produzierten Bilder und Begriffe. Die rechte Ästhetik und Themensetzung wird so weiterverbreitet und letztendlich auch normalisiert. Es ist nicht mehr befremdlich, wenn rechte Plakate und Parolen auf ›Spaziergängen‹ besorgter Bürger*innen laut grölend vor sich hergetragen werden.

Und genau das ist rechte Strategie: Die eigenen Themen sollen in breiten gesellschaftlichen Debatten diskutiert und die eigenen Bilder unkommentiert übernommen werden.

Es geht nicht um eine Diskursbeteiligung, sondern um eine Diskursverschiebung:

48 Zitiert aus dem internen *IB Allgäu*-Leitfaden: »An die ›Bejahungskette‹ legen: Die ›Bejahungskette‹ ist eine Markteing-Technik, die Profi-Verkäufer im Direktvertrieb anwenden. Wenn du deine Prämisse in einer bestimmten Reihenfolge präsentieren, die ihrer Salonfähigkeit entspricht, kannst du deinen Gegenüber ›an die Bejahungskette legen‹. Wenn er deinen Argumenten dreimal zustimmst, kann er sich beim letzten schwer aus der Affäre ziehen, was zudem einen schlechten Eindruck beim Publikum hinterlassen würde.« (Fehler im Original)

> »Wir müssen Worte und Bilder wählen, die der Mehrheit gefallen [...]. Unsere politische Kommunikation muss [...] das Overton-Fenster erweitern, also den Rahmen des im Mainstream Sagbaren.«[49]

Wie leicht eine solche Verschiebung der Grenze des Sagbaren möglich scheint, beschreibt ein ehemaliger Anführer der *English Defense League*:

> »Menschen zu radikalisieren ist leicht. Ich musste nur die bessere Geschichte erzählen als das Establishment. Viele Menschen hatten schon ihre Vorurteile. Ich musste sie nur verstärken, indem ich sie mit aktuellen Ereignissen verband und angab, unsere Erzählung sei die richtige Sicht der Welt.« (vgl. Ebner 2018).

Nicht Argumente, sondern Geschichten werden ausgetauscht. Geschichten bei denen es um das Anknüpfen an Vorurteile geht. Vorurteile, die von der Wissenschaft[50] seit Jahrzehnten beobachtet, von der rechten Szene genutzt und von Teilen der breiten Gesellschaft immer wieder heruntergespielt werden. ›Ich bin ja kein Nazi, aber...‹ wurde in den letzten Jahren zu einem Mantra ›besorgter Bürger*innen‹, welches bei Kritik und Skandalisierung rechter Positionen reflexhaft hervorgebracht wurde.

Auch leben diese Geschichten von Provokationen, die gezielt eingesetzt werden:

> »Je mehr sie versuchen, die AfD wegen provokanter Worte oder Aktionen zu stigmatisieren, desto positiver ist das für das Profil der AfD. Niemand gibt der AfD mehr Glaubwürdigkeit als ihre politischen Gegner. Deren negative Reaktion muss daher bewusst [...] eingeplant werden.«[51]

Ziel der ›metapolitischen‹ Diskursstrategie ist es, die gesellschaftliche Hegemonie zu erringen. Hierfür werden Gegenpositionen ausgeschaltet, abgewertet und diffamiert. Politische Gegner*innen und Kritiker*innen werden bloßgestellt und verachtet. Dies sollte endlich ernst genommen werden. Dann würden sich diskussionsfreudige Vertreter*innen der sogenannten Mitte den Spott rechter Akteure ersparen. So bezeichnet Thor von Waldstein Moderator*innen wie Günther Jauch als »Diskursraum-

---

49 interner Leitfaden *IB Allgäu*

50 An dieser Stelle soll auf die Ergebnisse jahrelanger Einstellungsforschungen verwiesen werden: *Deutsche Zustände* 1-10 (2002-2011) (Hrsg. Wilhelm Heitmeyer) / Mitte-Studien (seit 2002 der Universität Leipzig / seit 2006 Friedrich Ebert Stiftung, seit 2014 jeweils getrennte Studien der Universität Leipzig und der Friedrich Ebert Stiftung).

51 AfD Manifest 2017. In: http://www.talk-republik.de/Rechtspopulismus/docs/03/AfD-Strategie-2017.pdf.

pfleger mit […] flauschigen Redeschaumteppich«[52]. Ähnliche Verachtung bringt er auch Anne Will gegenüber auf:

»Wenn diese Talk-Queen ihre bedeutungsschwangeren Gesichtswinkel, hinter denen sich das grenzenlose Meer der Ahnungslosigkeit des heutigen Mundwerkers verbirgt, endlich wieder am Sonntagabend nach unten ziehen darf, dann wird es Zeit, eine Metaphysik der Talkshow zu schreiben. […] Das Dilemma ist allein, daß zwischen Anfang und Ende – außer einer mit Konsensgesülze angereicherten Leere – nichts, aber auch gar nichts stattfindet.«[53]

Solche Talkshows sind für die rechte Szene nichts weiter als »hohle Debatten«[54], in denen sich eine »diskutierende Klasse«[55] an unnötigen Detailfragen aufhält. Die Diskussion, der Meinungsaustausch ist nichts weiter als eine »tödliche Krankheit«[56] von der sich rechte Strateg*innen nicht anstecken lassen:

»Uns liegt nicht viel daran, daß Ihr unseren Vorsatz versteht. Wozu sich erklären? Wozu sich auf ein Gespräch einlassen, auf eine Beteiligung an einer Debatte? Weil Ihr Angst vor der Abrechnung habt, bittet Ihr uns nun an einen Eurer runden Tische? Nein, diese Mittel sind aufgebraucht, und von der Ernsthaftigkeit unseres Tuns wird Euch kein Wort überzeugen, sondern bloß ein Schlag ins Gesicht.«[57]

Und Kubitschek weiter:

»Unser Ziel ist nicht die Beteiligung am Diskurs, sondern sein Ende als Konsensform. Nicht ein Mitreden, sondern eine andere Sprache, nicht der Stehplatz im Salon, sondern die Beendigung der Party.«[58]

Es ist höchst irritierend, dass nach solch eindeutigen Aussagen, welche bereits 2007 getätigt wurden, einige Journalist*innen, Politiker*innen, etc. eine Diskussion, einen Austausch einfordern und im Zweifelsfall sogar ernsthaft an diesen glauben.

Rechten geht es um die Etablierung einer anderen Sprache, um die Beendigung des Diskurses und letztendlich der ›Party‹. Es bleibt die Frage, wie viel deutlicher können rechte Akteure eigentlich noch werden?

---

52 von Waldstein 2015: 44.

53 ebd.: 63.

54 ebd: 44.

55 Sezession (2009): *200 Jahre Donoso Cortés*. In: https://sezession.de/4255/200-jahre-donoso-cortes.

56 ebd.

57 Kubitschek 2007: 77.

58 Kubitschek 2007: 23.

Zudem sind sowohl Ziele und Muster rechter Strategien nicht nur durch Leitfäden aus der rechten Szene bekannt geworden, sondern hinlänglich wissenschaftlich analysiert. Bereits 1949 beschrieb Leo Löwenthal in seinen *Studien zum Autoritarismus – Schriften 3: Falsche Propheten*[59] über die Kommunikationsstrategien von politischen Agitator*innen. Es lohnt sich einen intensiven Blick in diese Studie zu werfen, da sie in ihren Analysen teilweise eins zu eins übertragbar ist auf aktuelle rechte Kommunikationsstrategien. Löwenthals Untersuchungsgegenstand ist der Aufstieg des Faschismus. Grundlegende Erkenntnis seiner Analyse ist, dass für faschistische Akteure die Umwandlung der Begriffswelt und Empfindungsschemata der Masse wichtiger sind, als Terrormaßnahmen (Löwenthal 2017: 174). Löwenthals Forschung zufolge sind die Behauptungen und Aussagen von Agitator*innen mehrdeutig und nicht ernst zu nehmen (ebd.: 18). Es ist schwer, diese auf Inhalte festzunageln: »[Der Agitator] scheint sich selbst einen Spielraum für Unbestimmtheiten zu lassen, die Möglichkeit des Rückzugs für den Fall, daß irgendeine seiner Improvisationen schiefgehen sollte. [...] Im Zwielicht zwischen Respektabilität und Verbotenem ist er bereit, sich jedes Mittels zu bedienen.« (ebd.)

Für eine erfolgreiche Agitation ist es nötig an folgende vier Aspekte anzuknüpfen: (I) Unzufriedenheit, (II) Gegner*innen, (III) die Bewegung und (IV) den ›Führer‹ (ebd. 19).

(I) Unzufriedenheit: »Im Gegensatz zum durchschnittlichen Fürsprecher gesellschaftlicher Veränderung versucht der Agitator nicht, das Wesen der besagten Unzufriedenheit rational zu definieren. Vielmehr versucht er jede bei seinem Publikum existierende Desorientierung zu bestärken, indem er alle rationalen Demarkationen verwischt und stattdessen spontane Aktionen vorschlägt.«[60] (ebd.: 20) In politi-

59 Originaltitel: *Prophets of Deceit – A Study oft the Techniques oft the American Agitator.* Sie bilden den vierten Band der *Studies of Prejudice* und sind 1949 unter Mitarbeit von Norbert Guterman entstanden. Die Untersuchung bezieht sich auf den amerikanischen Kontext und analysiert antikommunistische Propaganda.

60 Diese Bestärkung einer Desorientierung findet deutlichen Ausdruck in einem Redebeitrag von Kubitschek beim Dresdner Streitgespräch zwischen Uwe Tellkamp und Durs Grünbein am 8. März 2018: »Sind Sie nicht der Meinung, dass der Riss, der durch die Gesellschaft geht, unbedingt sein muss? Also ich bin strikt dafür, dass der Riss noch tiefer wird, dass die Sprache noch deutlicher, noch konkreter wird.« (http://www.faz.net/aktuell/feuilleton/geisteswissenschaften/durs-gruenbeins-scherbengericht-in-dresden-15490867.html).

schen Auseinandersetzungen wäre es wünschenswert, eine – wenn auch unspezifisch formulierte – Beschwerde in ein objektives Problem zu übersetzen und hierfür eine Verbesserung zu suchen (ebd.: 23). Doch die Studie hat gezeigt, dass sich Agitator*innen gar nicht erst bemühen objektiv auf die Unzufriedenheit und das Missbehagen der Zuhörenden einzugehen (ebd.). Anstelle von spezifischen Maßnahmen kanalisieren Agitator*innen ihre vermeintlichen Lösungen auf angebliche ›Feinde‹.

(II) Gegner*innen: Immer wenn nach dem ›Was‹ gefragt wird, finden Agitator*innen die Antwort auf ›Wen‹: So findet er »zahllose verleumdende und bösartige Hinweise auf Feinde, aber nirgends kann er eine deutlich definierte soziale Ursache entdecken.« (ebd.: 25) Dementsprechend sehen Agitator*innen auch keine Notwendigkeit in der Veränderung der politischen Strukturen, sondern in der Eliminierung von unliebsamen Gegner*innen (ebd.: 20). Gegner*innen werden zu unheimlichen, unmenschlichen Wesen stilisiert (ebd.: 62). Während in anderen Bewegungen die Niederlage der ›Gegner*innen‹ ein Ziel ist, um eine neue Gesellschaftsordnung oder Sozialreform zu etablieren, dient sie Agitator*innen als Selbstzweck[61]. Anknüpfungspunkte finden Agitator*innen in den »vorhandenen Stereotypen von Feindschaft« (ebd.: 53).

(III) Bewegung: Wesentlich für den agitatorischen Erfolg ist die Inszenierung als Masse. Eine Bewegung Unzufriedener, die gleiche Interessen haben und von ›der großen Politik‹ ignoriert und diffamiert werden. Handlungsleitend für solche Bewegungen sind keine Theorien, sondern die eigenen emotionalen Reaktionen (ebd.: 31). Die durch die Agitation geschürten Emotionen haben daher die »Funktion einer eigenständigen Kraft« (ebd.). Agitator*innen kristallisieren und festigen »diese Gefühle und verzerr[en] die objektive Situation. In den Themen, die sich auf Unzufriedenheit beziehen, wird das vage, unar-

Als spaltendes Organ sieht sich das *Compact* Magazin. So beschreibt der Chefredakteur Jürgen Elsässer auf der Leipziger Buchmesse die Aufgabe des Magazins sei es, die Spaltung der Gesellschaft zu vertiefen, um so »zum Sturz des Regimes beizutragen«. (https://www.zeit.de/politik/deutschland/2018-03/afd-bundestag-mitarbeiter-rechtsextreme-identitaere-bewegung/seite-3).

61 Das Narrativ eines ›Wir gegen Die‹ durchzieht die rechte Rhetorik. So war beispielsweise einer der Slogans von Jörg Haider (FPÖ): ›Sie sind gegen IHN, weil ER für EUCH ist.‹ Der Spruch wurde später von Heinz-Christian Strache erneut verwendet.

tikulierte Mißtrauen der Zuhörer stereotyp auf einen ewigen Betrug abgelenkt; ihr Gefühl, ausgeliefert zu sein, wird dazu benutzt, den Glauben zu nähren, daß sie das Objekt einer permanenten Verschwörung seien.« (ebd.: 35). Diese angstvolle Bewegung wird zum einen beschwichtigt und zum anderen in eine ständige Erwartung des apokalyptischen Untergangs versetzt (ebd.).

(IV) ›Führer‹: Nachdem eine solche ›feindliche Welt‹ geschaffen worden ist, versprechen Agitator*innen ihren Zuhörenden nun, dass diese nicht weiter betrügen, für die Bewegung sorgen und denken werden (ebd.: 37). Dies ist ein ambivalenter Prozess, denn im gleichen Augenblick, »wo er sie einfältig und naiv nennt, fordert der Agitator das Vertrauen seiner Zuhörer – und wie könnte jemand, der sie beleidigt und warnt, sie betrügen wollen? Seine schlechten Manieren werden zum Garant für seine Aufrichtigkeit.« (ebd.: 38) »Der Führer einer Bewegung muß seine Zuhörerschaft davon überzeugen, daß ihre Ideen nicht geeignet sind, die Situation zu bewältigen, mit der sie unzufrieden ist. Er kann keine Anhänger gewinnen, wenn er sie nicht zuerst in einem gewissen Sinn demütigt, d.h., er hat ihnen zu suggerieren, daß sie ihm an Wissen und Können oder auch an Mut unterlegen sind und daß sie mehr auf ihn angewiesen sind als er auf sie.« (ebd.: 35)

Der ›Führer‹ schafft es ein ausgedehntes Netz der Furcht zu spannen, welches berechtigte Kritik verwässert und zu einer ›Art Fantasiewelt‹ werden lässt: »Die legitimen Gründe der Verzweiflung werden ausgenutzt, um in einer Scharade der Verzweiflung zu schwelgen.« (ebd.: 50) Agitator*innen gewinnen die Bewegung für sich, indem sie reale Gefahren mit trivialen Ideen in Verbindung setzen oder mit grotesken Fantasien ausschmücken (ebd.). »Ebenso wie er durch das Thema der ›Unzufriedenheit‹ die wahre Wißbegierde seiner Zuhörer mißleitet, betrügt er sie um ihre redliche Sorge, die womöglich soziale Planung und Maßnahmen zu ihrer Verwirklichung vorantreiben könnte.« (ebd.: 48) Auch wenn durch Parolen gegen ›Die da oben‹ gewettert wird, zeigen Agitator*innen ihren Zuhörenden keine Wege, wie sie ihre eigene Situation verbessern können. Das Einzige »was für diese Mitläufer herauskommen kann, ist eine Verschlimmerung ihrer Ressentiments« (ebd.: 43), wodurch letztendlich jede Möglichkeit zum Mitleid ausgeschaltet wird (ebd.: 38). Daraus leiten sich diverse agitatorische Lösungsansätze im Umgang mit ›Gegner*innen‹ ab, welche die Studie folgendermaßen zusammenfasst: »Auf zur Jagd!«

(ebd.: 68), »Sie sind anders« (ebd.: 83) oder »Sie stellen eine Bedrohung dar« (ebd.: 91). Die einzige Möglichkeit des »Überlebens« – allein diese Rhetorik offenbart, welche politischen Mittel als legitim gelten – ist der Zusammenschluss zu einer »brutalen Quasi-Elite in der Absicht, den anderen genau das wegzunehmen, was man für sich selbst will.« (ebd.: 103) Die Gegner*innen werden hierbei »wahllos denunziert« (ebd.: 76): Von Muslim*innen über Geflüchtete zur fingierten ›Homo-Lobby mit Genderwahn‹ werden aktuell Feindbilder erschaffen, die je nach Situation und für die eigenen rechten Propagandazwecke benutzt werden. Es gibt eine Art der ewigen Rastlosigkeit bei der Suche nach neuen Feindkonstruktionen: Hinter jedem Feind lauert stets ein anderer (ebd.: 75). Der vorgeschlagene Umgang mit diesen Gegner*innen kommt in Metaphern zum Ausdruck wie ›wegwerfen‹, ›rausschmeißen‹ bzw. ›beseitigen‹: »[...] und sie bereiten alle das eine vor: die völlige Liquidierung des Feindes« (ebd.: 110). Die formulierte Doktrin der aggressiven Intoleranz wird als die natürliche Reaktion einfacher Leute auf die Wahrheit dargestellt (ebd.: 118). »Sie werden nicht aufgefordert sich zu rationalen Handlungen zusammen zu finden, sondern ihre Impulse auszuleben.« (ebd.: 119) Mit anderen Worten geht es eindeutig darum Hetze sagbar werden zu lassen und das Recht auf Gewaltausübung zu legitimieren (vgl. Löwenthal 2017: 122). So betont Kubitschek in einer Rede bei *Pegida* am 5. Oktober 2015, dass es nicht ausreiche, Zufahrten zu Geflüchtetenunterkünften zu blockieren, sondern alle müssten sich »überlegen, wie weit sie gehen können, um dem Staat Beine zu machen«[62].

Die rechten Strateg*innen wissen genau, wie sie unter dem Deckmantel der Meinungsfreiheit eigene radikal-hetzerische Positionen zu legitimen Handlungsdoktrinen werden lassen.

> »Der Staat kann den Besitz von Waffen [...] verbieten, aber er kann nur sehr schwer, ohne das Prinzip der freien Meinungsäußerung anzutasten, die Verbreitung eines Buchs oder die Aufführung eines Schauspiels verbieten, die jedoch, wenn es darauf ankommt, Waffen darstellen können, die gegen ihn gerichtet werden.«[63]

Das es aber nicht nur bei der Veröffentlichung von Büchern bleiben soll, zeigte insbesondere der NSU eindrücklich: Unter der Maxime ›Aus Wor-

62 Sezession (2015): Götz Kubitschek. *Pegida*-Rede vom 5. X. 2015. In: https://sezession.de/wp-content/uploads/2015/10/pegida510.pdf.

63 vgl. de Benoist 1985.

ten werden Taten‹ tötete das Terrornetzwerk Menschen, verübte Bombenanschläge und wurde so zu einer realen Bedrohung für einen großen Teil der Gesellschaft. Das der NSU kein Einzelfall ist, zeigt nicht nur ein Blick in die bundesdeutsche Vergangenheit nach 1945, in der rechte Terrornetzwerke kontinuierlich agieren konnten und dies zumeist straffrei oder nur mit geringen Strafen[64].

Die ungenierte Zurschaustellung rechter Ästhetik ist gefährlich und hilft eine menschenverachtende Ideologie zu legitimieren. Der Schritt von Stammtischparolen hin zum ›Feierabendterrorismus‹ ist kurz und darf nicht bagatellisiert werden. Wer allerdings rechte Aktivist*innen zu einem Plausch einlädt, tut genau das. Rechte Sprache und das dem zugrunde liegende Weltbild wird normalisiert. Auf einmal kann das verschwörungstheoretische Phantasma eines ›Großen Austausches‹ als scheinbar berechtigtes politisches Anliegen präsentiert werden (Goetz et al. 2017: 107). Immer wieder konnte in den letzten Jahren beobachtet werden, wie aus diesen Anliegen realpolitische Konsequenzen gezogen wurden: So wird beispielsweise die verschärfte Abschiebepolitik der BRD als »metapolitischer Triumph gefeiert und unter anderem von dem ›identitären‹ Blogger Patrick Lenart auf Twitter als Erfolg propagiert.« (ebd.: 128) Ein ›metapolitischer Erfolg‹ ist auch die Übernahme rechter Begriffe: So diffamiert Alexander Dobrindt (CSU) Asylrechts-Anwält*innen als »aggressive Anti-Abschiebe-Industrie« (Tagesspiegel 2018a), Andrea Nahles (SPD) fabuliert ein »Wir können nicht alle aufnehmen« (Passauer Neue Presse 2018) und Sahra Wagenknecht (Die Linke) zieht einen fatalen Zusammenhang zwischen einer vermeintlich »unkontrollierten Grenzöffnung« und dem Anschlag auf den Berliner Breitscheidplatz am 19. Dezember 2016 (vgl. Berliner Zeitung 2017 / Stern 2017).

Wesentlicher Teil rechter Ideologie ist ein eigenes autoritär-nationales, rassistisches Wissen, welches extrem panikbesessen ist und wenig Mut macht. Rechte Akteure praktizieren permanente Gesten der Gewalt, der Unterwerfung und der Angst (vgl. Demorivić 2016). Sie zerstören nicht nur die Fähigkeit selbstständig und gestalterisch an die Zukunft zu gehen,

64 Zum Weiterlesen:

- Antifaschistisches Infoblatt (2014): *Terror von Rechts. Aspekte, Analysen, Aufarbeitung.* AIB 105. 4.2014.
- NSU Watch (2014): *Neonazistischer Terror in München 1945 – 2013.* In: https://www.nsu-watch.info/2014/08/neonazistischer-terror-in-muenchen-1945-2013

sondern lassen Zuhörende passiv werden. Mit einem düsteren Erwartungshorizont ausgestattet, soll das Publikum abwarten und die Verantwortung über die eigene Zukunft an rechte Strateg*innen abgeben (ebd.).

Der Rechtsruck hat unterschiedliche Facetten: »Vom kaum merklichen Wandel in Sprache und Geschmack über die Vernetzung von Rechtspopulismus, Neokonservatismus und hartem neofaschistischem Kern bis zum Terrorismus« (Metz / Seeßlen 2018: 12). Wie ernst es rechten Akteuren mit der Konstituierung innerhalb der Gesellschaft ist, zeigt deren Orientierung unter anderem nach Italien. Dort hat die faschistische *CasaPound*[65]-Bewegung Erfolg mit der Etablierung von eigenen ›Sturmlokalen‹ innerhalb eines Stadtviertels. Daran angelehnt versucht auch die *Identitäre Bewegung* in Deutschland nationale Zentren zu eröffnen, um so sichtbarer und ansprechbarer zu werden[66]. Erste Versuche fanden in Rostock und Halle statt. Zudem gibt es einen regen Erfahrungsaustausch zwischen dem *Institut für Staatspolitik* und *CasaPound*. Auch war der Vordenker der *CasaPound,* Gabriele Adinolfi, eingeladen beim ›Zwischentag‹ im Oktober 2013 zu sprechen[67].

Es bleibt also die Frage, warum trotz diverser Strategiepapiere, öffentlicher Vorträge und ganz konkreten Aktionen weiter so vehement an der Idee festgehalten wird, mit Rechten reden zu müssen, um einem gesellschaftlichen Rechtsruck Einhalt zu gebieten? Solange rechte Strateg*innen noch immer als Gesprächspartner*innen eingeladen werden, ist es umso wichtiger, eine konsequente und weitreichende antifaschistische Perspek-

---

65 *CasaPound Italia* ist eine neofaschistische Bewegung und Partei in Italien. Sie versucht seit 2003 mit lokalen Zentren für die jeweilige Nachbarschaft Bezugspunkte und Anlaufstellen zu errichten. Sie tritt für einen ›Faschismus für das dritte Jahrtausend‹ ein.

66 Die rechte Aktivistin Melanie Schmitz über die Etablierung einer rechten Alltagskultur: »Es gibt ein Weltbild, was gegen den Konsens spricht [...] Das geht natürlich auch im kleinen Bereich – das wir eigene Künstler haben, eigene Musik machen, eigene Wohnräume anbieten und so weiter und so fort. Also das eine Möglichkeit gibt, komplett auf die normale Gesellschaft zu verzichten und ohne Verzicht in diese Gegenkultur einzusteigen.« (https://www.youtube.com/watch?v=HSp61a9VjOE)

67 Der ›Zwischentag‹ fungiert als Vernetzungstreffen von ›neu-rechten‹ Publizierenden und Verleger*innen aus dem deutschsprachigen Raum, mit zum Teil europaweiter Beteiligung. 2013 wurde auch der italienische Rechtsterrorist Gabriele Adinolfi eingeladen. Adinolfi war seit den 1970er Jahren in neofaschistischen Gruppen aktiv und gilt heute als einer der führenden Köpfe der *CasaPound*-Bewegung.

tive einzunehmen. Mit einer konsequenten Haltung hätte die Buchmesse sich weitere Blamagen mit einem Verlag erspart, der mit *Finis Germania* den ersten antisemitischen Bestseller nach 1945 vertreibt[68].

Im Umgang mit Rechten ist es sinnvoll, deren Inhalte aus der meist schwülstigen Rhetorik herauszufiltern, um so die »wahre soziale und psychologische Bedeutung der Agitation bloßzulegen« (Löwenthal 2017: 152). Rechtes Agenda-Setting muss umgedreht werden: Menschenrechtsorientierte Akteure müssen selbst bestimmen, wann und mit wem sie öffentlich diskutieren. Für eine Auseinandersetzung mit kontroversen gesellschaftlichen Themen erfordert es mehr Selbstbewusstsein und Selbstverständlichkeit rechter Hetze zu widersprechen. Eine kritische Auseinandersetzung mit Staat und Politik muss Ängste und Sorgen ernst nehmen, doch bedeutet dies auch differenziert zu zuhören und gegebenenfalls zu widersprechen. Menschenverachtende Inhalte hingegen müssen deutlich sanktioniert werden und dürfen nicht Teil einer erwähnenswerten Diskussionsgrundlage sein. Auch ist es wenig erkenntnisbringend Homestorys mit rechten Kadern zu machen, da diese kaum etwas sagen werden, was nicht von Expert*innen »analytischer, klarer und deutlicher formuliert werden könnte« (Goetz et al. 2017: 100). Die ›metapolitischen‹ Bemühungen rechter Akteure müssen durchschaut werden[69].

Eine Orientierung, wie Rechte aus dem Diskurs herausgehalten werden können, bietet hier auch ein Blick in das Jahr 1995. Als damals der *Propyläen-Verlag* Karlheinz Weißmann beauftragte, ein Buch über den Nationalsozialismus zu schreiben, protestierten Fachhistoriker*innen erfolgreich dagegen (Blätter für deutsche und internationale Politik 2018). Blamiert haben sich damals nicht die Kritiker*innen, die die Aufnahme des rechten Denkers in eine renommierte geschichtswissenschaftliche Reihe verhinderten, sondern der Verlag. Auch konnte Weißmann sich nicht als ›Opfer eines Meinungsdiktates‹ inszenieren, sondern wurde auf seiner Position als Ideologe und nicht als ein ernstzunehmender Wissenschaftler belassen (ebd.).

---

68 Kubitschek über das Verhalten der Buchmesseleitung: »Wir wissen, wie man uns ins Leere laufen lassen könnte und wir wissen auch, wie man ein Megaphon bedient. [...] Nur ein Tipp: Manchmal reicht es aus, die Spielregeln der eigenen Messe ernstzunehmen.« (Tichys Einblick 2017)

69 Einen empfehlenswerten Umgang mit rechten Positionen schlagen Goetz et al. 2017 vor. Siehe dazu Seite 109-110.

Nachahmungswürdig ist auch der Umgang von vierzig Schriftsteller*innen, Professor*innen und Philosoph*innen, die 1993 in Frankreich einen ›Appell an die Wachsamkeit‹[70] veröffentlichten. Der Aufruf erschien als die *Neue Rechte* damals erste Diskurserfolge erzielte. Sie warnten davor, dass die Rechten von dem grenzenlosen Dialog profitieren würden. Maurice Olender, der Initiator des Appells, formulierte, was heute vergessen scheint: »Man kann über alles, aber nicht mit allen reden« (Der Rechte Rand 2017).

Rechte Stimmungsmache ist an die »politische Stimmung gebunden, die [sie] zugleich selbst erzeugt.« (Reinfeldt 2013: 119) Daher ist es wichtig dieser politischen Stimmung und dem damit einhergehenden Rechtsruck etwas entgegenzusetzen. Linke, antifaschistische Akteur*innen brauchen andere und neue Strategien. Die Sorgen und Ängste einer Gesellschaft können Antrieb für einen gesellschaftlichen, emanzipatorischen Wandel sein. Allerdings werden diese nicht ernst genommen, indem rechte Hetze einen Raum in der Debatte bekommt, sondern indem man den eigentlichen Ursachen dieser Sorgen und Ängste auf den Grund geht und daran etwas ändert.

»Das Privileg, mit Rechten zu reden,
haben ohnehin nur noch die Lebenden.«
(Röpke 2018: 19)

70 Zeit Online (1993): *Nicht gesellschaftsfähig*. In: https://www.zeit.de/1993/32/nicht-gesellschaftsfaehig.

»Die Menschen im Prekariat sind weder Opfer,
Schurk*innen noch Held*innen -
es sind schlicht viele von uns.«
(Guy Standing)[71]

2 Alles eine Suppe – Anknüpfungspunkte rechter Ideologie an kapitalistische Verwertungslogik

»Die Anwesenheit dieser Menschen in ihrem Lebensumfeld war ihnen einfach unerträglich. Mehr noch als um ihre Ruhe ging es ihnen dabei um ihr Selbstbild, um das, was sie als ihre persönliche Würde empfanden. Sie konnten es nicht ertragen, in eine Welt zurückgestuft zu werden, die sie ihr ganzes Leben lang durch harte Arbeit hatten verlassen wollen: in die Welt der Armen.« (Eribon 2017: 54-55) So beschreibt Didier Eribon den Rassismus seiner Eltern, dessen Wohnviertel sich über die Jahre hinweg von einem weißen Arbeiter*innenviertel in ein migrantisch geprägtes Wohnviertel verwandelt hat. Die vormals linkenkommunistischen Eltern wählen nun den *Front National*, seit Juni 2018 *Rassemblement National*. Die Wahrnehmung der Eltern ist eindeutig: Nachdem sie hart gearbeitet haben, um sich Urlaube und ein Auto leisten zu können[72], wohnen sie nun gemeinsam mit prekär Beschäftigten und von der Gesellschaft diskriminierten Migrant*innen in einem Viertel. Mit anderen Worten: Wenn wir eine Wohngegend mit diesen Armen teilen, müssen wir ebenfalls Teil davon sein. Der scheinbare soziale Aufstieg für den sie so hart gearbeitet haben, verkehrt sich nun in die Erkenntnis der eigenen Armut und gesellschaftlichen Abwertung. Um diesen Zustand nicht anerkennen zu müssen und die eigene Lage zu beschönigen, bedienen sich die Eltern rassistischer Vorurteile, so Eribon. Dieser vermutete Zusammenhang zwischen Armut und rechten Einstellungsformen ist besonders in den letzten Jahren Gegenstand

71 Standing 2015: 265.

72 »Ich musste es einsehen: Sie arbeiteten nicht, um ›Revolution‹ zu machen, sondern ›um ihr Häuschen‹ bauen zu lassen.« (Eribon 2017: 200).

diverser Studien und Publikationen gewesen. Jene[73] kamen immer wieder zu dem Schluss, dass sogenannte Modernisierungsverlierer*innen, also die Armen einer Gesellschaft, eher dazu neigen rechte Parteien – in Deutschland gemessen an der AfD – zu wählen.

Dieser Zusammenhang ist allerdings zu einfach und schiebt die Verantwortung für den Erfolg rechter Akteure weg von der vermeintlichen gesellschaftlichen ›Mitte‹ und den politischen Verantwortungsträger*innen, hin zu den bereits Ärmsten der Gesellschaft. Martin Schröder beschreibt in seiner Studie *AfD-Unterstützer sind nicht abgehängt, sondern ausländerfeindlich*, dass Menschen ihre rechten Einstellungen nicht aufgrund ihrer sozialen Lage aufweisen, sondern aufgrund ihrer eigenen menschenverachtenden Einstellungen. Er kommt zu dem Schluss, dass ›benachteiligte‹ Menschen, dazu zählt er Personen mit einem geringen Bildungsgrad, Arbeiter*innen, Bezieher*innen kleiner Einkommen sowie Personen, die sich von der gesellschaftlichen Entwicklung benachteiligt fühlen, keine signifikant höhere Wahrscheinlichkeit aufweisen für die AfD zu stimmen[74] (Schröder 2018). Die Ergebnisse dieser Studie sind vor allem dahingehend interessant, da die oftmals schnell gefundene Trias von ›arm bedeutet dumm und das wiederum bedeutet rechts‹, obsolet

---

73 Zum weiterlesen:

- Rippl, Susanne/Christian Seipel (2018): *Modernisierungsverlierer, Cultural Backlash, Postdemokratie*. In: KZfSS Kölner Zeitschrift für Soziologie und Sozialpsychologie. Volume 70. Issue 2. S. 237–254.
- Tutić, Andreas/Hagen von Hermanni (2018): *Sozioökonomischer Status, Deprivation und die Affinität zur ›AfD‹. Eine Forschungsnotiz*. In: KZfSS Kölner Zeitschrift für Soziologie und Sozialpsychologie. Volume 70. Issue 2. S. 275–294.
- Lux, Thomas (2018): *Die AfD und die unteren Statuslagen. Eine Forschungsnotiz zu Holger Lengfelds Studie Die „Alternative für Deutschland“: eine Partei für Modernisierungsverlierer?* In: KZfSS Kölner Zeitschrift für Soziologie und Sozialpsychologie. Volume 70. Issue 2. S. 255–273.

74 Schröders Ergebnis zeigt deutlich, dass sich AfD-Unterstützer*innen vor allem durch eines auszeichnen: Sie wollen nicht, dass Geflüchtete nach Deutschland einwandern, weil sie deren Einfluss kritisch sehen (Schröder 2018). Umgekehrt, wer meint, dass Geflüchtete Deutschland generell zu einem besseren Lebensort machen oder Deutschland kulturell bereichern, hat eine um circa 80 Prozent verringerte Chance, die AfD zu unterstützen. Wer meint, dass Geflüchtete gut für die Wirtschaft sind, hat eine um zwei Drittel niedrigere Chance (ebd.). Damit sind Einstellungen zu Geflüchteten und Ausländer*innen der stärkste Einfluss auf die Unterstützung der AfD.

wird. Rechte Einstellungen sind also nicht nur bei Menschen mit niedrigem formalen Bildungsgrad und einem geringen Einkommen zu finden. Vielmehr handelt es sich um ein gesamtgesellschaftliches Problem für das alle Verantwortung tragen und welches nicht einfach zu einem marginalen Teil der Gesellschaft geschoben werden kann. Die Unterstützung für die AfD lässt sich demnach nicht allein dadurch erklären, dass manche Menschen wirtschaftlich abgehängt sind. Vielmehr kann die AfD einen Teil ihres Wähler*innenpotentials nicht bei den Ärmsten der Gesellschaft generieren, sondern bei den Wähler*innen der Mittelschicht, die ihre soziale Lage bedroht sehen und mit Abstiegserfahrungen und Zukunftsängsten zu kämpfen haben (vgl. Hilmer et al. 2017).

Diese auch von Eribon beschriebene Angst vor dem sozialen Abstieg, ist für rechte Akteure ein gern genutzter Anknüpfungspunkt für die eigene Propaganda[75]. So warb beispielsweise die AfD mit dem Spruch »Wir sind nicht das Weltsozialamt!«, welcher in ähnlicher Form auch von der NPD genutzt wurde. Die Angst davor, das Leben Anderer zu finanzieren, während für einen Selbst scheinbar nichts mehr übrigbleibt, ist ein zentraler Moment rechter Agitation, welcher an den drastischen Abbau sozialstaatlicher Leistungen im Rahmen neoliberaler Gesellschaftsentwicklungen anknüpfen kann.

So hat beispielsweise mehr als die Hälfte der deutschen Bevölkerung Angst vor den gesellschaftlichen Veränderungen und das Gefühl, sich finanziell einschränken zu müssen bzw. den bisher erreichten Lebensstandard nicht halten zu können (Lühr 2011: 27). Nicht erst seit der Wirtschaftskrise 2008 kam es in den modernen Industriegesellschaften zu gravierenden Umbrüchen, wie dem Ende der Vollbeschäftigung oder der Flexibilisierung und Deregulierung von Arbeitsbeziehungen, welche insgesamt den Druck auf Lohnabhängige enorm erhöhte. Dabei sind flexiblere Beschäftigungsverhältnisse entstanden und haben sich innerhalb kürzester Zeit etabliert. Dazu gehört die Zunahme von Teilzeitarbeit, der Ausbau von Leiharbeit, sowie die Einführung von Minijobs und sogenannten Ein-Euro-Jobs. Verschärft wurde diese Situation zusätzlich

---

75 Hierfür exemplarisch einige Wahlslogans:

- AfD: »Die AfD ist die neue soziale Partei für den kleinen Mann« (Alice Weidel am 01. Juni 2017) / »Geld für die Rente, statt für illegale Migranten« / »Sozial, ohne rot zu werden«.
- NPD: »Asylbetrüger? Nein Danke! Wir sind nicht das Sozialamt der Welt« / »Sozial, statt multikulti«.

durch den Abbau erwerbsbezogener Sicherungssysteme, wie verschiedene Änderungen im Kündigungsschutz, der Kürzung der Bezugsdauer und Erhöhung der Anspruchsvoraussetzungen des Arbeitslosengeldes. Die Grundsicherung für Erwerbsfähige wurde eingeführt, das Recht auf qualifikationsadäquate Beschäftigung für Arbeitslose reduziert, das Renteneintrittsalter erhöht, Möglichkeiten zum vorgezogenen Bezug von Altersrente und das Rentenniveau allmählich verringert (vgl. Promberger et al. 2018).

Diese Veränderungen werden als Prekarisierung oder Prekarität[76] bezeichnet. Die Zahl der Menschen in prekären Lebens- und Arbeitsverhältnissen ist nicht zu unterschätzen: So ist etwa ein Achtel der deutschen Erwerbsbevölkerung dauerhaft oder zumindest in langen Zeiträumen prekär beschäftigt und lebt unter prekären Umständen (ebd.).

Diese Verstetigung prekärer Beschäftigungs- und Lebensformen ist allerdings keine überraschende Entwicklung der Wirtschaftskrise 2008, sondern logische Konsequenz kapitalistischer Gesellschaftssysteme. Dies zeigt ein kurzer Blick auf die Historie des Kapitalismus seit 1945.

Die ersten 20 Jahre nach dem Zweiten Weltkrieg war eine Periode des Kapitalismus mit bis dahin nicht gekannter Prosperität, die bis heute in der Form nicht mehr erreicht wurde. »Erst später wurde klar, welche historische Ausnahmekonstellation diese Phase auszeichnete.« (Nachtwey 2016: 48) Die Weltkonjunktur hatte bereits Ende der 1960er Jahre nachgelassen und in Deutschland kam es seit 1966/67 das erste Mal nach dem Zweiten Weltkrieg zur Rezession (ebd.). Kurze Zeit später in den Jahren 1973/74 stieg die Arbeitslosigkeit weiter an, was auch zu einer Erhöhung der Sozialausgaben und einer Vergrößerung der Staatsschulden führte (ebd.: 95). In diesen Jahren begann »der lange Abschwung der Weltwirtschaft« (ebd.: 48). Dies führte zu einer »Revolte des Kapitals gegen die soziale und demokratische Einhegung des Kapitalismus, die den Beginn

76 »Unter prekären Beschäftigungsverhältnissen sind jene Beschäftigungsverhältnisse zu verstehen, in denen die Beschäftigten deutlich unter ein Einkommens-, Schutz- und Integrationsniveau sinken, das in der Gegenwartsgesellschaft als Standard definiert und mehrheitlich anerkannt wird.« (Lühr 2011: 18) Merkmale prekärer Beschäftigung sind folgende: nicht existenzsicherndes Einkommen, keine Integration in soziale Netzwerke am Arbeitsplatz, Ausschluss von institutionell verankerten sozialen Rechten und Partizipationschancen (zum Beispiel Kündigungsschutz, Rentenversicherung) (ebd.: 19). Prekäre Lebensumstände führen zu einem Gefühl der mangelnden sozialen Anerkennung, Planungs- bzw. Zukunftssicherheit, aber auch eine Überidentifikation mit der Arbeitstätigkeit (ebd.).

der langen Wende zum Neoliberalismus markierte« (ebd.: 49). Die komplexen Regulierungen von arbeitsrechtlichen und sozialstaatlichen Absicherungen bemängelte die Unternehmensseite als ein »zentrales Hindernis der Kapitalakkumulation« (ebd.). Der Sozialstaat galt als teuer und störend für ein wirtschaftliches Wachstum. Insbesondere Sozialleistungen wurden zunehmend als eine Gabe der Starken an die Schwachen inszeniert. »Beginnend in den achtziger Jahren, folgten über zwei Jahrzehnte zahlreiche Kürzungen und Einschnitte.« (ebd.) Statt Regulierung, staatlicher Intervention und Nachfragesteuerung gewannen nun neoliberale ökonomische Vorstellungen an Gewicht, ganz im Sinne von Milton Friedman oder Friedrich August von Hayek. Dazu zählten Marktzentrierung, Deregulierung und Angebotspolitik. Zudem wurden neue Märkte erschlossen, welche zuvor einer Profitmaximierung entzogen waren, wie beispielsweise der Bildungssektor. Insbesondere an Universitäten zeigte sich, dass es nicht mehr um eine umfassende Lehre, sondern um schnelle Abschlüsse und die Verfügbarkeit für den Arbeitsmarkt ging. Die Erfolge dieser Vermarktung neuer gesellschaftlicher Bereiche blieb allerdings aus (ebd.: 51).

Es darf bei aller Verschärfung der sozialen Bedingungen allerdings nicht vergessen werden, dass auch zu Zeiten des Sozialstaates in den Jahren vorher Klassengrenzen nicht gänzlich aufgelöst waren: Zwar konnten auch die unteren Schichten sparen, aber trotz dessen waren die Vermögen extrem ungleich verteilt und bei den oberen Schichten konzentriert (ebd.: 30).

Eine umfassende Transformation des Sozialstaates setzte spätestens mit dem Bruch der sozialliberalen Koalition von 1982 ein und fand ihren Höhepunkt unter der rot-grünen Koalition (1998-2005)[77]. Bereits in der ersten rot-grünen Legislaturperiode wurde sozialpolitisch enorm abgebaut, unter anderem mit der Einführung einer teilprivatisierten Rentenversicherung (ebd.: 95). Mit der Einführung der *Agenda 2010* im Jahr 2003 kam es dann letztendlich zur größten Kürzung von Sozialleistungen seit 1945 (ebd.: 96). Darin enthalten war die Verschmelzung von Arbeits-

---

77 Erinnert sei an das sogenannte Lambsdorf Papier, welches maßgeblich zum Bruch der damaligen SPD-FDP Koalition beitrug und die deutsche Entsprechung zu Reagens (USA) und Thatchers (GB) neoliberalen Crashkurs darstellte. Die darin enthaltenen Vorschläge prägten die aggressive, neoliberale Umgestaltung der folgenden 25 Jahre maßgeblich. (vgl. Butterwegge, Christoph [2007]: Drehbuch für den Sozialabbau. In: taz vom 6.9.2007. In: https://www.taz.de/!5195426/).

losen- und Sozialhilfe zu ALG II, eine ›aktivierende‹ Arbeitsmarktpolitik, die Verkürzung der Bezugsdauer des ALG I von 36 auf 12 Monate für Arbeitslose unter 55 Jahren, die Ausweitung der Zumutbarkeitskriterien, das erzwungene Aufbrauchen von Spareinlagen und die Senkung der Schwelle für Kündigungsschutz in Kleinbetrieben. »Ein Arbeitnehmer musste nun fürchten, im Falle von Arbeitslosigkeit schon nach zwölf Monaten sozial abzurutschen, zumal das Schonvermögen nur gering angesetzt war.« (ebd.). Während vorher die Stufen des Abstieges lang und flach gewesen waren, sind sie nun kurz und steil und auch ein Wiederaufstieg wurde immer unmöglicher (vgl. ebd. / vgl. Lühr 2011: 100). Leistungsbezieher*innen werden nun dem Stress ständiger Bewährungsproben (Leistungsnachweisen, etc.) ausgesetzt, die sie erfüllen müssen. Zudem werden sie permanent unter die Schwelle der gesellschaftlichen Respektabilität gedrückt (Nachtwey 2016: 162).

Und das, obwohl es bis heute fast keine Untersuchungen über den Zusammenhang zwischen den entsprechenden Maßnahmen und der ökonomischen Entwicklung gibt (ebd.). »Als ziemlich gesichert kann jedoch gelten, dass die Agenda-Reformen zur Herausbildung einer neuen Unterklasse in Deutschland beigetragen haben.« (ebd.) Bezieher*innen von Sozialleistungen wurden zu Bürger*innen eines niedrigeren Ranges, mit denen der Staat Verträge abschließt, um diese zu disziplinieren (ebd.: 97).

Doch nicht nur Bezieher*innen von Sozialleistungen sind von sozialem Abstieg und prekären Lebensverhältnissen betroffen. Auch Menschen im ›Normalarbeitsverhältnis‹ bleiben weit hinter einem Sicherungsniveau zurück (Lühr 2011: 24). Bedrohlich wird diese Unsicherheit nicht zuletzt dadurch, dass ein Auffangen in sozialstaatlichen Netzen nicht mehr garantiert ist. »Die hohe Arbeitslosigkeit, die Erfahrungen mit Umstrukturierungsmaßnahmen, aber auch der Abbau der sozialen Sicherungssysteme vermitteln den Beschäftigten, dass ihnen die Kalkulationsgrundlage ihrer Zukunftsplanungen abhandenkommen kann.« (ebd.: 99). Lohn und Energie muss genutzt werden, um eine möglichst umfassende private Vorsorge zu finden – dies kostet Zeit und kann schnell zu einem Gefühl der Überforderung werden. Vor allem, da die Sicherheit klassischer Bausparverträge, Riesterrenten oder Lebensversicherungen im Rahmen einer dauergeschwächten und krisengeplagten Wirtschaft zur Illusion geworden ist. In nahezu allen gesellschaftlichen Bereichen wurden Markt- und Wettbewerbsmechanismen implementiert, welche Dauerdruck und die Angst, bei der nächsten Krise alles zu verlieren, hervorrufen. Doch nicht nur im Abbau sozialer Absicherungssysteme macht sich das neoliberale Modell bemerkbar, auch die Vermarktung gesellschaftlicher Infrastruktur führt zu existenzbedrohenden Umständen. Es wird immer schwieriger, notwendige Allgemeingüter im bezahlbaren Rahmen und gemeinwohlorientiert zu organisieren (Terkessidis 2015: 20). Besonders deutlich wird dies im Umgang mit Wohnraum. Die Wohnraumsituation in Berlin zeigt deutlich welche dramatischen Folgen ein spekulativer und Investor*innenfreundlicher Umgang mit Wohnraum für eine Stadt haben kann. So kam es in den letzten Jahren zu einem enormen Anstieg der Mietpreise. Beispielsweise sind die Kaltmieten von 2009 bis 2015 um fast die Hälfte (45,2 Prozent) gestiegen (Berliner Morgenpost 2016). Einzelne Kieze mussten eine Mietpreissteigerung von über 90 Prozent hinnehmen[78]. Eine Folge ist, dass immer mehr Menschen akut von Wohnungslosigkeit betroffen sind. In Berlin liegt die Zahl bei rund 30.700 Menschen (Tagesspiegel 2018b). Betroffen sind Alleinstehende, Alleinerziehende, aber auch Familien mit Kindern, die in Not- und Gemeinschaftsunterkünften, Übergangsheimen oder Kriseneinrichtungen untergebracht werden. Mehr als jede*r Fünfte (21 Prozent) muss bis zu zwei Jahren in diesen Unterkünften leben (ebd.). Diese lange Verweildauer erklärt sich unter anderem aufgrund von mangelndem Wohnraum: Menschen, die ihre Miete nicht mehr zahlen können, haben nicht immer die Chance eine vergleichbare Wohnung in der Stadt zu bekommen.

Diese drastischen Folgen von Sozialabbau werden durch Aktivist*innen zwar immer wieder thematisiert, aber von der Politik nicht adäquat verhandelt. Vielmehr setzt sich das neoliberale Ellbogensystem, welches trotz permanenter Krise nicht hinterfragt wird, weiter durch: »Sehnsuchtsobjekt, Handlungsnorm, politisches Leitbild bleibt der soziale Aufstieg: Aufstieg durch Leistung« (Nachtwey 2016: 12). Soziales Mantra ist dabei das einer ›prekären Vollerwerbsgesellschaft‹, welche umfassend auf Beschäftigung um und zu jedem Preis eingestellt ist (ebd.: 121). Und das, obwohl Erwerbstätigkeit zunehmend weniger Menschen Sicherheit, Status und Prestige, sowie die Möglichkeit einer kontinuierlichen Lebensplanung gewährt (ebd.). »Der ›kurze Traum immerwährenden Aufstiegs‹ ist vorbei, und er wird wahrscheinlich nicht wiederkehren. [...] Die Ab-

78 Dazu gehören der Potsdamer Platz und die Neuköllner Kieze um die Rollbergstraße mit 99 Prozent, Sonnenallee Nord mit 93 Prozent. Einen Anstieg um 93 Prozent mussten auch die Kieze um den Görlitzer Park und die Wrangelstraße hinnehmen (vgl. Berliner Morgenpost 2016).

stiegsprozesse haben sich in immer neuen Schüben auf größer werdende Segmente der Gesellschaft ausgeweitet.« (ebd.) So leben laut dem 5. Armuts- und Reichtumsbericht der Bundesregierung von 2017 15,7 Prozent der Bevölkerung in Armut oder an der Armutsgrenze. Das sind knapp 13 Millionen Menschen. Zum Vergleich: Im Jahr 2002 galten 12,7 Prozent aller Einwohner*innen als arm. Schaut man sich die aktuellste Vermögensverteilung an, ergeben sich ähnlich drastische Zahlen: So besitzen insgesamt die wohlhabendsten zehn Prozent der Haushalte zusammen etwa 60 Prozent des Gesamtvermögens netto, also abzüglich Schulden. Die unteren 20 Prozent hingegen haben gar kein Vermögen (Böckler Impuls 2017). Der gesellschaftliche Reichtum bleibt so bei einem kleinen Prozentsatz der Bevölkerung, während große Teile davon ausgeschlossen bleiben. Zwar wird die Gesellschaft insgesamt reicher, aber die Armen profitieren nicht davon. Vielmehr wächst die Armut und verfestigt sich stetig weiter (Nachtwey 2016: 135).

Der Neoliberalismus wurde spätestens seit den 1980er Jahren zu einer hegemonialen politischen ›Zivilreligion‹, die die Gesellschaft nach Marktprinzipien umgestaltet hat, wobei Wettbewerb und Leistungskonkurrenz zu Wundermitteln stilisiert werden (Kellershohn / Kastrup 2016: 60). Auch haben Wirtschaftskrisen, wie zuletzt 2008, das neoliberale Projekt nicht in Frage gestellt, sondern gestärkt (vgl. Harvey 2007) und nach innen, wie nach außen abgesichert. So wurden Dynamiken etabliert, welche die Menschen als Subjekte betrachten, die autonom und unternehmerisch agieren, während kollektive gesellschaftliche Lösungen und Institutionen abgewertet und als suspekt inszeniert wurden (Nachtwey 2016: 80). Exemplarisch hierfür ist unter anderem die private Altersvorsorge, wie die Riesterrente, welche letztendlich die Entkollektivierung vom Sozialstaat legitimiert: Von den Bürger*innen wird erwartet zur eigenen Sicherheit privat vorzusorgen. Wer dies nicht kann, gilt als selbst schuld und unverantwortlich.

Auch Arbeitslose wurden durch das HartzIV-System zu Objekten der Armutsverwaltung, die scheinbar nicht zur Gesamtgesellschaft bzw. ›Normalgesellschaft‹ dazu gehören. Unterstützt wird dieser Eindruck durch verschiedene Job-Center-Regularien: So besteht beispielsweise der Zwang, für jede*n scheinbar individuelle Verträge[79] mit

79 Solche Verträge geben den Anschein, als würden sie direkt mit den Einzelnen ausgehandelt werden. Allerdings sind es oftmals die gleichen Vordrucke mit teilweise gleichen Formulierungsbausteinen, die eingefügt werden.

dem Staat zur Wiedereingliederung abzuschließen. Die Bezeichnung ›Wiedereingliederung‹[80] zeigt deutlich, welche gesellschaftliche Stellung Arbeitslosen zugesprochen wird: Außerhalb der vermeintlichen ›Normalgesellschaft‹. Solche Begriffe wollen ausschließen und Menschen zeigen, dass sie durch ihr individuelles Verschulden nicht dazu gehören. Ganz vergessen bleibt hierbei allerdings der Aspekt, dass Arbeitslosigkeit, sozialer Abstieg und Krisen regelmäßiger Teil von Kapitalismus und Neoliberalismus sind. Individuen können sich dagegen nicht absichern. Kapitalistisch verursachte Armut ist kein selbst verschuldetes Privatproblem, sondern ein systemimmanentes.

Kündigung, Arbeitslosigkeit, Niedriglohnbeschäftigung, Armut, geringe Aufstiegschancen etc. sind keine persönlichen Defizite, sondern ein geteiltes kollektives Klassenschicksal (vgl. ebd.: 109). Inzwischen arbeiten rund 21 Prozent der Beschäftigten in atypischen Arbeitsverhältnissen (DGB / HBS 2018). Davon arbeiten 7,4 Millionen Menschen in Minijobs, das heißt, dass ein Verdienst von mehr als 450 Euro im Monat nicht möglich ist (ebd.). Und 1,2 Millionen Erwerbstätige verdienen so wenig, dass sie zusätzlich auf HartzIV angewiesen sind (ebd.).

Paradox ist zudem, dass der Bestand an gemeldeten offenen Arbeitsstellen zwar aktuell auf 797.800[81] gestiegen ist, dies aber der Zahl von 1,41 Millionen Erwerbslosen (Oktober 2018)[82] in keiner Weise entspricht. Trotz dieser gesamtgesellschaftlichen, unrealistischen Arbeitsperspektiven, werden Einzelne für ihre soziale Stellung und ihre Erwerbslosigkeit schuldig gemacht.

80 Die Idee der ›Wiedereingliederung‹ hat zur Folge, dass die Menschen jede erdenkliche Arbeit annehmen müssen. Denn nur ein solches Vorgehen beweist, dass es die Betroffenen wirklich ernst meinen, ›sich bemühen‹ und daher nicht durch Sanktionen ›erzogen‹ werden müssen. Allerdings ist dieses Verhalten fatal und führt nur zu einem weiteren Abstieg: »Nach einer längeren Periode der Arbeitslosigkeit eine befristete Beschäftigung anzunehmen, wie viele politische Entscheidungsträger_innen fordern, kann langfristig zu geringeren Einkommen führen. Wenn jemand eine Beschäftigung mit niedrigerem Status annimmt, verringert sich die Chance auf einen sozialen Aufstieg oder ein ›angemessenes‹ Einkommen dauerhaft.« (Standing 2015: 29).

81 https://de.statista.com/statistik/daten/studie/2903/umfrage/jahresdurchschnitts werte- des-bestands-an-offenen-arbeitsstellen/.

82 https://de.statista.com/statistik/daten/studie/3263/umfrage/erwerbslosenzahl-in-deutschland/.

Diese Individualisierung führt dazu, dass sich das neoliberale System weiter verstetigen kann: Die Organisation in kollektiven und selbstbewussten Zusammenhängen, welche die eigene missliche Lage verbessern oder zumindest breit thematisieren könnte, ist schwierig: »Denn dies würde mit der Herrschaft aufräumen, die der Neoliberalismus mit all seinen Kunstgriffen zu legitimieren sucht.« (Friedrich / Schreiner 2013: 21)

> »Aus der Armut wird ein Standortfaktor (›arm, aber sexy‹), die Prekarisierung der neuen Kreativen wird als attraktive Lebensform […] stilisiert. Die Orientierung an Wettbewerbsfähigkeit und Standortlogik gibt Anlass, staatliche Ausgaben zu begrenzen und den Sozialstaat weiter abzubauen, die Globalisierung (Standortverlagerung, outsourcing, lean- und just-in-time-production) und Finanzialisierung werden vorangetrieben, die Reproduktion wird auf privatisierten Keynesianismus (schuldenbasierter Konsum, private Altersvorsorge, Bildungsfinanzierung, Immobilienerwerb) umgestellt, der Lebensalltag und die Rechte der Lohnabhängigen werden drastisch verschlechtert (Überausbeutung, hohe Mieten, lange Wegzeiten). Dies geht einher mit Regierungs- und Sozialtechniken der Kontingenz. Individuen sollen ihre Wettbewerbsfähigkeit durch Eigeninitiative sichern und ihre employability erhalten, dafür das ›Portfolio‹ ihrer Kompetenzen überwachen und auf dem Stand halten, sich flexibel für neue Anforderungen erweisen, ihre Leistungsfähigkeit beobachten, evaluieren, prüfen, optimieren und selbstverantwortlich handeln.« (Demirović 2018)

Begriffe wie ›Leistungsbereitschaft‹, ›Leistungsgerechtigkeit‹, ›Eigenverantwortung‹ und ›Leistungsgesellschaft‹ fungieren als trügerische Ideologieelemente des Neoliberalismus, welche ›Versagen‹ individualisieren (Friedrich 2011: 27). Die Inszenierung eines vermeintlich persönlichen Versagens anstelle einer Kritik sozialer Ungleichheiten führt zur Eindämmung eines möglichen sozialen Widerstands gegen vorhandene Ungleichheits- und Unterdrückungsstrukturen.

Dabei betreffen sozialer Abstieg und prekäre Lebens- und Arbeitsverhältnisse einen immer größeren Teil der Gesellschaft. So lebt und arbeitet beispielsweise jede*r achte Erwerbstätige83 dauerhaft in prekären

---

83 Guy Standing beantwortet die Frage, welche gesellschaftlichen Gruppen besonders betroffen von prekären Umständen sind, folgendermaßen: »Im Grunde alle« (Standing 2015: 92). Das Prekariat ist vielgestaltig. Dazu gehören:

- *Frauen*: »Frauen haben einen unverhältnismäßig großen Teil prekärer Beschäftigungen übernommen und verfügen weit häufiger über Kurzzeitverträge oder überhaupt keine Verträge.« (ebd.: 94).
- *Jugend*: Viele junge Menschen beginnen ihre Karrieren mit schlecht bezahlten Praktikumsplätzen und befristeten Verträgen (ebd.: 101).

Verhältnissen (vgl. Promberger et al. 2018). Trotz dieser Anzahl wird die Abhängigkeit von Sozialleistungen immer noch abgewertet und die Betroffenen gelten als faul und ihre Situation als selbst verschuldet. Diese Perspektive lässt nicht nur gesellschaftliche Zusammenhänge außer Acht, sondern ignoriert auch die Abhängigkeit eines sogenannten ›Mittelstandes‹ von sozialstaatlichen Errungenschaften. Denn entgegen des oft verbreiteten Selbstbildes, den eigenen Wohlstand allein und durch individuelle Leistung verdient zu haben, wird ihre Lebensführung auch von Leistungen wie Kindergeld, Gesundheitsvorsorge oder einer progressiven Einkommenssteuer gestützt (Nachtwey 2016: 148).

Das also ein großer Teil der Gesellschaft von staatlich garantierten sozialen Leistungen profitiert, wird dabei oft vergessen oder ignoriert.84 Der Kapitalismus und mit ihm die spezielle Form des Neoliberalismus hat es geschafft, ökonomische, wie gesellschaftliche Prozesse zu entwerfen, »in denen die politischen und sozialen Aktivitäten einem Kosten-Nutzen-Kalkül unterworfen werden. [Dieses System] vervielfacht Kon-

---

- *Ältere*: »Ältere sind zu einer Quelle billiger Arbeit, geringer Löhne und geringer Leistungen geworden, und können mühelos gefeuert werden.« (ebd.: 123).
- *Migrant*innen*: Sie machen einen großen Teil des globalen Prekariats aus und »[...] laufen Gefahr, zu den hauptsächlichen Opfern innerhalb des Prekariats zu werden, die verleumdet und zum Sündenbock für Probleme gemacht werden, die sie keineswegs zu verantworten haben.« (ebd.: 134).
- Ebenso betroffen sind außerdem ethnische Minderheiten, Menschen mit Behinderung und kriminalisierte Menschen (ebd.: 130-131), hier allen voran zu erwähnen, Menschen die als Gefangene in Gefängnissen arbeiten müssen.

84 Besonders deutlich wird dies bei der Kulturförderung: So erhielten 2017 die drei Opernhäuser Berlins über 130 Millionen Euro aus dem 480 Millionen Euro umfassenden Berliner Kulturetat. Somit wurde jedes Opernticket im besagten Haushaltsjahr mit 215€ bezuschusst. Nach einer Studie aus NRW (2015) verfügen im Schnitt dreiviertel der Opernbesucher*innen über einen Studienabschluss. Quellen:

- *Haushaltsplan Berlin 2017*. In: https://www.berlin.de/sen/finanzen/haushalt/haushaltsplan/artikel.5697.php.
- *Finanzielle Entwicklung der landeseigenen Theater- und Orchesterbetriebe 2017*. In: https://www.parlament-berlin.de/adosservice/18/Haupt/vorgang/h18-0278.B-v.pdf.
- Kliment, Tibor (2016): *Das Publikum von Theater und Oper. Soziale Zusammensetzung und die Wirksamkeit von Zugangshürden*. In: https://www.kulturmanagement.net/Themen/Das-Publikum-von-Theater-und-Oper-Soziale-Zusammensetzung-und-die-Wirksamkeit-von-Zugangshuerden, 2132.

kurrenz- und Wettbewerbsverhältnisse, international, national, bis in die Mikrofasern der Gesellschaft hinein.« (Reinfeldt 2013: 126) Menschen stehen heute permanent in Konkurrenz um halbwegs gesicherte Arbeitsplätze, gute bezahlbare Wohnungen, uvm. (ebd.).

Eine solche neoliberale Verwertungslogik konnte sich in den letzten Jahrzehnten erfolgreich etablieren und zeigt sich exemplarisch an folgenden Politikeraussagen:

- ★ Der damalige Bundeskanzler Helmut Kohl (CDU) im Oktober 1993 in einer Regierungserklärung zum Standort Deutschland: »Wir können die Zukunft nicht dadurch sichern, dass wir unser Land als einen kollektiven Freizeitpark organisieren.«[85]
- ★ Wolfgang Schäuble (CDU), im Oktober 1994 in der Bild-Zeitung über Pläne zum Umbau des Sozialsystems: »Mehr Eigenverantwortung des Einzelnen, weniger soziale Hängematte.«[86]
- ★ Der damalige Bundeskanzler Gerhard Schröder (SPD) im April 2001 in der Bild-Zeitung: »Wer arbeiten kann, aber nicht will, der kann nicht mit Solidarität rechnen. Es gibt kein Recht auf Faulheit in unserer Gesellschaft! Das bedeutet konkret: Wer arbeitsfähig ist, aber einen zumutbaren Job ablehnt, dem kann die Unterstützung gekürzt werden.«[87]

Besonders verachtend und abwertend zeigte sich auch Wolfgang Clement (SPD) als damaliger Bundeswirtschaftsminister mit der Herausgabe der Broschüre *Vorrang für die Anständigen. Gegen Missbrauch, Abzocke und Selbstbedienung im Sozialstaat*. Die Broschüre erschien 2005 und musste aufgrund von Kritik zurückgezogen werden. So zeigten verschiedene Arbeitsloseninitiativen Clement wegen Volksverhetzung an und der Paritätische Wohlfahrtsverband warf ihm eine »üble Kampagne gegen Arbeitslose« vor. In der Broschüre muss die Generalisierung von Einzelfällen als Beweis für das vermeintliche Ausnutzen des Sozialstaates herhalten. Besonders eindrücklich wird die rassistische und sozialchauvinistische Konnotation der Broschüre durch die Verwendung des Wortes ›Parasit‹. Wörtlich heißt es in der Broschüre:

---

85 Regierungserklärung in der 182. Sitzung des Deutschen Bundestags zur Zukunftssicherung des Standorts Deutschland / 21. Oktober 1993.

86 taz (1994): *Volle Sozialhilfe nur mit Billigjob?* Ausgabe 4436 / 7.10.1994 / S. 4.

87 Bild (2001): *Es gibt kein Recht auf Faulheit*. Interview mit Gerhard Schröder, 6.4.2001.

»Biologen verwenden für Organismen, die zur Befriedigung ihrer Nahrungsbedingungen auf Kosten anderer Lebewesen – ihren Wirten – leben, übereinstimmend die Bezeichnung ›Parasiten‹. Natürlich ist es völlig unstatthaft, Begriffe aus dem Tierreich auf Menschen zu übertragen. Schließlich ist Sozialbetrug nicht durch die Natur bestimmt, sondern vom Willen des Einzelnen gesteuert.«[88]

Kapitel 1 der Broschüre trägt den Titel *Melkkuh Sozialstaat – die alltägliche Selbstbedienung am Gemeinwohl.* Anstelle von empirischen Ergebnissen, verwendet der Bericht des Ministeriums eine detaillierte Beschreibung vieler Einzelfälle[89]. Dadurch wird der Eindruck erweckt, dass eine Mehrzahl der HartzIV-Empfänger*innen ihre Leistung zu Unrecht erhalten. Zudem wird die Vorstellung geprägt, dass es legitim ist, Menschen in ›nützlich‹ und ›unnütz‹ einzuteilen.

Ermuntert durch das kontinuierliche Äußern solcher und ähnlicher Aussagen, ist es nicht verwunderlich, wenn auch heute noch einige Teile der Gesellschaft als ›Parasiten‹, ›Sozialschmarotzer‹ oder ähnliches abgewertet werden. An solche Begriffe und Vorstellungen können rechte Erzählungen problemlos anknüpfen, stammen sie doch sowieso aus einem rechten Rhetorik-Repertoire. Wer also Erwerbslose mit ›Parasiten‹ vergleicht, ebnet letztendlich auch den Boden für breite, gesellschaftlich legitimierte rechte Hetze.

Solche Aussagen mögen unerwartet kommen, sind allerdings innerhalb kapitalistischer Logiken nicht unmöglich. Die Nähe von rechter und kapitalistischer Argumentationsweisen ist strukturell bedingt. Sowohl der Kapitalismus, als auch der Rechtsextremismus weisen große Übereinstimmungen auf: Beide verabsolutieren Höchstleistung, sowohl die des Einzelnen, als auch die der Gesellschaft insgesamt, zudem glorifizieren sie die Konkurrenz, in welcher sich die Starken gegenüber den Schwachen durchsetzen sollen (Friedrich / Schreiner 2013: 17).

Der Neoliberalismus etablierte sich zu einer umfassenden politischen Sozialideologie, welche unangreifbar geworden ist. Auch scheinen Vorstellungen anderer gesellschaftlicher Organisationsformen außerhalb

---

88 vgl. Bundeswirtschaftsministerium (2005): *Vorrang für die Anständigen. Gegen Missbrauch, Abzocke und Selbstbedienung im Sozialstaat.* In: https://harald-thome.de/fa/harald-thome/files/Gesetzestexte%20SGB%20II%20+%20VO/Gesetzestexte%20SGB%20XII%20+%20VO/Seminare/Clement/Sozialmissbrauch_Bericht_BMWA.pdf.

89 Hierfür exemplarisch: »Nicht so genau mit der sozialen Moral nahm es auch ein aus Tunesien stammendes Ehepaar.« (vgl. Bundeswirtschaftsministerium 2005).

neoliberaler Strukturen als undenkbar und werden als unrealistische, utopische Träumereien abgetan.

Obwohl der Neoliberalismus ein marktorientiertes Wirtschaftsmodell ist, sind seine zentralen Aspekte – Markt- und Leistungsdruck, sowie Konkurrenz – in heutigen Gesellschaftsordnungen fest verankert (ebd.: 15). Allgemeine Gleichheits- und Gerechtigkeitsvorstellungen wurden durch eine neoliberale Hegemonie auf den Kopf gestellt. »Galt früher der soziale Ausgleich zwischen den gesellschaftlichen Klassen und Schichten als erstrebenswertes Ziel staatlicher Politik, so steht heute nach offizieller Lesart den ›Siegertypen‹ alles, den ›Leistungsunfähigen‹ bzw. ›-unwilligen‹ höchstens das Existenzminimum zu.« (ebd.: 16) Eine solche neoliberale Konkurrenzlogik kann problemlos auf die Grundlage eines extrem rechten Menschenbildes übertragen werden: Geprägt ist dieses von einem ständigen Kampf ums Dasein, die Einteilung in Höher- und Minderwertige ist die Norm und das alleinige Überleben des Stärkeren ein Maßstab für gesellschaftliches Zusammenleben (Butterwegge / Hentges 2008: 149). Darüber hinaus gibt es Verbindungen von neoliberalen und klassischen rechten Ideologieelementen wie Nation, Führertum, Ungleichheit, Antisemitismus und Rassismus (ebd.: 144). Rechte Aus- bzw. Abgrenzungsideologien, vor allem Rassismus, Nationalismus und Sozialdarwinismus, können in letzter Konsequenz auf Konkurrenz zurückgeführt werden, welche zu einem permanenten Kampf ›jeder gegen jeden‹ zwingt und im Neoliberalismus als stärkste Triebkraft für technische Innovationen und unternehmerische Investitionen fungiert (Friedrich / Schreiner 2013: 23). Konkurrenz zersetzt Ideale wie Solidarität, Gerechtigkeit und Humanität und verhindert eine vertrauensvolle Organisation zwischen Angehörigen derselben Bevölkerungsschicht (ebd.). Verständnis für die Schwachen, Sozialbenachteiligten, Erwerbslosen, Kranken und Menschen mit Behinderung, zeigen weder der Neoliberalismus, noch der Rechtsextremismus. Während der Neoliberalismus zwar die (Rechts-) Gleichheit zwischen allen Individuen nicht unbedingt ablehnt, verwehrt er Ärmeren jedoch die materiellen Mittel, welche nötig sind, um halbwegs auf Augenhöhe am gesellschaftlichen Leben partizipieren zu können (vgl. ebd.: 25). Ein extrem rechtes Weltbild hingegen geht mit diesem Aspekt wesentlich offener um. Hier besteht kein Zweifel darin, dass die Individuen des eigenen nationalen, ethnischen Kollektivs – des eigenen Volkes – als überlegen und besser gelten und ihnen somit auch alle Vorteile und Privilegien zustehen. »Neoliberaler zu sein heißt letztlich, unsozial zu handeln; Rechtsextremist zu sein heißt darüber hinaus, brutal und rücksichtslos zumindest gegenüber ›Gemeinschaftsfremden‹ zu handeln.« (ebd.) Der Neoliberalismus versetzt mit Hilfe der Demontage des Sozialstaats und der vom Markt entfesselten sozialdarwinistischen Leistungskonkurrenz die Menschen in den Zustand einer permanenten Verteidigung und Aggression (ebd.). Die damit einhergehende sozialdarwinistische Alltagsphilosophie erzeugt eine Brutalität, die es allerdings schafft halbwegs unauffällig zu bleiben und sich von direkter Gewalt zu distanzieren (Butterwegge / Hentges 2008: 24). Denn wenn Armut als ein individuelles Problem bewertet wird, welches Resultat der eigenen ›Leistungsverweigerung‹ ist, dann ist auch eine Gesellschaft nicht dazu verpflichtet, Einzelpersonen materiell zu unterstützen. Wenn sozialer Abstieg dadurch verhindert werden kann, dass die Einzelnen sich mehr anstrengen, dann bedarf es auch keiner sozial-staatlichen Rettungsanker mehr. Diese Logik führt die extreme Rechte bereitwillig weiter und schafft es, alltägliche Konkurrenzprinzipien zu ethnisieren und zu brutalisieren (ebd.). Je mehr eine neoliberale Konkurrenzlogik im Rahmen der Standortsicherung verschärft wurde, umso leichter lassen sich eine vermeintliche »kulturelle Differenz zwischen Menschen unterschiedlicher Herkunft politisch benutzen und als Ab- bzw. Ausgrenzungskriterium gegenüber Mitbewerber(inne)n um Arbeitsplätze sowie wohlfahrtsstaatliche Transferleistungen instrumentalisieren« (Kellershohn / Kastrup 2016: 60). Parteien der extremen Rechten in Europa machten in den letzten Jahren immer wieder Anleihen beim Neoliberalismus und konnten damit Wahlerfolge verbuchen, »durchbrachen eine bis dahin oft vorherrschende politische Isolation und wurden sogar an nationalen Regierungen beteiligt« (Metz / Seeßlen 2018: 16). Diese Entwicklung ist seit den 1980er Jahren zu beobachten. Neoliberale Themen fanden verstärkt Einzug in die Wahlprogramme rechter Parteien. Darunter unter anderem die Privatisierung öffentlicher Unternehmen und Dienstleistungen, die Deregulierung des Arbeitsmarktes und die Flexibilisierung der Beschäftigungsverhältnisse (Friedrich / Schreiner 2013: 20). Statt fremder Länder sollten nun neue Absatzmärkte erobert werden (ebd.). Ergänzt wurden diese Themen dann in den 1990er Jahren: Geschickt verbanden nun Rechte, mit einem Verweis auf die negativen Folgen der Globalisierung, die soziale Frage mit dem Thema Einwanderung und Migration (ebd.). Deutlich wird dies beispielsweise in ehemaligen NPD-Wahlslogans wie ›Fremdarbeiter stoppen!‹ oder ›Arbeit zuerst für Deutsche!‹.

Unzufriedenheit, Enttäuschungen und Unsicherheiten innerhalb der Gesellschaft, werden von rechten Akteuren genutzt und teilweise auch geschürt: So verhelfen moralische Paniken und mediale Fokussierungen dabei, Gefühle vom Denken abzuspalten und in Ressentiments, rassistische Praktiken, Kälte und Entsolidarisierung zu übersetzen (Demirović 2018). Honoriert wird dieser Prozess dann mit Aufmerksamkeit und Bekümmernis von oben á la ›wir haben verstanden‹ bzw. ›wir nehmen die Sorgen der Menschen ernst‹. Rassismus stellt für extrem rechte Parteien einen guten Weg dar, um gegen soziale Ungerechtigkeiten ›zu protestieren‹, ohne sich sozial und politisch zu isolieren, wie es im Falle einer Klassenkampforientierung geschehen würde (Lühr 2011: 30). Anstelle einer Kritik an kapitalistischen Armutsursachen und einer systemimmanenten Verwertungs- und Konkurrenzlogik, konzentrieren sich die eigenen Abstiegsängste gegen Migrant*innen und Geflüchtete. In einer globalen Welt konkurrieren Alteingesessene, Neudazugekommene und Durchreisende um wenige Arbeitsplätze und müssen sich oftmals mit befristeten Verträgen, geringen Löhnen und dürftigen Leistungen abfinden. »Das Ganze passiert nicht zufällig, sondern systematisch.« (Standing 2015: 166). Die neoliberale Hegemonie festigt eine Ideologie, »durch die der Rechtsextremismus für das Establishment bzw. die Mitte der Gesellschaft anschlussfähig wird.« (Friedrich / Schreiner 2013: 19).

Auch zeigen Forschungsergebnisse immer wieder, »[…] dass unter den Bedingungen der Umbrüche in der Arbeitswelt ein neuer Nationalismus unter den Lohnabhängigen gedeiht.« (Lühr 2011: 8). So dient der Anschluss an das starke Kollektiv ›Nation‹[90] zum einen der Kompensation erfahrener Identitätsdefizite und andererseits als Konkurrenzstrategie zur

90 Der Begriff der ›Nation‹ umfasst entgegen hegemonialer Deutungen kein statisches Konstrukt. ›Nationen‹ können beliebig gedeutet und verändert werden. Auch ist unklar, wer genau zu einer ›Nation‹ gehört und wer nicht. Dies wird durch den hegemonialen Diskurs entschieden und kann variieren. Benedict Anderson bezeichnet ›Nationen‹ passenderweise als ›imagined communities‹ (Anderson, Benedict (2006): *Imagined Communities. Reflections on the Origin and Spread of Nationalism*. London / New York).

Zur weiteren Einordnung vom Zusammenhang zwischen der Konstitution von ›Nation‹ und Arbeiter*innenklasse, sowie dem Zugang zu materieller Teilhabe: Schreiner, Patrick (2013): *Die ›Nation‹ als neoliberale Existenzgemeinschaft. Gescheiterte Heilslehren, gebrochene Versprechen und ökonomisch-soziale Krisen.* In: Friedrich, Sebastian / Schreiner, Patrick (Hrsg.): Nation. Ausgrenzung. Krise. Kritische Perspektiven auf Europa. Münster: edition assemblage.

Sicherung der eigenen Position. Besonders abstrus ist dieser Zusammenhang, wenn sogar davon ausgegangen wird, dass ökonomischer Erfolg nur mit Hilfe von Nationalstolz möglich ist. So phantasiert Matthias Matussek in seinem 2006 erschienen Buch *Wir Deutschen. Warum uns die anderen gern haben können*:

> »Die unverklemmte Identifikation mit der eigenen Nation ist neben allem anderen ein Wettbewerbsvorteil. [...] Für uns gibt es nationale Interessen, die über denen anderer Nationen rangieren sollten.«

Auch hier wird eine sozialdarwinistische Alltagslogik propagiert, die letzten Endes gesellschaftlichen Ausschluss und die Verweigerung von sozialer Teilhabe bedeuten kann. Beschrieben wird dieser Zusammenhang auch in der Studie Fragile Mitte – *Feindselige Zustände: Rechtsextreme Einstellungen in Deutschland 2014*, die zu dem Ergebnis kommt, dass bei Befragten, die mit der AfD sympathisieren, marktförmiger Extremismus und Bedrohungsgefühle besonders stark vertreten sind (Zick / Klein 2014: 118). Auch zeigen sich starke Verbindungen zu sozialdarwinistischen Ansichten: Die Befragten sind der Meinung, dass sich wie in der Natur, auch in der Gesellschaft der Stärkere durchsetzen solle, das es wertvolles und unwertes Leben gebe und das die Deutschen anderen Völkern von Natur aus überlegen seien (ebd.).

Den Zusammenhang zwischen eigenen Unsicherheiten im Bereich der Lohnarbeit und rechten Erfolgen haben diverse Studien hinlänglich untersucht[91]. Zu nennen ist hier unter anderem das Projekt SIREN (Sozioökonomische Veränderungen, individuelle Reaktionen und die Anziehungskraft der Extremen Rechten), welches von 2001 bis 2004 durchgeführt wurde. Das von der Europäischen Kommission geförderte Projekt untersucht die Verknüpfung der Forschungsfelder (a) Veränderungen in der Arbeitswelt, Arbeitsmarktentwicklungen und soziale Sicherungssysteme und (b) politische Orientierungen sowie rechtsextreme und rechtspopulistische Einstellungen. Die Analyse lässt die Schlussfolgerung zu, dass die in der Arbeitswelt gemachten Erfahrungen, Auswirkungen auf die politische Orientierung haben und unter bestimmten Voraussetzun-

91 Erwähnenswert ist an dieser Stelle auch die 1997 erschienene Publikation *Wollt ihr den totalen Markt?* von Herbert Schui, Stephanie Blankenburg und Ralf Ptak. Diese arbeitete zahlreiche Parallelen zwischen einer extrem rechten Ideologie und dem Neoliberalismus heraus. Zentral war auch hier der Aspekt, dass Menschen auf ihre Existenz als Marktsubjekte reduziert werden: Es zählt nur, wer oder was ökonomisch verwertbar oder gewinnträchtig ist (vgl. Friedrich / Schreiner 2013: 19).

gen zu rechten Einstellungen führen können. »Eine wichtige Erkenntnis [der] Studie lautet, dass die konkreteren Wechselbeziehungen zwischen sozioökonomischem Wandel und Empfänglichkeit für Rechtspopulismus bzw. -extremismus viel bedeutsamer zu sein scheinen als solche allgemeinen Tendenzen wie der Verlust von Orientierung, Werten oder sozialen Bindungen.« (Butterwegge / Hentges 2008: 121) So können eigene Enttäuschungen, die in der Arbeitswelt gesammelt werden, sich gegen jene entladen, die nach subjektiven Ansichten ein ›gutes Leben‹ führen ohne selbst von den Lasten und Risiken einer zunehmend brutaler werdenden Arbeitswelt betroffen zu sein (ebd.: 111): »Das sind Politiker mit einem hohen und gesicherten Einkommen, Flüchtlinge, ›um die sich der Staat kümmert‹, und Langzeitarbeitslose, die angeblich überhaupt nicht arbeiten wollen.« (ebd.) Diese Gefühle von Unsicherheit und Machtlosigkeit werden außerdem verstärkt dadurch, dass politische Repräsentant*innen nicht als Akteure wahrgenommen werden, die Schutz gewähren können (ebd.: 118). Weitere Einflussfaktoren sind Unzufriedenheit mit den etablierten politischen Parteien, dic Krise der politischen Repräsentation – insbesondere der Arbeiter*innenklasse – oder Fragen der familiären Sozialisation (ebd.: 121). Das Projekt zeigt aber auch deutlich, dass kein direkter und unmittelbarer Zusammenhang zwischen sozialer Marginalisierung / Erwerbslosigkeit und der Hinwendung zur extremen Rechten besteht (ebd.: 156). Denn wie bereits eingangs mittels der Studie von Schröder erwähnt, können sowohl prekär Beschäftige, als auch beruflich Erfolgreiche spezifische Ausprägungen rechter Orientierungen entwickeln (ebd.: 180). Sie knüpfen dabei jeweils an unterschiedliche rechte Ideologieelemente an: So beziehen sich sozial bereits Abgestiegene auf rechte ›Erklärungen‹ von Armut, sozialem Abstieg und Desintegration und soziale Gewinner*innen auf die Elemente von Leistung, Konkurrenz, Wettbewerb und Standortnationalismus (ebd.: 183).

Zu ähnlichen Ergebnissen kommt auch das Forschungsprojekt *Prekäre Beschäftigungsverhältnisse – Ursache von sozialer Desintegration und Rechtsextremismus?*, welches von 2003 bis 2004 durchgeführt wurde. Es ist nicht abwegig, dass ein Teil der Befragten persönliche Konkurrenzerfahrungen mit ethnisierten Bedeutungen aufladen und so Leistungsungerechtigkeiten mit Vorurteilen gegen vermeintliche ›Sozialschmarotzer‹ oder ›Leistungsverweigerer‹ erklären wollen (Lühr 2011: 97). Dieser Aspekt ist Kern einer rechten Auseinandersetzung mit der sozialen Frage: »Nicht die sich immer weiter öffnende Schere zwischen Arm und Reich, zwischen Arbeit und Kapital ist der Hauptansatzpunkt für die extreme Rechte, sondern die aggressive Ausgrenzung der ohnehin randständigen Gruppen dieser Gesellschaft.« (Butterwegge / Hentges 2008: 149) Antikapitalismus und Kritik an sozialen Zuständen erfolgt bei Rechten immer aus einer völkischen Perspektive. Es gilt die eigene Lebensführung vor anderen zu verteidigen. So wird nicht der Kapitalismus als universales Ausbeutungsverhältnis kritisiert, sondern ein Kapitalismus, der sich von seinen nationalen Wurzeln entfernt hat, der globaler agiert und dessen negative Seiten auch die ›Alteingesessenen‹ treffen könnte (ebd.: 148).

Die strukturelle Nähe von Neoliberalismus und rechter Ideologie führt zudem dazu, dass rechten Akteuren wenig Widerstand entgegengebracht wird. Teilweise stößt eine nationalistische und völkische Rechte sogar auf Verständnis und Unterstützung (Demirović 2018). Zudem schaffen es rechte Agitator*innen ein Gefühl der Radikalität und Handlungsfähigkeit bei Wähler*innen, Mitläufer*innen und Sympathisant*innen zu erzeugen. Besonders fatal ist, dass dieses Gefühl mehr oder weniger Risiko bleibt, weil die Herausforderungen der gesellschaftlichen Entwicklung nicht oder kaum berührt werden und nur zulasten von Schwachen und Minderheiten gehen (ebd.). Dieses rechte ›Angebot‹ wird bereitwillig aufgegriffen, ermöglicht es doch letztendlich sich Gehör zu verschaffen: Radikale Kritik kann geäußert werden ohne wirklich in einen antagonistischen Konflikt mit den Herrschenden zu geraten (ebd.). »[So eine] Revolte ist autoritär und konformistisch.« (ebd.). Auch werden keinerlei Zugeständnisse gemacht: Bestenfalls können Mitläufer*innen »eine Unterschichtung der migrantischen Arbeitskräfte durchsetzen, also eine Situation, in denen diese ihnen untergeordnet sind. Doch durch diese rassistischen Entsolidarisierungspraktiken tragen sie gerade zu jener Konkurrenz auf dem Arbeitsmarkt bei, die sie mit ihren Protesten glauben, verhindern zu können.« (ebd.).

Antrieb ist das dringende Bedürfnis mitgestalten zu wollen. Doch ist es ein Trugschluss, dass dieser von rechten Akteuren beachtet bzw. gefördert wird. Vielmehr führt eine rechte Propaganda zur Passivität, denn wenn ›sie für uns‹[92] kämpfen, dann müssen ›wir‹ nichts mehr tun (Reinfeld 2013: 137).

92 In Anlehnung an den FPÖ-Slogan ›Sie sind gegen ihn. Weil er für euch ist.‹. Dieser fand Anwendung 1994 durch Jörg Haider und 2008 durch Heinz-Christian Strache.

Diese Passivität kann verheerende, gesellschaftliche Konsequenzen haben: Denn umso dramatischer Verteilungskämpfe werden, umso mehr werden rechte Akteure versuchen, diese für sich zu nutzen. Das dies kein überraschendes Phänomen ist, zeigen die vergangenen Jahrzehnte: Immer wieder haben reaktionäre, nationalistische, rechte Kräfte besonders in ärmeren Vierteln und Regionen Basisarbeit geleistet und so zur gesellschaftlichen Spaltung beigetragen. Parallel dazu wurden durch staatliche Instrumente des Sozialmanagements, wie Runde Tische, Bürger*innenbeteiligung, Präventionsräten etc., soziale Widersprüche entpolitisiert und Interessengegensätze verschleiert[93]. Rechte Akteure, wie die NPD, konnten sich in dieser Situation durch HartzIV-Sprechstunden oder den Einsatz für Jugendzentren als ›Kümmererpartei‹ inszenieren.

Ein anderer rechter Versuch sich in sozialen Themen zu inszenieren, ist der Einsatz von NPD, AfD oder *Der III. Weg* im Bereich der Wohnungslosenhilfe. Seit 2007[94] finden sich im Vorfeld der Weihnachtszeit immer wieder Rechte zusammen und rufen zur ›Winterhilfe für deutsche Obdachlose auf‹. Bereits die Namen der Initiativen zeigen wie ausschließend diese ›Hilfe‹ ist: ›Deutsche helfen Deutschen‹[95] oder ›Ein Volk hilft sich selbst‹[96]. Wie eng der Rahmen der ›Unterstützung‹ gesteckt ist, schreibt sich auch jenseits ethnischer Bezugspunkte fort:

> »Natürlich wurde darauf geachtet, dass nur diejenigen Hilfe bekamen, die unverschuldet in Not geraten sind – Alkoholiker, Drogenabhängige oder Menschen, die schlicht nicht arbeiten gehen wollen, sondern es bevorzugen auf Staatskosten zu leben, bekommen von uns keine Hilfe.«[97]

---

93 Die Entpolitisierung sozialer Widersprüche mittels neoliberaler Beteiligungsformen beschreibt Robert Maruschke ausführlich in seinem Buch *Community Organizing. Zwischen Revolution und Herrschaftssicherung*, S. 74-80 (erschienen 2014 bei edition assemblage).

94 Im Dezember 2007 baute die NPD Hessen eine ›Winterhilfe für deutsche Volksgenossen‹ in Kooperation mit regionalen ›Freien Kräften‹ auf.

95 Unter dieser Parole sammelte die NPD seit Ende 2016 für das Projekt *Soziale Aktion Sachsen* in ihren Räumlichkeiten in Riesa Sachspenden.

96 Die Initiative wurde gestartet aus dem Umfeld des *Pegida*-Ablegers *Thügida*. Die historische Nähe zum nationalsozialistischen Winterhilfswerk ist eindeutig, so warb dieses unter anderem mit dem gleichen Slogan auf einem Plakat von 1938.

97 https://der-dritte-weg.info/winterhilfe/.

Genutzt wird das Thema Wohnungslosigkeit auch, um beispielsweise gegen Asylpolitik und Geflüchtete zu hetzen. So gibt es immer wieder Verweise darauf, dass für Geflüchtete angeblich genuggetan wird, während deutsche Wohnungslose vergessen werden[98].

Wie bereits beschrieben, ermöglichen neoliberale Strukturen Elemente der rechten Ideologie zu reartikulieren. Eine neoliberal geprägte Gesellschaft kann als Medium fungieren, welches den verschiedenen Strömungen und Organisationselementen der Rechten hilft, sich zu modernisieren:

> »Rechte Positionen werden in diesem Zusammenhang akzeptabel, auf Ziele der nationalen und völkischen Revolution wird nicht verzichtet, Antisemitismus und Rassismus sind ebenfalls Momente der Formation. Rechte Einstellungen, entsprechende ausgearbeitete intellektuelle Positionen und Praktiken reproduzieren sich in der bürgerlichen Gesellschaft ständig von Neuem. Dazu gehören Nationalismus, Autoritarismus, Populismus, Rassismus, Antisemitismus oder Sexismus. Es finden sich eine Vielzahl von Praktiken und Organisationsformen für rechte Orientierungen, die einen wesentlichen Bestandteil des staatlichen Lebens ausmachen. Einzelne Gruppen in den Polizeiapparaten, Militär oder Justiz, Verwaltung oder Parlamenten gehören dazu. Auf der Ebene der Zivilgesellschaft handelt es sich um Parteien, Bewegungsakteure, Vereine, Verlage, Bücher und Zeitschriften, Intellektuelle und ihre Treffen, intellektuelle Zentren (mit quasi-wissenschaftlichem Anspruch oder religiösem Charakter), Musikgruppen, Sportclubs, Unternehmen, die identitätsstiftende Produkte anbieten (Militaria, Kleidung) oder Werbung, Marketing und Politikberatung betreiben, Bewegungsgruppen (wie Identitäre Bewegung oder Casa Pound), Hooligans und Gruppen, die Gewalthandlungen trainieren und solche, die, wie der NSU, eingebettet in ein breites Netzwerk von Unterstützern, im Untergrund operieren. All das gibt es kontinuierlich in sich stetig verändernder Form.« (Demirović 2018)

Faschismus und neonazistischer Terror sind keine vorübergehenden Phasen der Geschichte, sondern Dynamiken, welche tief verwurzelt sind in modernen Zivilisationen und besonders in einer modernen Wirtschaftsorganisation (Löwenthal 2017: 163). Daher ist das Überdenken kapitalistischer Verhältnisse ein wichtiger antifaschistischer Baustein. Doch leider dominiert der Neoliberalismus weiterhin: »Das wird unter

98 Deutlich wird dies beispielsweise in einem Begleitflyer von *Der III. Weg*: »Während deutsche Rentner Pfandflaschen sammeln, gibt dieser Staat Unsummen für die Versorgung von illegalen Wirtschaftsasylanten aus. Die Probleme von sozialschwachen Deutschen werden dagegen vergessen.«

anderem daran erkennbar, dass sowohl die Erklärungen der Ursachen der Krise als auch die Rezepte zur Heilung derselben aus dem Inventar dieser Regierungsweise stammen. Deshalb müssen wir weiter fragen, wie diese Hegemonie gesichert und verbreitet wird und welche Ereignisse eintreten könnten, dass diese Hegemonie brüchig wird.« (Reinfeldt 2013: 19)

In den Diskussionen über Wirtschaft und Wachstum bleibt die soziale Frage meist aus. In der Vergangenheit fungierte Wachstum als ein Garant für das Ausbalancieren struktureller Ungleichheiten. Der soziale Aufstieg ermöglichte in dieser Logik die gesellschaftliche Integration (vgl. Nachtwey 2016: 70). Bleibt dieses Wachstum allerdings aus, nehmen die sozialen Spannungen sofort zu. Hier zeigt sich, wie fatal es ist, das kapitalistische Wirtschaftssystem als eine Gesellschaftsordnung fehl zu interpretieren, da strukturelle und soziale Ungleichheiten so niemals dauerhaft gelöst werden können.

Um der neoliberalen Logik etwas entgegenzusetzen, muss zum Beispiel der Aspekt der Arbeit von Arbeitsplätzen und Lohnarbeit entkoppelt werden. Dieser Gedanke versucht der Gewissheit, dass Arbeitslosigkeit ein integraler Teil heutiger Erwerbsbiografien ist, Rechnung zu tragen. Auch wird so eine Abkehr von der Annahme möglich, dass nur wer einen Arbeitsplatz hat, etwas wert ist und somit gesellschaftliche Mitbestimmungsrechte verdient. Zudem wäre es wünschenswert, dass es in einer technologisch hoch entwickelten Gesellschaft möglich sein sollte, Arbeit nicht mehr als knappes Gut zu behandeln, um welches konkurriert werden muss (Rendueles 2017: 243).

Erstrebenswert hingegen ist die Suche nach politischen Alternativen, die es erlauben, das Problem der Arbeitslosigkeit in eine Lösung zu verwandeln, nämlich in eine Quelle der Freizeit und der Aufwertung reproduktiver Arbeiten (ebd.).

Arbeit, welche mit Lohnarbeit gleichgesetzt wird, ist eine maximal unfreie Situation: Konstant muss die eigene (Lebens-) Zeit verteidigt werden. Demirović spricht in diesem Zusammenhang von der »schlimmsten Form der Usurpation«, denn selbst wenn gegen diese Beherrschung gekämpft wird, kann man sich dem Zwang von Lohnarbeit und der damit verbundenen fehlenden Verfügung über das eigene Leben nicht entziehen (Demirović 2012). Welches Dilemma in einer solchen Verabsolutierung der Lohnarbeit steckt, beschreibt Hannah Arendt 1958 folgendermaßen: »Was uns bevorsteht, ist die Aussicht auf eine Arbeitsgesellschaft, der die

Arbeit ausgegangen ist.« (Arendt 1981: 13) Solange Arbeit in Form von Lohnarbeit der entscheidende Garant ist, um in einer Gesellschaft anerkannt zu werden, wird es immer ›Sozialabgehängte‹, Arme und gesellschaftlich Ausgeschlossene geben.

Um also die kapitalistische Verwertungslogik aufzulösen, ist es dringend erforderlich, Arbeit von Arbeitsplätzen und Lohnarbeit loszulösen. »Alle Arbeitsformen sollten mit demselben Respekt behandelt werden, und man sollte sich nicht zu der Behauptung hinreißen lassen, dass, wer keinen Arbeitsplatz hat, nicht arbeiten würde, und dass, wer im Augenblick nicht arbeitet, untätig und ein_e Schmarotzer_in wäre.« (ebd.) Auch führt die Gleichsetzung von Arbeit mit Lohnarbeit dazu, dass andere Tätigkeiten, die eine gesellschaftlich wichtigere Relevanz haben, unsichtbar werden. Dazu gehört beispielsweise Kinderfürsorge, das Pflegen von Verwandten, etc[99]. Bereits 1885 schrieb William Morris in *Useful Work Versus Useless Toil*, das die Entwicklung dahingehend, das jede Form der (Lohn-) Arbeit eine gute sei, »ein zweckdienlicher Gedanke für jene [ist], die von der Arbeit anderer leben« (Standing 2015: 233).

Weiter ist es sinnvoll einen Blick auf diejenigen zu werfen, die gezwungen sind die eigene Arbeitskraft, sprich die eigene Lebenszeit, zu verkaufen. Dafür ist es hilfreich den Klassenbegriff weiter zu verwenden. So sind Klassen an sich nie verschwunden, sondern es entstand vielmehr eine globale, stärker zersplitterte Klassenstruktur (Standing 2015: 18). Auch verändern sich die Ursachen und Grundlagen aufgrund derer Menschen zu einer Klasse gehören: Prekäre Lebensumstände sind systemimmanenter Teil eines neoliberalen Systems vor denen es keinen ausreichenden Schutz gibt, sondern große Teile der Gesellschaft können vom Prekariat betroffen sein. Trotz des hohen Anteils an prekär lebenden Menschen, findet eine Identifizierung als ›Prekariat‹ nur selten statt (vgl. ebd.: 31). Dies ist ein großer Gegensatz zur früheren industriellen Arbeiter*innenklasse, welche sich als Klasse identifizierte und für ein eigenes Klasseninteresse einstand und kämpfte (ebd.). Gemeinsame politische Interessen sind im

99 Genauso relevant wie eine gesellschaftlich konstruierte Höherwertigkeit von Lohnarbeit, ist auch der Aspekt, dass Arbeiten, wie Kinderfürsorge oder Pflege, oftmals von Frauen ausgeführt werden. Und diese aufgrund patriarchaler Verhältnisse ebenfalls unsichtbar gemacht und abgewertet werden. Eine exakte Analyse über den Zusammenhang von weiblichen und kolonisierten Körpern und der Entstehung des Kapitalismus bietet Silvia Federeci in *Caliban und die Hexe – Frauen, der Körper und die ursprüngliche Akkumulation*‹ (erschienen 2012 bei mandelbaum).

heutigen Prekariat allerdings nicht eindeutig erkennbar. Teilweise findet sogar eine Abwertung untereinander statt. In der Hoffnung, dass die eigenen prekären Lebensumstände nur temporär sind und aufgrund einer Individualisierung von Armutsdynamiken, werden gemeinsame, kollektive Momente untereinander nicht anerkennt bzw. negiert. Eine Solidarisierung innerhalb des Prekariats findet nicht statt. Auch erschwert die zunehmende Differenzierung von Lohnarbeit einen Rückgriff auf gemeinsame Kollektiverfahrungen (Lühr 2011: 59). Es muss die Frage beantwortet werden, welche gemeinsamen Interessen zwischen einem türkischen Putzmann, einer Leiharbeiterin in der Autobranche und Mitarbeitern von modernen Start Ups eigentlich bestehen? Was wären exemplarische Klassenanforderungen? Was für ein Klassenbewusstsein kann formuliert werden? Und welche Gemeinsamkeiten können in anderen Lebensbereichen gefunden werden, wie beispielsweise öffentlicher Nahverkehr, Wohnen / Miete, etc.?

Auch wenn es schwierig ist, soziale Klassen genau zu benennen, existieren sie. Zentrales Merkmal heutiger Klassenkonflikte sind Kämpfe um politische und soziale Rechte und Teilhabe. Lebenschancen von Menschen sind nach wie vor klassenstrukturell ungleich verteilt (Kadritzke 2017: 73). Und trotzdem ist der Klassenbegriff verpönt. Er wird als anachronistisch und analytisch falsch dargestellt. Die »Realität der in Klassen gegliederten Marktgesellschaft [wird] sprachkosmetisch verdrängt.« (Kadritzke 2017: 52) Lieber erfolgt die Konstruktion einer ›Unterschicht‹, die dann abgewertet wird, um so von der ›Mittelschicht‹ abgesondert werden zu können. Gezeichnet werden dabei Bilder von ›rauchenden Müttern‹, die ihre Kinder in einer unordentlichen Wohnung anschreien und Vätern, die desinteressiert daneben sitzen. Eine solche Inszenierung der ›Unterschicht‹ ermöglicht es, die betroffenen Menschen für ihre Lage verantwortlich zu machen und sich selbst von dieser Art Leben zu distanzieren. So können die übergreifenden Klassenverhältnisse ignoriert werden (ebd.: 59). Somit ist das Bestehen auf den Begriff der Klasse und der damit verbundenen sozialen Ungleichheiten »keine semantische Rechthaberei« (ebd.: 72), sondern unerlässlich, um ein analytisch vernünftiges Bild der Wirklichkeit zu zeichnen.

Die soziale Frage war nie aus gesellschaftspolitischen Themen verschwunden, doch ist sie gerade in den letzten Jahren immer drängender und lauter geworden. Wichtig ist nun, dass das Prekariat nicht länger als Einzelschicksal wahrgenommen wird, welches auf individuelles Versagen hindeutet, sondern als kollektive Erfahrung zu interpretieren (Nachtwey 2016: 226). »Soziale Klassen entstehen durch wiederholtes, interessengeleitetes und von einer moralischen Ökonomie durchzogenes kollektives Handeln.« (ebd.). Und dies ist ein bewusster Prozess, denn Klassen und ein Klassenbewusstsein ergibt sich nicht aus der Natur der Sache, sondern muss aktiv hergestellt werden (vgl. Demirović 2016). Die Herstellung eines solchen Bewusstseins ist im Prekariat schwierig, da aufgrund der unterschiedlichen Lebens- und Arbeitsformen, sowie persönlicher Hintergründe, dass Formulieren gemeinsamer Interessen kaum möglich erscheint. Doch kann diese Annahme aufgelöst werden: Klassen nur auf Lohnarbeit zu reduzieren ist falsch. Auch hier zeigt sich, dass eine reine gesellschaftliche Definition über Lohnarbeit einer neoliberalen Sichtweise entstammt und nur scheitern kann. Menschen sind mehr als Arbeiter*innen. Es gibt immer ein komplexes Leben drumherum – bestehend aus Freizeit, Freund*innen, Familie, kulturellen Interessen, usw. (ebd.). Dies ist ein Aspekt, der auch in einer linken Gesellschaftsanalyse oft zu kurz kommt. Und doch war gerade eine Arbeiter*innenkultur, zum Beispiel mit Arbeiter*innen-Sportvereinen und -Wandergruppen mal mehr. Und genau wie Arbeiter*innen komplexe Menschen sind, die nicht nur um ihre Berufstätigkeit herum organisiert werden können (ebd.), ist das heutige Prekariat von mehr betroffen als schlechten Arbeitsbedingungen. Steigende Mieten, teurer Nahverkehr, Kündigungen und damit einhergehende Arbeitslosigkeit, leistbare kulturelle Angebote, geschlossene Jugendclubs oder Segregation im Bildungsbereich sind Elemente, die prekäre Lebensumstände ausmachen und letztlich zu sozialer Isolation führen. Zwar ermöglicht der aktuelle Neoliberalismus das eigene Leben in Tendenzen individuell gestalten zu können, doch entsteht ein Widerspruch, wenn Menschen in prekären Lebensumständen merken, dass sie überall soziale Schranken bzw. Abwertung vorfinden: Das Individuum ist also auch im Nichtarbeitsleben ein Klassenindividuum (Lühr 2011: 67). Eine linke Organisierung des Prekariats muss also mehr bieten, als ein bloßes Selbstverständnis als Arbeiter*in, es muss andere identitätsstiftende Momente beinhalten (Demirović 2016). Und diese müssen ebenfalls mehr umfassen, als die Formulierung einer bunten, vielfältigen Gesellschaft. Sie müssen ernsthafte Antworten finden auf mangelnde soziale Sicherungssysteme, diskriminierende Alltagsbedrohungen und diverse Identitäten. In Anlehnung an Gramsci muss die Herstellung eines Klassenbewusstseins als politischer und kultureller Prozess verstanden werden (vgl. ebd.).

Auch ist es nicht ausreichend, nur ›moralische Appelle an Regierende‹ (Lühr 2011: 37) zu formulieren, um Veränderungen im eigenen Alltag zu ermöglichen. Denn diese Strategie führt im Zweifelsfall zu mehr Frust, da die Appelle verpuffen, es sich nichts ändert und die Betroffenen eine konstante Bestätigung ihrer sozial-gesellschaftlichen ›Verlassenheit‹ erfahren (vgl. ebd.). Und zum anderen wird hierbei vergessen, dass das Prekariat selbst Träger*in und Akteur*in politischer Prozesse sein kann. Sie sind nicht die ›Objekte der Politik‹, sondern die ›Subjekte der Veränderung‹ (ebd.). Diese Sicht sollte sich auch vielmehr in linken Analysen, Strategien und Mobilisierungen wiederfinden. Linke Akteure scheuen sich immer wieder vor der Ausarbeitung eines neuen realistischen Alternativentwurfs (Friedrich / Schreiner 2013: 31). Die bisherigen Entwürfe, »mit denen die historische Linke zu einer geschichtsmächtigen Kraft geworden ist« (ebd.) sind entweder diskreditiert oder gescheitert. »Linke Antworten auf die soziale Frage bleiben bislang vage und sind daher wenig mobilisierungsfähig.« (ebd.) Diese Leerstelle können Rechte für sich nutzen. Auch wenn sie keine Lösungen auf soziale Fragen anbieten, werden sie attraktiv, indem sie Wähler*in, Sympathisant*in oder Mitläufer*in versprechen, wieder handlungsfähig zu werden: Eine Parole wie ›Merkel muss weg‹ löst keine Probleme, suggeriert aber ein Gefühl von Aktivismus, Veränderung und letztlich auch von Wirkmächtigkeit. Dies ist allerdings trügerisch und nichts weiter als ein ›rebellischer Konformismus‹: Parteien, wie die AfD, NPD, *Der III. Weg* oder *Die Rechte* geben einem die Möglichkeit absolut gegen ›das herrschende System‹, aber weiter passiv folgsam zu sein (Demirović 2016). Zum bestehenden System werden keine Fragen gestellt, sondern bei ›Spaziergängen‹ laut das Aktuelle beschimpft und abgewertet. Lösungen auf soziale Fragen hingegen bleiben zwischen ›Merkel muss weg‹- und ›Lügenpresse‹-Rufen aber aus. Das rechte Versprechen besteht darin, eine alte, autoritär-nationalistische Ordnung wiederherzustellen. Rechte Mitläufer*innen sind sogar bereit materielle Verschlechterungen in Kauf zu nehmen, solange es den Minderheiten noch schlechter geht[100].

100 Besonders eindrücklich zeigen sich diese Entwicklungen aktuell in Österreich, wo die rechte FPÖ seit 2017 gemeinsam mit der konservativen ÖVP regiert. Die bisherigen Maßnahmen sind gezeichnet von Abwertung, gesellschaftlichem Ausschluss und Isolation von Frauen, Migrant*innen, Armen und prekär Beschäftigten. Dazu zählen: Die Einführung des 12-Stunden-Tages bzw. der 60-Stunden-Woche,

Linke Ideen wollen meist etwas gänzlich anderes: Sie wollen Menschen motivieren, selbst zu denken, selbst zu handeln und so die eigene Zukunft selbst zu gestalten (vgl. ebd.). Doch eine Forderung nach Veränderungen außerhalb des geltenden Systems wird oftmals nicht gehört oder abgewertet und teilweise sogar kriminalisiert. Dazu gehört unter anderem die Abschaffung des Kapitalismus bzw. Neoliberalismus. Das ein solcher Systemwechsel nicht Chaos oder der Verlust grundgesetzlicher Rechte bedeutet ist logisch und doch werden solidarische Gesellschaftsentwürfe immer wieder als solche diskreditiert.

Ein weiteres Problem neben fehlenden realistischen linken Gesellschaftsutopien ist zudem, dass in linken Theorien und Praxen arme Menschen eine untergeordnete Rolle spielen. Zwar wird sich auf ihre Interessen bezogen, aber die eigene Konflikt- und Organisierungsfähigkeit wird ignoriert oder ihnen gänzlich abgesprochen (vgl. Rein 2018). Und doch kommt es vermehrt zu Streiks und Aufbegehren gerade bei den Gruppen, die als schlecht zu organisieren gelten: Streiks in Kitas, bei Amazon oder in Krankenhäusern (Nachtwey 2016: 14). Dies ist wenig überraschend, denn der Glaube grundlegende Verbesserungen der eigenen Lebensumstände über einen parlamentarischen Weg zu erzielen, ist bei armen Menschen oftmals erschüttert (Rein 2018). Vielmehr sehen diese eine Chance in selbstorganisierten Projekten, Beratungen und Netzwerken (ebd.). Dieser Umstand sollte von linken Theoretiker*innen und Praktiker*innen aufgegriffen werden. Sinnvoll ist hier ein Austausch an Erfahrungen und die kollektive Erarbeitung einer gemeinsamen Strategie (ebd.). Insbesondere gelebte Solidarität kann ein Garant dafür sein, um individualistischen Konkurrenzstrategien entgegen zu wirken (vgl. Lühr 2011: 106). Linke Theorien und Praxen müssen sich mehr darauf fokussieren Strukturen aufzubauen, die es Menschen erlauben, sich selbst aus sozial ungerechten Positionen herauszuziehen und somit die instabil gewordene Handlungsfähigkeit wiederherzustellen. Es besteht also eine Notwendigkeit von solidarisch-widerständigen Angeboten. Besonders der Aspekt der Widerständigkeit ist von enormer Wichtigkeit, denn es ist

---

Einschränkungen bzw. völlige Streichung der Arbeitslosenversicherung, Senkung der Unternehmenssteuer, Kürzungen bei der Unfallversicherung, der Ausbildungsbeihilfe und der Mindestsicherung für Menschen mit Behinderungen und Familien ab dem zweiten Kind (das erste Kind erhält 216 Euro, das zweite 129 Euro und jedes weitere nur noch 43 Euro monatlich). Ebenfalls gekürzt wurde das Budget von Familienberatungsstellen um 10 Prozent. Die Liste lässt sich fortführen.

irreführend zu glauben, dass politische Veränderungen harmonisch und ohne Konflikte vonstattengehen werden (Rendueles 2017: 249).

> »Als würden wir mit Steuererhöhungen für Superreiche und einer Verbesserung öffentlicher Dienstleistungen bereits den Weg der gesellschaftlichen Transformation hin zu einem solidarischen und grünen Alternativkapitalismus, einem Neokeynesianismus des 21. Jahrhunderts beschreiten. Bisweilen stellen wir uns sogar den Postkapitalismus als eine Art Kapitalismus ohne Kapitalisten vor – als wäre unsere Gesellschaft von Solidarität bestimmt und als würden wir nur einige kleinere Korrekturen benötigen, um die bestehenden Kooperationspraktiken ausweiten zu können. Das war nie richtig und stimmt heute, da wir vor apokalyptischen ökologischen Herausforderungen stehen, erst recht nicht.« (ebd.).

Auch reicht es nicht aus »den ›Schleier des Rassismus‹ wegzunehmen und damit zu zeigen, dass es sich ›darunter‹ tatsächlich um sogenannte soziale Probleme handelt. Sondern es ist wirklich wichtig, dem etwas hinzuzufügen.« (ak 2017 / 2018: 37). Die Frage ist also, wie eine neue linke Erzählung aussehen kann, welche die Klassenfrage unter anderem mit Feminismus und Diversity verbindet? Und diese Erzählung muss einmal mehr von den Menschen, den Betroffenen selbst kommen, denn nur, wenn diese sich die Geschichte, die sie selbst machen auch aneignen, können Ungleichheiten und Hegemonien verändert werden.

> »Neue Geschichten, die nicht seit Jahrhunderten [festgeschrieben sind], können [...] nicht aus der herrschenden Ordnung, aus Parteien und von politischen Vordenker_innen kommen. Die neuen Geschichten müssen von den Menschen kommen. Diese Geschichten sind da, wir müssen sie uns aber vergegenwärtigen. Geschichten von Menschen, die sich wehren, aus ihrem Viertel verdrängt zu werden [...]. Geschichten von Menschen, die Schiffe reparieren, ins Mittelmeer fahren und Ertrinkende zu retten versuchen. [...] Es gibt also schon viele kleine konkrete Geschichten. Das heißt aber nicht, dass wir nicht große Utopien brauchen [...]. In Anbetracht der Gefahr des Faschismus sind Utopien nötig, und angesichts der Prekarität der herrschenden Ordnung sind sie auch möglich.« (ebd.: 38).

Zur Bewältigung dieser Herausforderungen bedarf es selbstverständlich einiger Geduld, aber auch der Schaffung eines Raums für Begegnungen und den Austausch von Erfahrungen. Schließlich haben progressive Bewegungen auch in der Vergangenheit hauptsächlich aus Erfahrungen in der Praxis gelernt (della Porta 2017: 75). Hier können Organizing-Konzepte ansetzen: Sie ermöglichen es den unterschiedlichsten Gruppen sich zu organisieren und für ihre Interessen einzustehen und zu kämpfen.

»Zuviel Deutschland unter grauem Asphalt«
(Chaos Z – Gewalt)

3 Mit wem reden? – Das Konzept des Organizing

Die Hoffnung, dass sich unter dem Pflaster doch noch etwas Strand finden lässt, ist in den letzten Jahrzehnten zunehmend verblasst und spätestens mit dem Aufstieg der AfD ist die Resignation weithin spürbar geworden. Zugegeben, die vorangegangenen Ausführungen lassen kaum Raum für linke Perspektiven, die nicht auf Verteidigungsstrategien hinauslaufen und so die Rechten in den Fokus der Bemühungen stellen. Doch wollen wir einen Versuch unternehmen, linke Antworten zu suchen, die sich nicht in erster Linie an der AfD, den Nazis von *Der III. Weg*, enthemmten CSUlern, *Identitären* oder mit welchem Label auch immer gerade rechte und reaktionäre Meinungen hofiert und propagiert werden, abarbeiten. An der Stelle sei nochmal betont, dass ein Suchen nach linken Antworten nicht das konsequente ›sich Entgegenstellen‹ gegen eben jene rechte Kräfte für obsolet erklären soll. Es erscheint nötiger denn je, dass sich Menschen trotz der permanenten Angriffe aus der sogenannten ›bürgerlichen Mitte‹ bei den verschiedenen bundesweiten antifaschistischen Mobilisierungen zusammenfinden. Es ist ein wichtiger und notwendiger Ausdruck von Haltung, rechten Hetzer*innen und Akteuren auf der Straße und mittlerweile auch in den Parlamenten klar entgegenzutreten. Doch ist es zugleich wichtig, abseits von braunen Provokationen, Bedrohungen und permanenten Grenzverletzungen eigene Akzente und Themen in der Gesellschaft zu setzen. Nur so können erfolgreiche Strategien entwickelt werden, um dem Rechtsruck zu begegnen. Aktuell zeigt sich dies blitzlichtartig bei den Mietprotesten in größeren Städten, besonders in Berlin, die es schaffen, die soziale Frage nach leistbarem Wohnraum ins Zentrum der politischen Auseinandersetzung zu rücken. Ein Zentrum, welches bis dato durch den rassistisch geführten Diskurs um Migration für linke Themen versperrt war. Zugleich schafft es die Breite des Protestes, den Rahmen des Denkbaren zu erweitern, was sich exemplarisch an der Diskussion über die Enteignung großer Immobilienkonzerne[101] zeigt. Unabhängig vom Ausgang dieser Protestwelle bleibt die – gewiss nicht neue – Erfahrung: Sobald die soziale Frage konsequent gestellt wird, gerät eine rechte Hegemonie ins Wanken. Doch bedeutet ein kurzzeitiges Verstummen rechter Akteure noch keine automatische Verschiebung der Hegemonie insgesamt nach links. Denn selbst wenn es die soziale Frage ins Zentrum der politischen Auseinandersetzungen schafft, gelingt es selten, linke Lösungsstrategien damit zu verknüpfen. Die Schwäche der Linken in Bezug auf die soziale Frage zeigt sich leider meist dann, wenn sie ihre vorhandene analytische Stärke, in Bezug auf das Zusammenspiel verschiedener Unterdrückungsmechanismen und Ausbeutung, zeigen könnte.

Die Erklärungen dafür sind nicht neu: Es fehlt die Verankerung in der Gesellschaft. Linke Bewegungen sind selten dort anzutreffen, wo sich Unterdrückung und Ausbeutung zu einer realen Tatsache kristallisieren. »Es ist ja eben nicht so, dass Menschen unter ›dem Kapitalismus‹ leiden, sondern unter niedrigen Löhnen, steigenden Mieten oder aber auch schlechter Gesundheit, zum Beispiel verursacht durch Feinstaub, oder unter fehlender Infrastruktur.« (Bock / Goes 2018: 126).

Es ist daher zu begrüßen, wenn im aktuell erschienenen Sammelband *Neue Klassenpolitik* konstatiert wird, der Debatte über die fehlende Verankerung im Alltag ist zum Durchbruch verholfen worden (Decker 2018: 41). Dem entsprechend wird das Ziel formuliert, »Erfahrungen zu bündeln und aufzuzeigen, dass trotz geschlechtlicher, ethnischer oder nationalstaatlicher Grenzziehungen überschneidende Interessen bestehen, gemeinsame Kämpfe möglich sind – und erfolgreich sein können.« (Friedrich 2018: 22).

Leider bleibt in den aktuellen Debatten weiterhin vieles in einem abstrakten theoretischen Raum[102] oder wird zu einem neuen Ansatz verklärt, wodurch bereits geführte vergangene Kämpfe unsichtbar werden. So waren zum Beispiel intersektionale Ansätze, die dank unterschiedlicher Gewichtungen bzw. Schwerpunktsetzungen gerne als neu gelabelt werden, immer auch Bestandteil vergangener Kämpfe innerhalb der Arbeiter*innenbewegung. Exemplarisch hierfür sind die Kämpfe in den 1970er Jahren von Trans*Menschen in Stonewall und von migrantischen

101 Hier besonders erwähnenswert die Aktion *Deutsche Wohnen & Co. enteignen*. Siehe dazu: https://www.dwenteignen.de/

102 Für eine umfassende Kritik: Wildcat (2019): *Linke Erzählungen*. 103 / 2019. S.55-58

Arbeiter*innen in den Fabriken in Westdeutschland (Zander 2018: 70ff.). Hinzu kommt, dass viele Diskussionen sich auf einer Makroebene abspielen und Klassenfragen theoretisiert werden, ohne dass daraus eine Praxis zu erwachsen scheint (Marcks 2018).

Somit bleibt der Graben zwischen dem Alltag der meisten Menschen und linker Positionen unüberbrückbar tief. Das Bittere daran ist allerdings, dass diese Erzählung zu den ältesten gehört, die die neuere linke Geschichte hervorgebracht hat. Erschwerend kommt hinzu, dass die Linke oft ohne eigene Erzählungen und positive Bezugnahmen agiert, was bei der Debatte um die Isoliertheit und fehlender Verankerung besonders gravierend ist. Denn ohne eigene Geschichte wird das Wiederholen zu einer notwendigen Übung, der wir uns mit diesem Text daher auch nicht gänzlich verschließen können.

Es lassen sich beliebige Jahrzehnte herauspicken und überall finden sich ähnliche Diskussionen und Kritiken. Es ist nicht unsere Absicht die Fülle und Breite der Auseinandersetzung an dieser Stelle abzubilden, aber allein ein Ausschnitt vom Anfang der 1990er Jahre lässt erahnen, wie wenig neu die aktuell gestellte Frage nach der fehlenden Basis ist. Abgesehen von einer beständigen Kritik aus dem Umfeld des Anarchosyndikalismus an der isolierten Linken, gab es diese Diskussionen gerade auch in Zusammenhängen, die bis heute als Projektionsfläche für revolutionsträumende Linke herhalten müssen. So erklärten die verbliebenen bewaffneten Gruppierungen aus den 1970er und 1980er Jahren ihre Auflösungen und unterzogen ihre Praxis einer deutlichen Kritik, gerade hinsichtlich einer fehlenden Verankerung. Eine Gruppe aus dem Umfeld der Revolutionären Zellen schreibt beispielsweise in einer ihrer letzten Veröffentlichungen 1991:

> »Gerade weil revolutionäre Politik in einem Land wie der BRD so isoliert ist, muß sie sich immer wieder eines sozialen Ortes versichern, will sie mehr sein als der bloße Ausdruck der subjektiven Befindlichkeit ihrer Akteure oder der schwache Abglanz ideologischer Konstrukte. Wie schnell all die schönen Worte und die besten Absichten zu bloßer Makulatur werden, sobald wir uns nicht mehr auf eine konkrete Realität beziehen [...].«
> (ID Archiv 2005: 23).

Selbst in der bis dahin weitgehend abgekapselten und nicht gerade für Selbstkritik bekannten RAF, setzte sich zu diesem Zeitpunkt eine Einsicht zu der eigenen isolierten Lage durch. So schreibt sie in ihrer letzten Anschlagserklärung von 1993:

»Die Chancen, heute vieles anders zu machen und neues herauszufinden, sind groß: Die Frage nach dem Aufbau einer Gegenmacht von unten ist nicht ausschließlich eine Frage an weiße, deutsche Linke, sondern eine Frage danach, wie Menschen, die hier leben, sich gemeinsam organisieren können. [...] Es gibt Linke, die sich mit diesen Fragen nach der gesellschaftlichen Entwicklung [...] nicht auseinandersetzen wollen, weil dies reformistisch sei. Solche Scheindiskussionen um revolutionär / reformistisch sind ohne jeden Gebrauchswert für die Neubestimmung revolutionärer Politik; und auch im Festhalten und Beharren auf zeitlos alten Klarheiten wird niemand Antworten auf die sich heute stellenden Fragen finden.«[103]

Doch nicht nur die exponierten Vertreter*innen des bewaffneten Kampfes übten sich in Einsicht über die Sackgasse der eigenen Politik und dem fehlenden Resonanzraum. Fast zeitgleich fand eine große Runde der Kritik und Diskussion innerhalb der autonomen Linken statt, die sich in der – heute immer noch aktuell zu lesenden – Diskussion mit dem sperrigen Namen ›Heinz Schenk Debatte‹, nachvollziehen lässt.

Zentral ist hier eine dezidierte Kritik an autonomer, subkultureller Politik, die unter der Parole stand »Die Autonomen machen keine Fehler, sie sind der Fehler!« (FelS 2011: 14). Die Stärke der Debatte liegt in dem schonungslosen Aufdecken eines autonomen Habitus. Wichtige Elemente hierbei sind Selbstaufgabe und Marginalisierung, Kälte in den sozialen Beziehungen untereinander, Unfähigkeit im Umgang mit Kritik und eine daraus erwachsende undemokratische Kultur, eine Fetischisierung der Leistung der Einzelnen und einer dem Zeitgeist entsprechenden Tendenz zur Individualisierung.

Rückblickend lässt sich sagen, dass sich der Bruch in den 1990er Jahren auf theoretischer Ebene durch die verschiedensten Lager der radikalen Linken zog und in seiner Breite bemerkenswert war, wenn gleich die geäußerte Kritik nicht neu war. Beispielhaft sei auf einen Text von 1972 der Gruppe *Organisation des jeunes travailleurs révolutionnaires* verwiesen. In treffsicherer Polemik wird der selbstvergessene Aktivismus charakterisiert und kann bei zukünftigen Kritiken am linken Szenedasein gerne öfters herangezogen werden:

»Aktivismus bedeutet, nicht die Transformation seines alltäglichen Lebens anzustreben, nicht direkt gegen das, was unterdrückt, zu revoltieren, sondern im Gegenteil dieses Terrain zu meiden. Dieses Terrain ist jedoch das einzig

103 Erklärung der RAF (Kommando Katharina Hammerschmidt) *Anschlag auf den Knast Weiterstadt* vom 30.3.1993. In: http://www.rafinfo.de/archiv/raf/raf-30-3-93.php

revolutionäre, wenn man weiss, dass unser alltägliches Leben vom Kapital kolonisiert und von den Gesetzen der Warenproduktion bestimmt ist. Indem er sich politisiert, sucht der Aktivist eine Rolle, die ihn über die Massen erhebt. Ob dieses ›Darüber‹ die Form von ›Avantgardismus‹ oder ›Pädagogismus‹ annimmt, ändert nichts an der Sache. Er ist schon nicht mehr der Proletarier, der nichts anderes als seine Illusionen zu verlieren hat; er hat eine Rolle zu verteidigen.« (OJTR 1972).

Diese Aufzählung ließe sich beliebig erweitern und historisch weiter zurückversetzen, bis hin zu Rosa Luxemburg, die bereits vor mehr als hundert Jahren die bolschewistischen Berufsrevolutionäre einer kritischen Betrachtung unterzog. Es soll dabei gewiss nicht der Eindruck entstehen, die Kritik sei obsolet. Doch fällt ins Auge, dass die jeweilige Kritik oft ohne die vorangegangene auszukommen scheint, es gibt kaum Bezugnahmen. Jede Generation muss feststellen, dass sie sich in einer isolierten Position befindet und sie es wieder nicht geschafft hat, eine Verankerung zu erreichen. Dabei – und das ist die zweite Leerstelle im Gedächtnis – gibt es zu allen Zeiten interessante und wichtige Ansätze, die rezipiert werden könnten. Kämpfe wo es hilfreich gewesen wäre, wenn Menschen mit Ressourcen – und die Länge der zu allen Zeiten geschriebenen Debatten und Texte, spricht für eine Fülle an Ressourcen – sich eingebracht hätten und sei es nur, um die Erinnerung an die Kämpfe aufrecht zu erhalten.

Das führt dazu, dass die radikalen Versuche, in der gar nicht so entfernten Vergangenheit, kaum mehr bekannt sind, genauso wenig wie die Gründe, die zu ihrem Scheitern beigetragen haben. Denn wenn sich in den 1970er Jahren jugendliche Ex-Heiminsass*innen und Drogenkonsument*innen um den Mariannenplatz bzw. im Georg-von-Rauch-Haus mit den benachbarten Arbeiter*innen, Arbeitslosen und Renter*innen gemeinsam organisierten, kann dies wichtige Impulse für eine heutige linke Praxis geben (Pieschke et al. 2019: 34). Aber auch die unüberschaubare Fülle an Infoläden, Bürger*inneninitiativen und Frauengruppen in den 1970er und 80er Jahren, die für viele Menschen weithin sichtbar im Alltag präsent waren[104], haben unzweifelhaft Erfahrungen ge-

104 Beispielhaft hierfür ist ein Überblick über die verschiedenen selbstorganisierten Angebote und Initiativen, welche sich 1981 im Berliner Stadtteil Wedding trafen. Dazu zählten wöchentlich fünf verschiedene Bürger*inneninitaitven (gegen Krieg, Atomkraft, Kahlschlagsanierung und zwei Gruppen zum Autobahnausbau), eine selbstorganisierte Rentenberatung, Sozialberatung, Drogenberatung, Mietrechtsberatung, allgemeine Rechtsberatung inklusive Rechtsberatung nur für Jugendliche. Zudem gab es einen Arbeiter*innenkinderladen, eine selbstverwaltete

sammelt im Aufbau einer im Alltag verankerten Infrastruktur, aber auch im Aufgehen in den kapitalistischen Strukturen oder dem erfolglosen Kampf dagegen und dem anschließenden Verschwinden. Besonders frappierend wird das Ausblenden und Vergessen von Basisbewegungen bei den bis heute vollkommen unterbeleuchteten Kämpfen in den Ostbetrieben, die im Rahmen der Treuhandabwicklung stattfanden. Neben dem ausdauernden Hungerstreik der Kali Bergleute im thüringischen Bischofferode, kam es vereinzelt zu Fabrikbesetzungen und Sabotageaktionen.[105] Im Grunde Steilvorlagen für linke Traditionsbildung, die heute noch in Kleinstädten Thüringens, Sachsens, Sachsen-Anhalts und Mecklenburg-Vorpommerns in Erfahrung zu bringen sind. Wohlgemerkt dies liegt weniger als 30 Jahre in der Vergangenheit und ist doch in unserem Bewusstsein für die eigene widerständige Geschichte kaum vorhanden.

Die Verbundenheit der Linken mit der eigenen Mittelschicht[106] mag ein Grund dafür sein, dass diese Kämpfe nicht als die eigene Geschichte wahrgenommen werden. Dies erklärt auch das weitgehende Ignorieren der Hartz-Proteste Mitte der 2000er Jahre in vorwiegend ostdeutschen Städten. Doch wenn wir es ernst meinen mit der Verankerung im Alltag der Menschen, mit dem Ausbrechen aus unseren engen Szenegrenzen, dann sollten wir zum einen die Kämpfe, die stattfinden als solche anerkennen und uns in den alltäglichen Auseinandersetzungen verbinden. Ein erster Schritt muss das Einbringen von Ressourcen darstellen. Die Ressourcen reichen dabei vom Bereitstellen eigener Infrastruktur, der Unterstützung beim Zugang zu institutionellen Strukturen wie Stiftungen, bis

---

Druckerei, eine Sprachschule mit wöchentlicher Vollversammlung, eine Kulturgruppe und mehrere besetzte Gebäude mit Angeboten wie Film, Handwerk und Essen.

105 Bislang erschien lediglich ein Sammelband zum Widerstand von Unten: Ulla Plener (2011): *Die Treuhand – der Widerstand in Betrieben der DDR – die Gewerkschaften (1990–1994)*. Tagung vom 2. April 2011 in Berlin. Beiträge und Dokumente. Berlin: NORA.

Zudem sei auf die Filmdokumentation *Strike Bike* zur Besetzung, der aus dem IFA-Kombinat entstandenen und 2007 in Konkurs gegangenen Fahrradfabrik Bike Systems in Nordhausen verwiesen. Infolge der Besetzung gelang es der Belegschaft für kurze Zeit die Produktion in Selbstverwaltung mit Unterstützung durch die FAU weiterzuführen (https://de.labournet.tv/video/4385/strike-bike).

106 An der Stelle sei auf den bislang wenig beachteten Klassismus in der Linken verwiesen. Mehr dazu findet sich auf dem Blog von Clara Rosa (clararosa.blogsport.de), sowie in der Broschüre von Garbiel Kuhn (2009): *Mit geballter Faust in der Tasche. Klassenkonflikte in der Linken. Debatten aus Schweden*. Moers: Syndikat A.

hin zur eigenen Zeit als Ressource, die für den Aufbau von verlässlichen Strukturen aufgewendet wird. Wichtig ist dabei immer die Gegenseitigkeit bei der Unterstützung und das Anerkennen des Wissens des Gegenübers, welche unter Umständen eigene Widerstandsformen entwickelt haben, die einem selbst noch verschlossen sind (Lee / Williams 2004: 4). Um dies zu erreichen erscheint es allerdings nötig, die Ebene unserer Auseinandersetzung zu verändern und von der theoretischen sehr abstrakten Makroebene herunter, auf die durch konkrete Strategien und Taktik geprägte Mikroebene zu wechseln (Marcks 2018). Unsere Auseinandersetzungen, seien es die theoretischen als auch die praktischen, müssen wieder an den Orten stattfinden, wo sich die konkreten Kämpfe abspielen: Sei es im Großraumbüro, im Wohnblock, in der Pflege oder auf dem Acker.

Doch mit einer Feststellung und einer Absicht die Ebene der Auseinandersetzung zu wechseln, wird dies lange noch nicht vollzogen. Was es hierfür braucht, ist eine konkrete Praxis, die anstrengend ist und ein Verlassen der eigenen Szeneinsel beinhaltet. Schon die einfache Frage: ›Wie oft hat meine linke Gruppe im letzten Monat die Nachbar*innen angesprochen, um diese zu einem Treffen einzuladen?‹ verdeutlicht das Dilemma in dem viele Gruppen heute stehen. Denn die Nachbar*innen sind meist die anonymen Personen, die sich abends über die Lautstärke der Konzerte beschweren bzw. etwas irritiert ihren Weg durch die, am Boden sitzenden und VoKü verspeisenden Gästegruppen, ihren Weg bahnen.

Wir denken, dass für genau dieses Dilemma bereits vorhandenes Wissen und gesammelte Erfahrungen mit dem sogenannten Organizing wichtige Impulse bieten kann. Uns erscheint es dabei wichtig, darauf zu verweisen, dass der Begriff zwar oft schwammig ist, aber dagegen eine konkrete Praxis beschreibt, die den Fokus ausmacht. Doch bevor auf die konkrete Praxis eingegangen wird, wollen wir versuchen uns den Begriff des Organizings anzunähern. »›Organizing‹ wird hierbei als Sammelbegriff für eine unüberschaubare Vielfalt an Organisationsansätzen aus der US-amerikanischen Geschichte genutzt. Das zentrale Organizing-Versprechen lautet: Es bringt Menschen zusammen und organisiert sie, bietet ihnen Auswege aus der eigenen Ohnmacht, erhöht ihren Einfluss auf die eigene Lebensrealität und politisiert, demokratisiert und verändert – ausgehend von den alltäglichen Lebenszusammenhängen – die Gesellschaft« (Rubin / Rubin 2008 zitiert nach Kratzsch / Maruschke 2016: 104). Durch eine Vielfalt an Beschreibungen und Praxen gehen linke Organizing Ansätze – meist als transformatives oder revolutionäres (Community) Organizing bezeichnet

– mit einer Abgrenzung zu sogenannten liberalen Organizing Konzepten einher. Dieses (neo)liberale Organizing propagiert eine vorgebliche Ideologiefreiheit und wird so oft zum Instrument »(un)gewollter Herrschaftssicherung« (Maruschke 2014: 25). Robert Maruschke zeigt in seinem Buch *Community Organizing* fünf problematische Elemente des liberalen Organizings auf, welches unter anderem auf den US-amerikanischen Sozialreformer Saul Alinsky zurückgeht: »[D]ie vermeintliche Anti-Ideologie, eine vereinfachte Analyse sozialer Verwerfungen, die Beschränkung auf gewinnbare Kämpfe, die ausschließliche Konzentration auf die Nachbarschaftsebene und die Finanzierung durch Unternehmen, Stiftungen und Kirchen« (ebd.: 34). Neben der notwendigen Abgrenzung gegenüber neoliberalen Konzepten erscheint der Begriff des transformativen Organizings oft wenig klar. So wird davon gesprochen, die gesellschaftlichen Systeme sowie die individuellen und »kollektiven Fähigkeiten der Menschen, ihr Verhältnis zur Welt, ihren Communities, ihren Familien (wie immer diese sich definieren mögen) und sich selbst gegenüber zu verändern.« (Williams 2015: 3) Ähnlich unkonkret liest sich die Definition in einer anderen Publikation, wenn von einem ›Methodenkoffer‹ die Rede ist, aus dem sich allerdings nicht frei bedient werden sollte. Weiter heißt es »Transformatives Organizing ist der Versuch, linke Analysen und Forderungen mit durchdachten und erprobten Konzepten der Basisarbeit, mit langfristigen Kampagnen und mit kontinuierlichem Bewegungsaufbau zu einer revolutionären Strategie zu verbinden. Eine solche Strategie soll aus dem Alltag heraus und durch entsprechende Organisationen die Gesellschaft politisieren« (Pieschke et al. 2019: 7).

Doch wie eingangs beschrieben, lebt dieses Konzept von seiner praktischen Umsetzung und es würde dem Inhalt nicht gerecht werden, sich lediglich an seiner äußeren Beschreibung abzuarbeiten. Auch wenn sich an Stellen der Eindruck eines Methodenkoffers aufdrängt oder aufgrund der schematischen Beschreibung sich gar das Gefühl, klassische Ratgeberliteratur in den Händen zu halten, einstellt. Die darin beschriebenen Praktiken werden in den USA seit Jahren erfolgreich umgesetzt, was beim kritischen Blick auf die ungewohnte Sprache und Stil nicht ausgeblendet werden sollte.[107]

107 In Vermont gelang es dem Worker Center eine Gesetzesinitiative zu erzwingen, die in diesem Bundesstaat Gesundheitsversorgung als öffentliches Gut definiert und jede*m den Zugang gewährt. *Just Cause::Causa Justa* organisierte mittels beständigem Klinkenputzen (Williams 2015: 4f.) über 3.000 Menschen und erzwang die Verabschiedung einer Mieterschutzverordnung in Oakland. In Miami

Von den Vertreter*innen[108] dieser Ansätze wird zudem betont, dass trotz des schematischen Charakters der Beschreibungen, diese immer an die lokalen Gegebenheiten angepasst werden müssen, das dieses Konzept nur durch die Praxis überprüft werden kann und sich zwangsläufig im Zustand der Entwicklung befindet. Eine Entwicklung, die unter den heutigen Bedingungen stattfindet, worüber sich die Autor*innen auch keiner Illusion hingeben, wenn sie schreiben, dass »die Niederlage unserer Klasse sich nicht kurzfristig durch taktische, theoretische oder organisatorische Lösungen abwenden lässt« (Seattle Solidarity Networks 2016: 11). Der Prozess wird daher auch von den Autor*innen als langwierig und kraftraubend beschrieben (vgl. Williams 2015: 22).

Zentral in allen Darstellungen sind die beiden, oft gegeneinander wirkenden Kernprinzipien, des in die Breite und in die Tiefe Organisierens, an einigen Textstellen wird dies mit ›mehr werden‹ und ›ernst nehmen‹ beschrieben (Pieschke et al. 2019: 7). Diese Kernprinzipien durchziehen die Arbeit von politischen Gruppen und alle Schritte sollten gemäß dieser Prinzipien überprüft werden. Dabei geht es vereinfacht gesagt darum, die Aktivitäten der Gruppe dahingehend zu überprüfen, ob diese dazu führen, dass die Gruppe mehr Mitstreiter*innen gewinnt (in die Breite) und / oder die Fähigkeiten der Mitstreiter*innen vergrößert (in die Tiefe). Deutlicher werden diese Prinzipien beim Betrachten der zentralen Elemente des transformativen Organizings. Für diese Darstellung haben wir uns an den Elementen Robert Maruschkes und Steve Williams orientiert

(Florida) gelang es *Power U* durch Organisierung in den einkommensarmen Communities Druck auf die Stadtverwaltung aufzubauen und so zusätzlich 1 Million Dollar für die Verbesserung der schulischen Situation zu erkämpfen (ebd.: 10ff.). Insgesamt sind diese Erfolge natürlich nur ein Ausschnitt, insgesamt hat sich durch beständiges Organizing in den letzten Jahren ein dichtes Netz an Basisinitiativen gebildet, welches in seiner Wirkmächtigkeit unter anderem beim Wahlkampf von Bernie Sanders sichtbar wurde, als viele der Gruppen beschlossen, diesen zu unterstützen.

108 Im deutschsprachigen Raum ist hierbei besonders Robert Maruschke präsent, der sich in seinen Darstellungen unter anderem auf die US-amerikansichen Autoren Steve Williams und Eric Man bezieht. Von Steve Williams sind einige Veröffentlichungen auch in deutscher Sprache vorhanden. Neben diesen haben wir in der folgenden Betrachtung, die Autor*innen des *Solidarity Networks Seattle* mit aufgenommen, da diese mit ihren Ansätzen etwas von der Darstellung Maruschke / Williams abweichen, wenngleich sie den Fokus ebenso auf Organisierung legen.

und diese wie folgt zusammengefasst[109]: (a) stetige Basisarbeit, (b) verlässliche Beziehungsarbeit, (c) klares politisches Profil, (d) konfrontative Aktionen und Kampagnen, (e) demokratisch transparente Strukturen, (f) alles verbindende Bildungsarbeit und abschließend (g) Bündnispolitik. In der Folge sollen die Punkte etwas näher ausgeleuchtet werden, um die Struktur der Praxis des Organizings sichtbar werden zu lassen.

(a) Stetige Basisarbeit

Ab und an stoßen wir in Flyern, Postern oder bei Veranstaltungen auf die Floskel ›Organisiert euch‹ ohne, dass dabei aufgezeigt wird, wohin und mit wem die Angesprochenen denn diesen Auftrag umsetzen sollen. Es ist der alte Mythos der Selbstorganisation, die sich durch einen aufklärerischen Moment qua Automatismus bzw. Politplakat vollzieht. Dem entgegen ist es die stetige Basisarbeit, die auf die Menschen zugeht, das Gespräch sucht und ihnen Möglichkeiten anbietet sich gemeinsam zu organisieren. Es wird versucht, so das Ziel einer schrittweisen Verankerung im Alltag zu erreichen. Verschiedene Gruppen bieten Beratungen an und kommen darüber mit Menschen ins Reden und Austauschen, andere Gruppen stützen ihre erste Kontaktaufnahme auf eine aus ›Hollywood-Filmen‹ bekannte Variante, dem von Tür-zu-Tür gehen, um mit den Nachbar*innen das Gespräch suchen (Maruschke 2014: 61). Zudem gibt es die Möglichkeit Infotische zu organisieren oder in der Umgebung Plakate mit einer Telefonnummer aufzuhängen (Seattle Solidarity Networks 2016: 18f.). Der anschließende Inhalt der Gespräche orientiert sich dabei an der Ausrichtung der Gruppe, sei es eine Beratung zum Jobcenter, zu Mietfragen, fehlenden Löhnen oder dem Sammeln von Unterschriften gegen Kürzungen im Nahverkehr. Gerade bei den Beratungsangeboten wäre es natürlich zu kurz gedacht, diese lediglich als Mittel zur Kontaktaufnahme zu betrachten, da erst eine erfolgreiche Beratung Mitstreiter*innen den Rücken frei macht, um in der folgenden Zeit auch weitergehend gemeinsam arbeiten zu können. Insgesamt wird betont wie zentral es ist, die Kontaktdaten der Angesprochenen aufzunehmen, um ganz banal diese in der Folge wieder kontaktieren zu können. Einen besonderen Wert wird

109 Die Abgrenzung dieser Bereiche ist nicht trennscharf möglich, wodurch in den verschiedenen Darstellungen jeweils unterschiedliche Bereiche benannt werden. Bei Robert Maruschke sind dies 4 Eckpunkte, bei Steve Williams finden sich dagegen 9 Kernprinzipien. Für diese Darstellung haben wir eine eigene Gliederung vorgenommen.

hierbei der Telefonnummer gegeben, da nur dies ein direktes Wiederansprechen ermöglicht (Seattle Solidarity Networks 2016: 41). Ohne die Möglichkeit, die Angesprochenen in der Folge wieder kontaktieren zu können, wird die Initiative nicht wachsen können.

(b) Verlässliche Beziehungsarbeit
Dieses Element zieht sich durch die verschiedenen Bereiche der Gruppe und berührt dabei sowohl den Bereich ›in die Breite‹ organisieren, als auch ›in die Tiefe‹. Wenn es das Ziel ist langfristige Bindungen mit Menschen herzustellen und nicht einzig um die möglichst effiziente Mobilisierung einer großen Zahl von Menschen geht, dann müssen die Bedürfnisse, Wünsche und Biographien aller Menschen in einer politischen Organisation Raum finden. In der Literatur wird immer darauf verwiesen, dass von Beginn an dem Gegenüber mehr Raum eingeräumt wird, als einem selbst. Dieses Vorgehen erscheint schlüssig und nachvollziehbar, wenn in der Vergangenheit, die Menschen zu oft als die zu Überzeugenden angesehen wurden und nicht als Expert*innen in eigener Sache, die eigene Taktiken und Vorstellungen in den Aufbau einer Gruppe mit einbringen können. Auf lange Sicht gilt es, diese Perspektive zu erweitern, denn wenn eine Augenhöhe innerhalb einer Gruppe hergestellt werden soll, darf nicht nur das Zuhören zentral sein, sondern in nicht geringerem Maße, dass ›sich öffnen‹. Denn die »Abwesenheit des Ichs (mit meinen Ängsten und Verletzungen) in der Auseinandersetzung mit der Gesellschaft verhindert letztendlich eine Verbindung zwischen den Menschen, mit denen wir gemeinsam emanzipatorische Erfahrungen machen wollen« (Pieschke et al. 2019: 44). Zudem führt dies zwangsläufig zu einer Hierarchisierung in den Gruppen, wie die bereits zuvor zitierte französische Gruppe OJTR bezüglich dem Wesen des Aktivismus treffend ausführt:

> »Sich in den Dienst seiner Wünsche zu stellen, bedeutet überhaupt nicht, in sein Schneckenhaus zu flüchten und hat nichts mit kleinbürgerlichem Individualismus zu tun. Das kann im Gegenteil nur durch die Zerstörung des egoistischen Panzers geschehen, in welchem uns die bürgerliche Gesellschaft einschließt, und durch die Entwicklung einer wahren Klassensolidarität. Der Aktivist, der von sich behauptet, sich in den Dienst des Proletariats zu stellen […] stellt sich einzig und allein in den Dienst der Idee, welche er von den Interessen des Proletariats hat. Durch einen nur anscheinenden Widerspruch hilft man also wirklich den anderen auf einer Klassenbasis, indem man sich wirklich in den Dienst seiner selbst stellt, und indem man sich in den Dienst der anderen stellt, beschützt man eine persönliche hierarchische Position.« (OJTR 1972)

Weiter wird in der Literatur betont, wie wichtig die regelmäßige Kontaktaufnahme ist. Bisweilen werden gar Faustregeln propagiert, die aufgrund ihres pauschalen Charakters gewiss mit Vorsicht zu betrachten sind, aber unzweifelhaft auf persönlichen Erfahrungen beruhen. So heißt es bei Kratzsch und Maruschke, »Menschen müssen drei Mal persönlich kontaktiert werden, bevor sie zu einem Treffen kommen« (ebd. 2016: 107). Dadurch ergibt sich in der Gruppe zwangsläufig ein Spagat, der sich auch in den anderen Bereichen wiederfinden lässt. Zum einen muss viel Energie aufgewendet werden, um das Miteinander der Gruppe zu gewährleisten, dazu gehört die Schaffung von Zeit und Raum für einen Austausch. Auf der anderen Seite muss gleichfalls Zeit für das Einbinden neuer Menschen gefunden werden. Die regelmäßige Kontaktaufnahme erfordert hierfür eine beachtliche Menge an Zeit und Ressourcen. Letztlich ist es immer eine Abwägung in der Gruppe, welcher Aspekt gerade mehr Beachtung braucht, ohne den anderen aus den Augen zu verlieren.

(c) Klares politisches Profil

Dieser Aspekt braucht im Grunde keine großen Erläuterungen, es ist die Frage nach dem großen Ganzen und wie dies mit der täglichen Arbeit in Einklang und Beziehung zu setzen ist. Im Gegensatz zum liberalen Organizing ist es der transformative Ansatz, der die gesellschaftlichen Unterdrückungsmechanismen als ursächlich benennt und diesen revolutionären Anspruch als Fluchtpunkt formuliert (Williams 2013: 5). Es wird dabei ein fortwährender Spagat beschrieben, denn zum einen ist es wichtig eine Offenheit zu bewahren, allen Menschen die Möglichkeit zu geben, Einfluss auf die Richtung der Organisation zu nehmen, auf der anderen Seite ist die Klarheit in der politischen Position gleichfalls wichtig, um keine falschen Erwartungen zu wecken und langfristig in einen angepassten sozialdemokratischen Reformismus zu verfallen. Die Texte verweisen auf die Langwierigkeit des Kampfes und betonen dabei mehrfach, dass es keine Abkürzungen geben wird. »Es geht darum, sich zu überlegen, wie ur-linke Überzeugungen sozialer Gleichheit, gegenseitiger Hilfe und der Ablehnung von Armut und Ausbeutung wieder stärker in den Nachbarschaften formuliert werden können, wo diese Überzeugungen am dringendsten gebraucht werden. Und wo sie am meisten weiterhelfen. Ziel ist es also, die soziale Frage in den Mittelpunkt von Organisierung zu rücken und einen Plan zu entwerfen, wie diese gelingen kann« (Lelek / Maruschke 2017: 19).

(d) Konfrontative Aktionen und Kampagnen

Aktionen sind ein zentraler Bestandteil aller Organizing Konzepte, selbst die liberalen Konzepte kennen die konfrontative Aktion, um die beteiligten Akteur*innen durch gemeinsame Siege zu bestärken und eine Außenwirkung für die angestrebten Forderungen herzustellen. In der hier betrachteten Literatur des linken Organizings gehen dabei die Strategien in so weit auseinander, als dass der bereits mehrfach zitierte Steve Williams sich für länger angelegte Kampagnen ausspricht, die nicht zwangsläufig einen Sieg davontragen müssen.

> »Wenn wir nur Kampagnen machen, die wir erfolgreich abschließen können, dann kämpfen wir aus meiner Erfahrung nicht für das, was unsere Leute verdient haben. Zweitens: Es gibt Zeiten, in denen die Angriffe von rechts mit so einer Intensität kommen, dass es sein kann, dass wir verlieren. Aber oft sind Menschen nicht notwendigerweise durch die Perspektive des Sieges, sondern dadurch inspiriert, dass wir ehrlich, in ihrem Interesse, auf ihre Art kämpfen.« (Williams 2011)

Dem gegenüber stellen die Akteur*innen des *Seattle Solidarity Network*, in erster Linie kleinere gewinnbare Kampagnen in den Vordergrund. Dabei ist der Inhalt der Kampagne bestimmt durch ein klares Problem mit dem an die Gruppe herangetreten wurde, so zum Beispiel eine fehlende Lohnzahlung:

> »Wenn wir nicht glauben, dass wir einen Kampf gewinnen können (oder nicht die Ressourcen haben und schon zu viele Kämpfe führen), beginnen wir ihn nicht. Sieg auf Sieg zu erringen, motiviert und lässt die Gruppe wachsen. Sich in Kämpfen festzubeißen, die nicht gewonnen werden können, würde zum Gegenteil führen. Wenn wir stärker werden, können wir Kämpfe gewinnen, die wir zurzeit noch verlieren würden.«
> (Seattle Solidarity Network 2016: 22)

Der Widerspruch lässt sich in so weit auflösen, als das beide darin übereinstimmen, dass letztlich eine Stärkung der eigenen Organisation entscheidend ist, entweder durch eine Schärfung des Profils sowie der Kampffähigkeit der darin involvierten Akteur*innen, als auch durch einen Zuwachs an Mitstreiter*innen.

> »Alle unsere Aktionen sollen die Erfahrung, das Vertrauen, das Wissen und die Radikalität der Menschen ausbauen. Wir wollen ermächtigende Aktionen durchführen und die Selbstentmachtung vermeiden, die entsteht, wenn wir auf Bürokrat_innen, Sozialarbeiter_innen, Politiker_innen, Anwält_innen und andere ›Expert_innen‹ angewiesen sind.« (Seattle Solidarity Network 2016: 28f.)

Aufgrund der deutlich längerfristigen Ausrichtung einer Kampagne kommen bei Steve Williams weitere Kriterien hinzu, die während der Umsetzung erfüllt sein müssen. So sollen strategische und taktische Bündnisse ausgebaut werden, Bausteine für langfristige Ziele gelegt werden, öffentliche Diskurse verändert und die Logik der Unterdrückung zersetzt und weiter die Führungsfähigkeit der Mitglieder verbessert werden. Auf den letzten Punkt wird in der Folge noch näher eingegangen.

Durch die Kürze der Kampagne und der häufig ähnlich ablaufenden Kämpfe konnte die Gruppe aus Seattle ein sehr dezidiertes Vorgehen entwickeln.:

Zu Beginn steht dabei die Ausarbeitung der konkreten Forderung gemeinsam mit der betroffenen Person, im Anschluss wird ein konkreter Aktionsplan festgelegt, der eine schrittweise Eskalation vorsieht. Dabei wird die eigene Mobilisierungsfähigkeit genauso betrachtet, wie die Schadenswirkung, die durch die Aktionen auf die*den Gegner*in ausgeübt werden kann. Erst wenn all dies erfolgt ist, wird in einer Abstimmung darüber entschieden, ob die Aktion stattfinden kann. Zusammenfassend lässt sich festhalten, dass die verschiedenen Gruppen mit ihren Kampagnen bzw. den darin eingebetteten Aktionen zwar auf ein größeres Ganzes hinweisen, aber die Aktionen sich nicht im symbolischen Bereich bewegen, sondern konkrete Forderungen und Ziele formulieren, die in unterschiedlichen Zeitspannen potentiell erreicht werden können.

(e) Demokratisch transparente Strukturen

Es ergibt sich aus den bereits erfolgten Beschreibungen, dass die Struktur der Gruppen sich von der einer kleinen linksradikalen Bezugsgruppe maßgeblich unterscheiden muss. Durch die Forderung, regelmäßig neue Menschen in der Struktur zu begrüßen und möglichst dauerhaft einzubinden, erscheint es notwendig, die Entscheidungsstrukturen der jeweiligen Größe der Gruppe anzupassen. Auch hier bewegen die Gruppen sich in einem Spannungsverhältnis: Auf der einen Seite gilt es dem Vorzubeugen was Jo Freeman einst als ›Die Tyrannei der unstrukturierten Gruppen‹ beschrieben hat, wonach vorgeblich strukturlose Gruppen durch informelle Hierarchien demokratische Entscheidungen verunmöglichen. Auf der anderen Seite stehen die durchbürokratisierten, sitzungssozialistischen Treffen, die durch ihren formalisierten und verregelten Charakter abschreckend wirken (Pieschke et al. 2019: 15). Die Autor*innen verweisen dagegen auf den positiven Effekt von Einzelgesprächen, um Stimmungen innerhalb der Gruppe abzufragen, zumal diese keinen formalisierten Charakter annehmen müssen, sondern auch beim Bier am Abend erfolgen können (Kratzsch / Maruschke 2016: 109). Es gibt dahingehend zwar Vorschläge und Erfahrungen aus den USA, so zum Beispiel Vollversammlungen auf denen mit einfachen Mehrheiten abgestimmt wird und einem gewählten Gremium, welches für die zwischenliegende Zeit Entscheidungen trifft. Doch scheinen diese Konzepte aktuell nicht mit den noch sehr kleinen Gruppen hier vor Ort kompatibel zu sein. Insgesamt fehlen aufgrund der wenigen Gruppen noch Erfahrungen bezüglich der Entscheidungsstrukturen. Es wird wohl noch einige Jahre dauern und eine zunehmende Zahl an Praxisberichten benötigen, um die Kopfschmerzen bei der Frage nach Gestaltung des Plenums, Funktion von Einzelgesprächen oder neuen Formen reduzieren zu können (Maruschke 2016: 134).

Ein Aspekt, der sowohl bei kleineren Gruppen eine Rolle spielt, ist die Frage nach der verfügbaren Zeit. Diese führt zwangsläufig zu unterschiedlichen Graden an Beteiligungen innerhalb der Gruppen:

> »Vom Prinzip her wäre es uns lieber, wenn alle sich im gleichen Maß beteiligen würden. Allerdings scheint das in einer Freiwilligenorganisation nicht möglich zu sein. Wir werden (wenn wir Glück haben) immer ein paar Leute am Start haben, die dazu bereit sind, die Hälfte ihres Tages mit dem Organisationsaufbau zu verbringen, während andere nur hin und wieder eine Mail erhalten wollen. Der Rest liegt irgendwo dazwischen. SeaSol hat sich dazu entschieden, diese Unterschiede als eine Tatsache des Lebens zu akzeptieren und Strukturen zu entwickeln, in denen Raum für unterschiedliche Beteiligungsgrade ist.« (Solidarity Networks 2016: 43)

Weiter haben sich die Vertreter*innen aus Seattle für eine klare Moderation mit enger Zeitbegrenzung der Treffen ausgesprochen. Respekt vor der Zeit der Anderen ist das Stichwort.

Ähnlich verhält es sich bei den anderen Autor*innen, so warnt Robert Maruschke davor, die Treffen zu überladen und ein zu hohes Aktivitätsniveau in den Treffen zu etablieren. Denn gerade Menschen ohne langjährige Plenumserfahrungen können sich durch die oft auch unausgesprochenen Erwartungen abgeschreckt fühlen. »Ein ›Na gut, dann schreib ich wieder das Protokoll‹ kommt auch durch die Blume bei der Person an, die zum ersten Mal auf einem Treffen sitzt. Dass eine solche Erwartungshaltung Leute abschreckt, liegt auf der Hand. Es führt im Ergebnis zu einem Kern von Aktiven, die mittels Sitzfleisch und dank hoher Frustrationstoleranz allen Widrigkeiten der Organisierung trotzen.« (Pieschke et al. 2019: 9).

Insgesamt betonen die Autor*innen die Schwierigkeit solche Treffen zu besuchen, da den neu hinzukommenden die vorhandenen Strukturen oft nicht erkennbar sind. Es wird daher angeregt, eine transparente Darstellung vorzunehmen, was bedeutet existierende Funktionen und Aufgaben auf den Treffen und in der Gruppe abzubilden und so den Einstieg leichter zu gestalten.

Ein abschließender Fallstrick für die Treffen findet sich bei den anfallenden Aufgaben, entgegen dem vorangegangenen Beispiel mit der zu hohen Erwartung an die Übernahme dieser Aufgaben, scheint das entgegengesetzte Verhalten ebenfalls problematisch. So neigen erfahrene Aktivist*innen dazu, die anstehenden Arbeiten selbst zu übernehmen, dadurch neue Teilnehmer*innen von wichtigen Erfahrungen auszuschließen und so Verantwortungen zu monopolisieren. An dieser Stelle ergibt sich eine Überschneidung zu der sich anschließenden Frage der Wissensvermittlung und Weiterbildung.

(f) Verbindende Bildungsarbeit

»Wie kann eine Organisierung in die Tiefe aussehen, die uns alle praktisch besser, theoretisch geschulter und insgesamt versierter werden lässt, ohne für die Organisierung in die Breite die Barrieren zu erhöhen?« (Lelek, Maruschke 2017: 19) Die Frage nach der Bildungsarbeit ist zentral für einen Organisierungsprozess, da durch diesen Menschen ermutigt und befähigt werden sollen, ihre eigenen Erfahrungen nach außen zu tragen und so das Monopol der Aktivist*innen, mit ihrem oft akademischen Background, durchbrochen werden kann. Dabei drängt sich zwangsläufig die Frage nach den Ressourcen auf, besonders, da dieser Aspekt im Gegensatz zum Beispiel zu Aktionen bislang, kaum eine entsprechende Praxis kennt. In den USA haben verschiedene Organizing Projekte umfassende eigene Ausbildungsprogramme für Organizer*innen geschaffen[110]. In wie

110 So hat beispielsweise POWER (People to win employ rights) die POWER Universität etabliert, ein Organizing-Ausbildungsprogramm zur Vermittlung praktischer Fähigkeiten und marxistischer Theorie. Ähnlich bei *Casa Justa::Just Cause* einer Basisorganisation zur Stärkung von Mieter*inneninteressen, nahe Los Angeles, die unter dem Namen *Assata Shakur University* ein Programm zur Vermittlung von Zielen, Arbeitsweisen und Strukturen der Organisation an Mitstreiter*innen betreibt. Viele der in Basisorganisationen ausgebildeten Organizer*innen finden sich anschließend in den unterschiedlichen sozialen Bewegungen wieder. Beispielhaft hierfür ein Interview mit Particia Cullors die mit 16 Jahren zur *Bus Riders Union* kam und dort zur Organizerin ausgebildet wurde,

weit dies in Deutschland umsetzbar ist, können wir aufgrund der fehlenden praktischen Beispiele nicht bewerten, es ist aber auffällig, dass die Linke es bislang nicht geschafft hat, dauerhaft eigene Bildungsinstitute zu entwickeln. Doch und gerade wegen des Mangels an Ressourcen erscheint es unumgänglich, dass Basisgruppen sich eine Strategie zur Wissensvermittlung aneignen. Denn die Frage nach Ressourcen ist immer auch eine nach Prioritäten. Dabei beginnt die Vermittlung von Wissen bereits auf der täglichen Gruppenebene, das Schreiben von Statements, das Halten von kurzen Reden, die Moderation eines Plenums sind Herausforderungen, die sich ohne Erfahrung bzw. Unterstützung kaum jemand zutrauen dürfte (Lelek / Maruschke 2017: 19). Doch wo sollen die Erfahrungen gesammelt werden, wenn nicht in den eigenen Gruppen? Abgesehen von dem praktischen know-how, betrifft Bildungsarbeit aber immer auch das Vermitteln von gesellschaftlichen Zusammenhängen, sei es das Anbieten von regelmäßigen Workshops, Antirassismus-Trainigs durch PoC Organisationen oder Erzählcafes mit Zeitzeug*innen, die in den eigenen Gruppen vermutlich zahlreich vorhanden sind. Das Ziel muss es sein, dass die Menschen in einer Gruppe »praktisch versierter, theoretisch geschulter und im Umgang miteinander aufmerksamer werden.« (Pieschke et al. 2019: 11)

(f) Bündnispolitik

Abschließend lässt sich festhalten, dass diese Organisationen aufgrund ihrer lokalen Verankerung immer nur eine begrenzte Reichweite entfalten können und so zwangsläufig auf ähnliche Gruppen in räumlicher Nähe

---

bevor sie später als eine von drei Initatorinnen der *Black Lives Matter Bewegung* auch in Europa Bekanntheit erlangte. Die drei Initatorinnen (neben Cullors sind dies Alicia Garza und Opal Tometi) lernten sich zuvor bei BOLD (*Black Organizing for Leadership & Dignity*) einer Organisation zur Ausbildung von schwarzen Organizer*innen, kennen. Im Interview entgegnet sie mit deutlicher Offenheit dem Vorwurf, der *Black Lives Matter Bewegung* würde die ideologische Ausrichtung fehlen:

»Myself and Alicia [Garza] in particular are trained organizers. We are trained Marxists. We are super-versed on, sort of, ideological theories. And I think that what we really tried to do is build a movement that could be utilized by many, many black folk. We don't necessarily want to be the vanguard of this movement. I think we've tried to put out a political frame that's about centering who we think are the most vulnerable amongst the black community, to really fight for all of our lives.« (In: https://therealnews.com/stories/pcullors0722blacklives).

angewiesen sind, um auch auf größere Strukturen Druck ausüben zu können. Zudem können durch die gemeinsame solidarische Arbeit die unterschiedlichen Praxen besser verglichen werden, durch strategische Bündnisse können so Lernprozesse angestrebt werden, die die engen Grenzen der eigenen Gruppe hinter sich lassen. Letztlich ist der Erfolg der Praxis davon abhängig, ob es gelingt eine breite Struktur an Basisgruppen aufzubauen, die in der Lage sind, auch größere politische Kampagnen zu tragen. Doch braucht es dafür die Basisgruppen und wir sollten unsere Zeit dafür aufwenden, diese zu initiieren oder bestehende zu unterstützen, bevor wir bereits im nächsten Schritt beginnen darüberliegende Strukturen zu entwerfen, ohne die Bedürfnisse der jeweiligen Basisgruppen einfließen zu lassen. Wie im tagtäglichen Gespräch mit neuen Mitstreiter*innen gilt auch in der Frage nach größeren Strukturen das Prinzip des Zuhörens, denn die Gruppen haben klare Vorstellungen, die sie mit solchen Strukturen verbinden.

Wenn wir an dieser Stelle dem Ansatz des transformativen Organizings einen breiten Raum eingeräumt haben, so wollen wir dem Eindruck eines Patentrezeptes entschieden entgegentreten. Wir haben uns zum einen für diese Darstellung entschieden, da die prägnante und strukturierte Form einer Organisierungsstrategie hilfreich erscheint. Zum anderen, dass damit eine Praxis in den Blick genommen wird, die in den USA zwar praktiziert, hier aber bislang kaum rezipiert wird. Diese Praxis findet in den USA unter weitaus schärferen sozialen Bedingungen und einer bis in die Regierung reichenden ›White-Supremacy Agenda‹ statt, wenn gleich die Tendenzen in eine ähnliche Richtung wie hierzulande deuten. Die US-amerikanischen Verhältnisse stellen daher in gewisser Weise einen Ausblick dar, weshalb das gewonnene Wissen aus den Erfolgen und Niederlagen emanzipatorischer Basisbewegungen auch für uns von Bedeutung ist.

Wir hätten für diese Darstellungen gleichfalls andere Vorlagen nehmen können. So bietet beispielsweise der Syndikalismus wichtige Impulse für eine radikale Basisorganisierung von Unten. Der FAU gelang es so in den letzten Jahren die Mitgliederzahl beständig zu steigern und auch erfolgreiche Kampagnen zur Unterstützung von Arbeiter*innen zu initiieren (Marcks 2018). Letztlich wäre es absurd unter den derzeitigen Bedingungen gegenüber Ansätzen, die sich gleichfalls einer stetigen Basisorganisierung und Verankerung im Alltag verschreiben, eine Abgrenzung vorzunehmen. Es muss darum gehen, in diese Richtung gehende Bestrebungen zu stärken ohne auf eine kritische Diskussion darüber zu verzichten, was gut funktioniert und was weniger. So entstanden in den letzten Jahren zahlreiche Gruppen und Initiativen mit einer Praxis, die über den klassischen linken Infoladen im alternativen Viertel hinausgeht. Wir denken es ist wichtig, diese Erfahrungen sichtbar werden zu lassen und möchten den nächsten Teil des Buches daher einigen Gruppen zur Verfügung stellen, die in unseren Augen den Alltag der Menschen mit all ihren Widersprüchen in den Fokus nehmen. Wir haben für das Buch sechs Gruppen befragt, die sich aufgrund ihrer Arbeitsgebiete, aber auch der regionalen Gegebenheiten unterscheiden. Andere Gruppen kamen leider nicht zu Wort, aber wir würden uns freuen, bald von weiteren Ansätzen und anderen Initiativen zu lesen, um die Praxis beständig zu hinterfragen und anzupassen.

> »[...], weil ich gesehen habe, was es bringt.«
> (Torte)[111]

4

»Mach mit, gönn dir!«[112] – Beispiele aus der Praxis

4.1 Um wen geht's?

Basta Erwerbsloseninitiative Berlin
– gesprochen haben wir mit Torte –

Seit acht Jahren wird Basta gemacht von Erwerbslosen, Beschäftigten mit geringem Einkommen und Studierenden mit wenig Geld. »Wir machen ziemlich viele Sachen. Generell ist unsere Hauptarbeit die Beratung zum Jobcenter und Arbeitslosengeld II. Wir beraten dreimal die Woche für jeweils drei Stunden, was wir auch meistens überziehen. Dann begleiten wir außerdem Menschen solidarisch zum Jobcenter oder zu Ämtern.« (Torte). Zudem plant die Gruppe regelmäßige Erwerbslosenschulen und Aktionen rund ums Jobcenter, ALG II, sowie zu anderen gesellschaftlichen Konflikten wie geringe Löhne oder Spekulation mit Wohnraum. Jährlich setzt Basta über 100.000 Euro an Rechtsansprüchen gegen das Jobcenter durch.

Roter Stern Leipzig '99 e.V.
– gesprochen haben wir mit Adam –

»Wir haben den Roten Stern am 1.2.1999 gegründet, weshalb wir auch Roter Stern Leipzig '99 e.V. heißen. Das '99 soll dem Ganzen ein bisschen ein historisches Antlitz geben. Die Gründungsgeneration vom Roten Stern waren fast alles Leute mit Punkrocksozialisation, einem Fußball-

111 Mitglied bei Basta Erwerbsloseninitiative Berlin.

112 Laura, Soligruppe Berlin der Gefangenen-Gewerkschaft.

hintergrund und mit Abitur, dass war auffällig. Seit unserer Jugend haben wir Fußball gespielt zum großen Teil auch höher-klassig, also bei größeren Vereinen. Und wir waren dann frühzeitig in den 90ern rund um die ganze Nazigeschichte im Osten in Antifastrukturen drin oder zumindest davon angefixt.

Naja und dann 1998 waren wir ein paar Kumpels, alle so 18, 19, 20 Jahre alt, die zusammen Fußball spielen wollten. Da gibt es auch ein ganz tolles Foto, wie wir dort stehen mit unseren blauen Umbro T-Shirts, zwei Kisten Sternburg und bei der einen Kiste – das ist noch ein ungelöstes Mysterium – da fehlt eine Flasche. Das war die Geburtsstunde des aktiven Kerns: Ein großer Freundeskreis, der sich da zusammenfand, Punkrock, Oi! und ein bisschen Antifa.« (Adam)

Mittlerweile besteht der Verein aus über 750 Fußballer*innen, davon die Hälfte im Jugendalter, knapp 1500 Vereinsmitgliedern und 15 weiteren Sektionen. Dazu gehört neben Fußball, noch Roller Derby, Tennis, Volleyball, Handball, Basketball, Croquet, Radsport, Laufen, Triathlon, Tischtennis, Klettern, Badminton, Kindersport, Darts, Motocross und Endurosport.

Rothe Ecke Kassel
– gesprochen haben wir mit Michael und Violetta –

Die Rothe Ecke in Kassel ist mehr als ein Stadtteilladen – es sind Leute, die sich gegenseitig unterstützen in gemeinsamen Kämpfen für gerechtere Arbeitsbedingungen, einen Nahverkehr für alle, bessere Wohnverhältnisse oder für ein humaneres Sozialsystem als HartzIV.

»Wir sind jetzt im fünften Jahr. Und das was in der Ecke stattfindet ist dienstags die Initiative Nahverkehr – für den Ausbau des Nahverkehrs und die Senkung der Fahrpreise –, mittwochs Food Sharing, also Lebensmittel abholen und verteilen, Donnerstags Bildungsreihe ›Die Welt verstehen, die Welt verändern‹, wo wir versuchen zu diskutieren, was gerade politisch passiert. Das ist mittlerweile ein Sammelpunkt, wo Leute die in einzelnen Initiativen aktiv sind, sich dann wieder treffen und versuchen ihre Fähigkeiten, sowohl theoretisch als auch praktisch zu teilen und freitags ist jetzt seit drei Monaten die Erwerbsloseninitiative. Und neu entstanden ist auch ein Lesekreis und ein Spielenachmittag.« (Violetta)

»Und wir haben auch immer wieder wechselnde Sachen, die ein paar Monate versucht werden, wie zum Beispiel Schach.« (Michael)

Schwarz-rote Bergsteiger*innen

– gesprochen haben wir mit Dimis, Alice, Maik und Basti –

»Wir sind die Schwarz-roten Bergsteiger*innen, wir machen Politik in der Sächsischen Schweiz. Das ist einerseits Bergsport sowie Erinnerungsarbeit und politische Arbeit.« (Maik) »Aber anders als der Name vermuten lässt, sind wir nicht alles Bergsteiger*innen. Manche gehen auch nur wandern oder klettern. Oder sind dabei, weil sie gerne in den Bergen sind.« (Alice) Die Schwarz-roten Bergsteiger*innen sind eine AG der FAU Dresden, die mittlerweile zu verschiedenen Bereichen arbeitet und auch verschiedene Angebote für Kollektive, politische Gruppen und politisch aktive Menschen entwickelt hat. Neben der Verlegung von Gedenkplatten und Archivarbeit, organisieren die Schwarz-roten Bergsteiger*innen Wanderungen und Vortragsreihen zu verschiedenen Anlässen. »Wir versuchen die Erinnerung an den Faschismus und den Widerstand dagegen zu kombinieren. Zum Beispiel machen wir zum 8. Mai Gedenkklettern. Wir steigen dann auf den Friedensturm – einem Gipfel der am 8. Mai von Menschen erstbestiegen wurde, die sich vor dem Volkssturm in einer Boofe versteckt haben. In den Vorträgen geht es um die Region im Nationalsozialismus. Hier gab es unter anderem das KZ Hohnstein oder das KZ Königstein. Und da gab es jeweils auch Widerstand.« (Maik)

»Und während der DDR ist sehr spannend, dass die Kletterkultur in Sachsen immer auch Teil von oppositionellem Gedankengut war. Die Berge haben verschiedene Freiräume geschaffen, so wurden zum Beispiel Vorträge, die nirgendwo anders stattfinden konnten, in Boofen gehalten.« (Alice)

Aktuell planen die Schwarz-roten Bergsteiger*innen den Aufbau eines Libertären Zentrums, wobei sie sich über verschiedene Formen der Unterstützung freuen.

Soligruppe Berlin der Gefangenen-Gewerkschaft / Bundesweite Organisation (GG/BO)

– gesprochen haben wir mit Martina und Laura –

Die Soligruppe Berlin der Gefangenen-Gewerkschaft / Bundesweite Organisation ist ein Zusammenschluss von Menschen, welche den Knast ablehnen und auf unterschiedliche Art und Weise versuchen, gegen die Institution und das System Knast zu kämpfen. Die Gefangenen-Gewerkschaft ist eine Organisation von innen heraus, heißt, die Gefangenen organisieren sich selbst hinter Gittern. Die Soligruppe unterstützt die Gefangenen und deren Kämpfe draußen. »Wir sagen immer, drinnen sind die Gewerkschafter*innen und draußen arbeiten wir, als Sprachrohr für Leute drinnen.« (Laura) Die Gefangenen-Gewerkschaft wurde im Mai 2014 in der JVA Tegel von Oliver Rast und Mehmet Aykol gegründet. »Der größte Teil unserer Arbeit ist Gefangenen schreiben und Presse- und Öffentlichkeitsarbeit. Wir sehen uns allerdings auch als eigenständige Anti-Knast-Gruppe und machen deswegen einiges in dem Bereich, was nicht immer direkt mit den Gefangenen zu tun hat, wie zum Beispiel Veranstaltungen draußen.« (Martina)

Workers Center München

– gesprochen haben wir mit Lisa und Christian –

»Wir haben 2009 als Initiative Zivilcourage angefangen. Das Ganze war in einem selbstverwalteten Kulturzentrum in München-Heidhausen, wo ein Freund von uns, der während der 80er Jahre aus der Türkei, also während der Militärdiktatur, geflüchtet war, diesen Freiraum geschaffen hat und dort aktivistisch aktiv war. Anfangs unterstützten wir eine Gruppe Werkvertragsarbeiter aus der Türkei, die auf großen Münchner Baustellen um ihren Lohn betrogen worden waren. Dann lernten wir durch einige Zufälle Arbeiter*innen aus Bulgarien kennen, die im Bahnhofviertel an einer Kreuzung Jobs suchten und die von ihren Erfahrungen mit Lohnbetrug, Repression durch die Polizei und Rassismus erzählten. Mit ihnen entstand das Workers Center in einem Raum nahe der Kreuzung.« (Christian) Das Workers Center München ist eine unabhängige, nichtstaatliche Initiative, die sich gemeinsam mit migrantischen Arbeiter*innen aus der EU organisiert. Sie kämpfen gegen Lohnbetrug, die Verweigerung von sozialen Rechten, ungewollter Obdachlosigkeit und institutionellem sowie alltäglichem Rassismus. Die EU-Bürger*innen leben vielfach in schlechten Wohnverhältnissen oder auf der Straße und arbeiten in unsicheren und oft undokumentierten Arbeitsverhältnissen. Das Workers Center begleitet durch komplexe, einsprachige und oft diskriminierende Bürokratie, hilft beim Einklagen von Rechten gegenüber Behörden und offenen Lohnforderungen oder organisiert Kampagnen und Proteste gegen Repression, Ausgrenzung etc.

4.2 Arbeitsweisen und die Mühen des Alltags

»Früher war mehr Punk-Rock.«
(Adam, Roter Stern Leipzig)

Um nun detaillierter auf die Gruppen einzugehen, werden wir anhand verschiedener Schwerpunkte einzelne Passagen aus den Interviews wiedergeben. Aufgrund der Unterschiedlichkeit der Gruppen, werden nicht alle Gruppen zu allen Schwerpunkten zitiert, sofern diese für ihre tägliche Arbeit keine große Rolle spielen. Ein Fehlen von einzelnen Aspekten bei Gruppen bedeutet aber nicht zwangsläufig, dass diese dazu nichts zu sagen hätten. Zwar hatten die Interviews insgesamt einen ähnlichen Aufbau, folgten aber auch dem Gesprächsfluss, wodurch sich verschiedene Schwerpunkte ergaben, die dann vertieft wurden. Insgesamt haben wir über zehn Stunden Interviewmaterial gesammelt. Unser Anliegen ist es, die Gruppen in den Fokus zu nehmen und darzustellen, wie diese funktionieren, welche Probleme bei ihrer täglichen Arbeit auftreten und natürlich was das mit Antifaschismus und Organizing zu tun hat. Da wir vor allem die Gruppen zu Wort kommen lassen wollen, werden stellenweise auch längere Redepassagen einfließen.

Im ersten und anschließenden Teil werden wir einen Blick auf den Aufbau und die Arbeit der Gruppen werfen: Neben der Frage nach dem ›Mehr werden‹, interessiert besonders die Frage nach der inneren Struktur und den Abwägungen, welche die Gruppen getroffen haben, um sich für ihre jeweilige Struktur zu entscheiden. Eine Sonderrolle nimmt in diesem Abschnitt der Rote Stern Leipzig ein, da er durch seine Größe mit verschiedenen Schwierigkeiten konfrontiert ist, die andere Gruppen so kaum kennen. Auf der anderen Seite stehen hier die Schwarz-roten Bergsteiger*innen, die noch im Aufbau befindlich sind, und daher im ersten Teil weniger oft zitiert werden.

So verschieden die Themenfelder der Gruppen sind, so verschieden ist auch ihr innerer Aufbau. An dieser Stelle möchten wir uns nochmal für die Offenheit bedanken, die uns entgegengebracht wurde und die eine solche Darstellung überhaupt erst ermöglicht. Eine Offenheit, die wir so nicht erwartet hatten. Die Vorsicht neuen Leuten gegenüber ist nachvollziehbar und begründet in einer Tradition staatlicher Repression gegenüber linken außerparlamentarischen Gruppen. Wir erinnern nur an die schier unendliche Spitzelgeschichte aus Hamburg, wo verdeckte

Ermittler*innen sich quasi die Klinke in die Hand gaben und politisch wie emotional ein Trümmerfeld hinterließen.[113] Dennoch erscheint es notwendig in linken Gruppen eine Offenheit zu bewahren oder neu zu erlernen, die es ›neuen‹ Leuten ermöglicht einzusteigen, um so dem Ziel einer wachsenden Linken näher zu kommen. Ein Ziel, dass die von uns Interviewten allesamt teilen und bei den Interviews auch uns entgegenbrachten.

Innerer Aufbau

Trotz der vorangegangenen Beschreibung des US-amerikanischen Organizings, als mögliches strukturierendes Element von Basisinitiativen, war uns bewusst, dass dies in der deutschen Debatte noch keine maßgebliche Rolle einnimmt. Dennoch lässt sich festhalten, dass das Konzept über Umwege und Einzelpersonen bereits in einigen Gruppen mehr oder weniger rudimentär vorhanden ist und von den darin Beteiligten auch benannt wird.

So beschreibt Torte[114], dass der Ansatz des Organizing Konzeptes von einem Aktivisten in die Gruppe getragen wurde, der dieses in einem USA-Aufenthalt näher kennengelernt hatte. Das Workers Center München wurde auf die Idee aufmerksam durch eine Bekannte, die diesbezüglich eine Studie[115] in den USA angefertigt hatte. Am stärksten hervorgehoben hat die Rothe Ecke Kassel, wie wertvoll das Konzept für ihre hiesige Praxis sein kann: »Ich war im Rahmen das Studiums in den USA, New York, und Michael hat mich dann besucht. Eine Person, mit der wir das dann gegründet haben, war auch ein halbes Jahr mit mir gemeinsam dort. Wir haben eine Basisgewerkschaft kennengelernt, die sehr strategisch dieses Organizing Konzept durchgeführt hat. Das sind Brotausfahrer, die vor allem aus Lateinamerika nach New York gekommen sind. Die trotz ziemlich prekären Bedingungen sehr vorbildlich Basisaufbau von unten praktizieren. Die *Brand Workers International*. Sie sind immer noch ak-

113 Zum Weiterlesen:

- NDR (2016): *Rore Flora. Noch eine verdeckte Ermittlerin*. 18.05.2016.
- Zeit Online (2017): *Seit 28 Jahren ist die Flora infiltriert*. In: https://www.zeit.de/hamburg/2017-06/rote-flora-verdeckte-ermittler-prozess-interview.

114 Basta Erwerbsloseninitiative

115 Benz, Martina (2014): *Worker Centers und die Organisierung prekär und informell Beschäftigter in den USA*. Münster: Verlag Westfälisches Dampfboot.

tiv, wachsen inzwischen in mehreren Bereichen. Das wollten wir auch.« (Violetta)

Und Michael weiter: »Sehr beeindruckend war vor allem, wie klar war, dass die verschiedenen Communities miteinbezogen werden. Das war das ausgesprochene Ziel, das beeindruckt mich bis heute. Das Niveau kannte ich aus Deutschland gar nicht.«

»Bei denen war auch meine erste Organizing Schulung. So sind wir auf die IWW gekommen, also die Internationale Basisgewerkschaft. Das haben wir dann probiert hier aufzubauen und in der Betriebsarbeit anzuwenden. Dann haben wir selber Organizing Schulungen gemacht und eigentlich ist das immer noch das Leitkonzept.« (Violetta[116])

Gerade in der letzten Darstellung der Rothen Ecke wird deutlich, wie eindrücklich das Erleben von Organizing Prozessen für die eigene politische Praxis sein kann. Wir denken daher, dass trotz des geringen Einflusses, eine weitergehende Beschäftigung mit transformativen Organizing für linke Gruppen sinnvoll sein kann.

Doch abgesehen von der Auseinandersetzung mit Organizing gibt es bei den von uns interviewten deutliche Überschneidungen was den inneren Aufbau angeht. So konnte sich selbst der Rote Stern Leipzig, der im Vergleich zu den anderen Gruppen deutlich größer ist, eine formal sehr flache Struktur bewahren. Es gibt hier, wie bei vielen anderen Gruppen, ein wöchentliches Plenum, dass allen Interessierten offensteht und bei dem es von Beginn an möglich ist, Entscheidungen mitzutreffen. Welche Herausforderungen, sich mit der eigenen Professionalisierung und einer solchen offenen Struktur ergeben, beschreibt Adam folgendermaßen: »Wir treffen uns jeden Donnerstag um 18:30 Uhr, gucken wer so da ist und dann wird entschieden. Konsensprinzip. Wenn kein Konsens da ist, wird so lange [diskutiert], bis irgendwas da ist. Dann gucken wir mal wer nächste Woche wieder kommt. Ist ja manchmal völlig unterschiedlich, in der einen Woche wird so diskutiert und in der nächsten Woche anders. [...] Natürlich gibt es dann Hierarchien, das ist genau der Punkt, in solchen Konstrukten, [...] es gibt ja nichts Kodifiziertes, wer hat jetzt welche Funktion inne etc. Das ist ein heilloses Kuddelmuddel, wo man nicht qua Amt Macht hat, sondern qua Teilnahme, Vernetzung etc. Für die ältere Generation wird es natürlich immer komplizierter teilzunehmen. So ein Plenum tust du dir immer weniger an. Aber so ist unsere Struktur und ei-

116 Rothe Ecke Kassel

gentlich müssten alle daran teilnehmen, immer da sein, präsent sein, Diskussionsprozesse miterleben, Diskurse mitbestimmen. Das ist ja die Idee von einer Plenumsstruktur. Aber die kriegst du irgendwann nicht mehr unter einen Hut.« (Adam[117]) Neben dem Plenum haben sich daher beim Roten Stern verschiedene Arbeitsgruppen gebildet, die konkrete Aufgaben übernehmen. Wobei das Verhältnis zwischen Arbeitsgruppen und Plenum nicht frei von Spannungen ist.

»Es gibt das Plenum, [...] dort werden große Dinge weiterhin verhandelt. Aber es gibt natürlich ganz viele Strukturen parallel drüber, drunter, wo auch Dinge passieren, die gar nicht den Weg zentral zum Plenum finden. Da kommen Reibereien und Konflikte auf mit AG Strukturen: Wer ist für was zuständig? Da ist Kompetenzgerangel.« (Adam[118])

Ähnlich wie der Rote Stern Leipzig haben auch Basta und die Soligruppe Berlin der Gefangenen-Gewerkschaft ein wöchentliches Treffen. Die Schwarz-roten Bergsteiger*innen treffen sich alle zwei Wochen und zusätzlich einmal im Monat an einem Wochenende in der Sächsischen Schweiz. Wo und wie die Plena stattfinden, ist in den jeweiligen Gruppen unterschiedlich: So ist es für die Schwarz-roten Bergsteiger*innen wichtig, sich in der Sächsischen Schweiz zu treffen, um auch Wandern und Klettern gehen zu können. Für Basta erscheint es hilfreich, das Plenum durch eine Arbeitsgruppenphase zu erweitern. Das Ziel dahinter ist es, den Einstieg in das Plenum zu erleichtern, da in den Arbeitsgruppen, konkretere Probleme verhandelt werden, das Plenum entzerrt und die Struktur klarer wird.

»Der Kern, der auf dem Plenum sitzt, das sind so zehn bis zwölf Leute, würde ich sagen. Vor dem eigentlichem Plenum ist unsere AG Phase, zu der nochmal andere Leute kommen. Außerdem gibt es Leute die Beratung machen, die Begleitungen anbieten oder während der Beratung kochen. Insgesamt sind das so 40 Leute.« (Torte[119])

Aktuell gibt es vier Arbeitsgruppen bei Basta: die Arbeitsgruppe Begleiten, AG Erwerbslosenschule, die aktuell eine Schulung für Frauen vorbereitet, eine AG Kommunikation und AG Aktion. Dazu Torte: »Die AG Kommunikation ist eine sehr interne Gruppe, da geht es um die Unterhaltung des Twitter-Accounts, der Website oder darum einen Leitfa-

117 Roter Stern Leipzig

118 ebd.

119 Basta Erwerbsloseninitiative

den für eine Telefonaktion zu entwerfen. Dabei gibt es eine starke Vernetzung mit der Arbeitsgruppe Aktion. Die macht Aktionsplanungen und kümmert sich um die Präsenz vor dem Jobcenter. In jüngster Zeit haben wir auch was zu Arbeitgebern gemacht, da wurde geguckt, ob der Lohn gezahlt oder eine ordentliche Kündigung geschrieben wurde.« (Torte[120])

Die Rothe Ecke Kassel und das Workers Center kommen dagegen meist ohne ein zentrales Plenum aus. Wobei die Motive für den Verzicht sehr unterschiedlich sind. Bei dem Workers Center beschreibt Christian, dass das Fehlen aus der starken zeitlichen Belastung heraus resultiert. So wird zwar ein zentrales Plenum – möglichst monatlich – angestrebt, doch sind die Abstände oft deutlich größer. Im Vergleich zum Plenum nimmt der wöchentliche offene Treffpunkt eine größere Priorität ein.

Die Rothe Ecke entscheidet sich bewusst gegen ein festes wöchentliches Plenum. Violetta beschreibt, dass zwar bei einem wöchentlichem Plenum Probleme und Stimmungsbilder sichtbar werden können, allerdings immer nur von den jeweils Anwesenden. Die Rothe Ecke versucht daher mittels Einzelgesprächen und dem Abfragen von Meinungen bei strittigen Themen umfassendere Stimmungsbilder zu erhalten. Es erfolgt allerdings viel Arbeit in den jeweiligen Initiativen, die wiederum regelmäßige Treffen haben. Neben der Betonung von Einzelgesprächen als strukturellen Teil der Rothen Ecke, gibt es noch ein jährliches Vereinstreffen, bei dem ein Plan für das kommende Jahr beschlossen wird. Als Erfolg wurde beschrieben, dass es hier gelang neue Menschen mit einzubinden, was sich in der Übernahme von mehr Verantwortung ausdrückte. Abschließend betont Michael aber: »Es gibt nicht viele Konflikte und wir haben immer gesagt, solange es keine Konflikte gibt, brauchen wir keine formellen Strukturen, das ist ein bisschen das Ding.« (Michael[121])

Ähnlich handhabt es auch die Soligruppe Berlin der Gefangenen-Gewerkschaft. Diese betont, dass ihre Treffen in erster Linie einem Austausch dienen und hier lediglich die Aufgaben und Verantwortlichkeiten für die kommende Woche verteilt werden. Was die Struktur angeht unterscheidet sich die Soligruppe in einigen Aspekten stark von den anderen Gruppen. So existieren beispielsweise bundesweit verschiedene Soligruppen, die sich miteinander koordinieren, aber auch eigenständig um die unterschiedlichen Gefängnisse in den jeweiligen Regionen kümmern.

---

120 ebd.

121 Rothe Ecke Kassel

Dabei haben sie teilweise eine unterschiedliche Arbeitsweise. Interessant bei diesem Konzept ist, dass trotz unterschiedlicher Praktiken, ein großes Vertrauen zwischen den einzelnen Gruppen besteht: »Du kannst das nicht über einen Kamm scheren. Wir haben von Anfang an gesagt, dass wir als Gruppen für uns arbeiten. Es bringt auch nichts, dass wir ein großes Konzept entwickeln, da die Kontakte und die Anschlüsse anders sind, wahrscheinlich auch die Vorstellung wie etwas funktioniert. Man kann keine Gruppe miteinander vergleichen.« (Martina[122]) Hilfreich bei dieser weitgehend autonomen und horizontalen Struktur ist der rege Kontakt, der zwischen den lokalen Gruppen besteht. Neben einem regelmäßigen Austausch innerhalb der Soligruppe Berlin gibt es noch mehrfach im Jahr Treffen aller Soligruppen, bei denen ein aktueller Stand der Arbeit besprochen wird (Laura[123]).

Die Motivation das Plenum relativ an den Anfang zu stellen, mag an unserer eigenen politischen Sozialisation liegen und der Wichtigkeit, die dieser Struktur in vielen politischen Gruppen eingeräumt wird. Kaum eine linke Gruppe kennt nicht das leidige Thema des Plenums, mal sind zu wenige Menschen da, immer sprechen die Gleichen und oft gibt es eine innere Struktur, die für neue Menschen kaum zu durchschauen ist.

Wir können aus den Interviews keine Alternative zum Plenum ablesen, wobei ein Aspekt sowohl von Basta als auch von der Rothen Ecke Kassel betont wurde, welcher sich so auf viele Bereiche übertragen lässt: Es ist die zeitliche Verbindlichkeit von Treffen. Bei Basta firmiert das Ganze unter der Parole ›Respekt vor der Zeit der Anderen‹. Eine zeitliche Beschränkung schafft es zumindest einige negative Aspekte einzudämmen, wozu zum Beispiel ›Treffen bis spät in die Nacht‹ gehören, welche viele Menschen ausschließen. Das Treffen von Basta beginnt mit einer zweistündigen Arbeitsgruppenphase und ist um 22 Uhr beendet, unabhängig ob alle Themen besprochen wurden (Torte[124]).

›Mehr werden‹

Beeindruckend hinsichtlich diesem Ziel präsentiert sich der Rote Stern Leipzig, der seit seiner Gründung 1999 zum Fußballverein mit der größten Zahl an Fußballer*innen der Stadt angewachsen ist, hinzu kommen

122 Soligruppe Berlin der Gefangenen-Gewerkschaft

123 ebd.

124 Basta Erwerbsloseninitiative

noch eine Menge weiterer Sportarten, die ohne die Infrastruktur des Roten Sterns so kaum möglich wären. In Zahlen ausgedrückt hat der Rote Stern Leipzig aktuell 1450 Mitstreiter*innen, was einem Zuwachs von 100 bis 200 Menschen im Jahr bedeutet. Dieses Wachstum bietet dem Verein die Möglichkeit, aber auch die Notwendigkeit höhere Fördersummen zu beantragen: »Mir ist mal eine Präsentation der Mitgliederversammlung in die Hände gefallen, das war 2005/2006, da hatten wir einen Jahresetat von 20.000 Euro. Jetzt sind wir bei ungefähr einer halben Million. Das sind ganz andere Summen.« (Adam[125]). Das sich daraus eine Reihe von Schwierigkeiten ergeben, liegt auf der Hand, sollen aber an dieser Stelle nicht näher betrachtet werden.

Die Frage des ›Mehr werdens‹ beschäftigt auch die anderen Gruppen. Das dies keine Selbstverständlichkeit ist, sondern auch mit einem Aufwand verbunden ist, für den man sich als Gruppe nicht nur einmal entscheiden muss, betont Violetta[126]: »Die Genügsamkeit immer wieder überwinden: Du hast eine Gruppe die funktioniert, aber wenn sie größer wird, dann wird sie so nicht mehr funktionieren, sondern du hast wieder eine neue Zusammensetzung. Außerdem hast du auch erst mal das Alte riskiert und verloren. Das, finde ich, ist ein Charakteristikum. Zum Kern der Rothen Ecke gehört eine Gruppe von zehn bis 20 Leuten, die haben auch sowas wie eine Einheit hergestellt. Aber es ist wahr: Kommen Neue dazu, werden die nicht mit offenen Armen empfangen. Das ist immer ein Problem, weil sich diese Gruppe halt eingespielt hat. Das nicht mitzumachen als bewusste Organizerin, sondern zu sagen: Das wollen wir überwinden! Das klappt auch, aber es ist immer wieder ein Spannungsverhältnis.«

Die meisten Menschen, die bei der Rothen Ecke Kassel dabei sind, kommen über die sich dort treffenden Initiativen dazu. Eine zentrale Stellung nimmt dabei die Initiative Nahverkehr ein, wobei eine starke Verwobenheit der einzelnen Initiativen mit dem Stadtteilladen insgesamt zu beobachten ist.

»Das es mehr geworden ist war dann mit der Initiative Nahverkehr. Das ist einfach so entstanden. Es gab einen konkreten Fall, der auch den Stadtteil betroffen hat – den Abbau von Bus- und Bahnlinien. Wir haben

125 Roter Stern Leipzig
126 Rothe Ecke Kassel

dann angefangen uns zu organisieren.« (Violetta[127]) »Als Test haben wir eine Unterschriftensammlung angefangen und in wenigen Wochen die 1600 Unterschriften hier im direkten Umkreis gehabt. Das war das Zeichen: Ok, das ist ein Ding!« (Michael[128])

»Daraus ist die Nahverkehrsinitiative entstanden und aus der Initiative ist dann die Bildungsreihe entstanden. Dann gab es noch die Erwerbsloseninitiative. Das waren auch Leute, die in der Ecke vorher schon aktiv waren, aber nicht so an dem Nahverkehrsthema interessiert waren. Sie wollten selber was machen. Über einen Anwalt, der eigentlich nur einmal im Monat angeboten hatte Sozialberatung zu machen, kam dann ein Kontakt zu einer anderen Erwerbsloseninitiative in der Nähe. Die beiden Initiativen haben sich dann kennengelernt und die Leute aus der Rothen Ecke waren ziemlich beeindruckt, da die anderen nicht nur eine Beratung, sondern auch ein ziemlich gutes politisches Standing in der Stadt hatten. Seitdem gibt es einmal im Monat mit Anwalt eine Beratung und dazwischen machen wir dann als Initiative weiter.« (Violetta[129])

Während in Kassel die Initiativen die Ankerpunkte für die Menschen darstellen, ist in München das zentrale Element ein offener Raum. Dieser befand sich in der Nähe des sogenannten ›Tagelöhnermarktes‹. Die Menschen konnten von dort direkt bei der Initiative vorbeischauen bzw. wurden von der Straßenecke direkt dorthin eingeladen. »Der Raum hat sich so gestaltet, dass die Leute erst mal zusammenkamen. Das waren viele: In der ersten Zeit war es normal, dass zwischen 30 und 80 Leuten im Raum waren. Es gab Couchen, Toiletten, man konnte sich Kaffee machen und wir haben immer einen Samowar aufgestellt zum Tee machen. Es hat sich dann herauskristallisiert, dass wir mit den Leuten diese konkrete solidarische Arbeit sozusagen als Beratungsarbeit machen. Wir haben uns mit den Leuten zusammengesetzt, Papiere durchgeschaut, bei Lohnbetrug Arbeitgeber angerufen, Geltendmachungen geschrieben und Leuten dann auch Anwälte vermittelt.« (Christian[130])

Wie Menschen zu den Gruppen kommen, spielt auch bei den anderen Gruppen eine Rolle. Exemplarisch für das ›Willkommen heißen‹, war die

127 ebd.

128 ebd.

129 ebd.

130 Workers Center München

Beschreibung von Torte, der selbst als Ratsuchender zu Basta kam und im Anschluss an die Beratung beschloss, dabei zu bleiben. Dies ist nun 3 ½ Jahre her. Die Beratung findet zweimal wöchentlich statt, dabei werden neben Deutsch und Englisch auch Dienstags Italienisch und Mittwochs Spanisch als Beratungssprachen angeboten. Durch diese wöchentliche Beratung wird eine große Zahl an neuen Leuten angesprochen und eingeladen ebenfalls in die Beratung miteinzusteigen.

Während es bei Basta meist mit einer Frage zu den eigenen prekären Lebensumständen beginnt und sich daraus ein Beratungsgespräch ergibt, aus dem im besten Fall ein ›dabei bleiben‹ resultiert, beginnt es bei der Soligruppe Berlin der Gefangenen-Gewerkschaft meist mit der Einladung auf eine Tasse Kaffee und einer Darstellung der Arbeit. Das Motto lautet: »Wenn du Bock hast, motiviert bist, dann mach mit!« (Martina[131])

Wissensvermittlung

Sind nun interessierte Menschen zu den Gruppen kommen, ergibt sich nach dem Neueinstieg die Notwendigkeit eines Wissenstransfers, da alle Gruppen sehr vielfältige Aufgaben und Verantwortlichkeiten haben. Insbesondere das Wissensgefälle, welches in den Gruppen entsteht und so den Zugang für ›Neue‹ entscheidend erschwert, ist ein nicht zu unterschätzendes Problem in Organizing-Prozessen.

Basta hat dafür ein eigenes Schulungskonzept entwickelt, welches die Wissensunterschiede überwinden und Menschen, die Interesse an einem Einstieg haben, den Zugang erleichtern soll. Die angebotene Schulung ist entsprechend ihrer politischen Praxis stark auf die Beratung ausgerichtet. Torte beschreibt, dass in den Anfangsjahren hierfür eine Schulung durch Expert*innen organisiert wurde. Mittlerweile wird die Schulung aber durch die Gruppe realisiert. An der letzten Schulung im Dezember 2018 haben 12 bis 15 Interessierte teilgenommen. Torte hat dies als deutliche Steigerung wahrgenommen. Neben dieser Schulung gibt es noch die sogenannte Erwerbslosenschule. Dies ist eine Veranstaltungsreihe von fünf bis sechs Sitzungen mit jeweils einem kurzen thematischen Input und anschließender Diskussion. Weniger trocken und sachlich, dafür euphorisch und amüsant, liest sich das in einer Auswertungsbroschüre zu der Erwerblosenschule 2016, die auf der Webseite der Gruppe bereitsteht:

131 Soligruppe Berlin der Gefangenen-Gewerkschaft

»Durch die offene und gleichzeitig strukturierte Form konnten zwölf Interessierte für sie spannende Themen bearbeiten und an insgesamt sechs Abenden einem Publikum von insgesamt über 50 Leuten vorstellen und diskutieren. Die Vorbereitungstreffen waren sowohl zeitlich und organisatorisch als auch von der Themensetzung her eindeutig festgelegt. Unsere Referent*innen konnten sich voll auf ihre Inhalte konzentrieren und uns so eindrucksvolle Stunden bescheren. Aber auch andere Aufgaben gingen weg wie warme Semmeln. Wir wurden kulinarisch mit grandiosen Buffets und inhaltlich mit Wahnsinnsprotokollen verwöhnt. Der Freitagabend wurde ein zwischenmenschliches und politisches Highlight. Und das alles wurde – man muss es immer wieder betonen – gemacht von den gleichen Arbeitslosen, die Gegenstand entsetzlicher Hetze, Diskriminierung und Abwertung sind. Jobcenter dieser Welt, schaut auf diese Gruppe.«[132]

Diese Art der Schulungen finden sich noch in ähnlicher Form bei der Rothen Ecke Kassel, die von Zeit zu Zeit spezielle Workshops zum Thema Organizing anbietet und zudem eine wöchentliche Bildungsreihe organisiert, bei der politische Themen bearbeitet werden. Der Charakter der Bildungsreihe kann sich dabei von Woche zu Woche unterscheiden und reicht von einem moderierten Gesprächskreis mit einem aktuellen Thema[133] bis hin zu vorbereiteten Referaten von einer halben Stunde und anschließender Diskussion von 1 ½ Stunden: »Das kann jeder nutzen. Die Initiativen sagen von sich aus, ›an dem Tag, kann ich zu dem und dem Thema arbeiten‹. Es gibt so einen Pool an Leuten, die Spaß daran haben sich einzubringen, auch welche, die vorher so was noch nicht gemacht haben, was ich total toll finde. Leute bringen dann eigene Erfahrungen und Themen ein, die sie gerne mal politisch besprechen möchten. Wir machen auch kaum Werbung, das hat sich einfach rumgesprochen.« (Michael[134])

Während bei Basta und der Rothen Ecke die Wissensvermittlung stark darauf abzielt neue Menschen auch für die Gruppe zu begeistern und diese einen Organisierungseffekt beinhaltet, stellt sich das bei der Soligruppe Berlin der Gefangenen-Gewerkschaft, durch die Arbeit mit Gefangenen, entsprechend anders dar. Die Wissensvermittlung findet innerhalb der Soligruppe statt und ist in erster Linie ein Erfahrungs-

132 *Basta macht Schule – Erwerbslosenschule 2016*, Dokumentation einer Veranstaltungsreihe, S.14.

133 »Nach der Wahl Trumps war klar, wir machen jetzt spontan was!« (Michael, Rothe Ecke Kassel)

134 Rothe Ecke Kassel

austausch: So ergeben sich zum Beispiel besondere Hürden beim Briefe schreiben mit den Gefangenen, wobei die Hürden nicht im Kontakt mit den Gefangen an sich bestehen, sondern viel stärker durch die Bedingungen, denen die Gefangen unterworfen sind: »Was ist, wenn mitgelesen wird? Was ist wichtig als Information, nicht dass ich was vergesse? Gibt es irgendeine Information, die nicht gestreut werden kann?« (Laura[135]) Neben einem Erfahrungsaustausch über die alltägliche Arbeit, trifft sich die Soligruppe regelmäßig, um Standpunkte bezüglich der Anti-Knast-Arbeit auszutauschen und zu reflektieren: »Irgendwann bist du in deinen Formulierungen so eingerostet, dass es besser ist, mal einen Perspektiven-, Ideen-, Argumentationsaustausch zu machen, um vielleicht neue Ideen zu entdecken, die bisher keine*r auf dem Schirm hatte.« (Martina[136])

Wie wichtig es ist den Wissensstand in der Gruppe möglichst im Blick zu haben, wurde von Adam vom Roten Stern Leipzig eindrucksvoll dargelegt. Wie bereits eingangs beschrieben, war der Rote Stern Leipzig mit einem rasanten Wachstum konfrontiert und damit einhergehend, mit einer starken Professionalisierung, was sich nicht zuletzt an den umfangreichen Bauprojekten ablesen lässt[137]. Dies ist ein Spezifikum, welches in der Form den wenigsten Organizing-Projekten begegnen wird, dennoch lohnt es sich, die daraus resultierenden Schwierigkeiten kurz zu betrachten. An erster Stelle stehen dabei die mit der schieren Größe verbundene Fülle an Aufgaben. Hierfür haben sich neben dem Plenum Arbeitsgruppenstrukturen etabliert, um eine Arbeitsfähigkeit aufrecht zu erhalten. Diese Strukturen sind mit der Zeit gewachsen und besitzen daher oft einen informellen Charakter, welcher verschiedene Probleme mit sich bringt: »Es gibt die AG, welche dann dies tut oder es lässt. Das macht es speziell für Leute, die neu dazukommen, unheimlich schwer da durchzusteigen und zu verstehen, wie das alles hier funktioniert.« (Adam[138])

135 Soligruppe Berlin der Gefangenen-Gewerkschaft

136 ebd.

137 Mittlerweile verfügt der Rote Stern Leipzig über vier Spielstätten. Am Goethesteig wurde eine baufällige Turnhalle in einen Sozialtrakt für den angeschlossenen Sportplatz umgebaut. Es wurde ein Kunstrasenplatz gebaut, Flutlicht für abendliches Training und mit der neu hinzugekommenen Sportanlage an der Teichstraße in Connewitz wartet ein noch größeres Bauprojekt auf die Umsetzung. Hierfür sammelt der Verein Spenden und setzt auf die Unterstützung von Freiwilligen.

138 Roter Stern Leipzig

Eine weitere Schwierigkeit bezüglich Wissenstransfer ergibt sich hinsichtlich der Finanzierung und dem dazugehörigen Spezialwissen. Förderanträge werden mit der Zeit immer komplexer und umfangreicher, so belief sich der erste Förderantrag beim Roten Stern auf eine Höhe von 100.000 €, während nun, mit mehr als dem Zehnfachen gearbeitet wird und bezahlte Stellen diese Aufgaben übernommen haben. Insbesondere die Frage nach hauptamtlichen Strukturen bleibt als Achtungszeichen stehen, da eine solche Professionalisierung immer weitreichende Änderungen mit sich bringt. Ein prinzipielles Ablehnen von bezahlten Stellen greift dabei zu kurz und übersieht die Notwendigkeit, aus der bezahlte Stellen heraus entstanden sind. Auch bleibt immer die Gefahr, dass die Arbeiten von ehrenamtlich Aktiven und bezahlten Angestellten hierarchisiert wird und es zu einer Spaltung der verschiedenen Akteure in einer Gruppe oder einem Verein kommt. Die Frage nach der Bezahlung ist somit nicht getrennt von den Problemen, die ein Anwachsen der Gruppe mit sich bringt. Zu betrachten, ob diese allerdings eine Lösung darstellt oder mehr Probleme verursacht, können wir an dieser Stelle nicht beantworten.

Auch der Rote Stern Leipzig hat dazu selbst keine abschließende Lösung gefunden, so skizziert Adam eine Situation, die die Dimension des Problems erahnen lässt: »Eine*r sagt im Plenum: ›Das ist eine Schweinerei, was die und die machen!‹ Kann man ja sagen, aber was ist, wenn eine von denen Angestellte ist und die Person, die die Kritik äußert ebenfalls angestellt? [...] Das wäre undenkbar für eine normale Firma. Noch ein anderes Beispiel: ›Ey, Boss ich brauch mehr Geld!‹ Gehst du dann ins Plenum und sagst: ›Wisst ihr was, ich brauch mal einen Hunni mehr!‹? Das sind so Dinge, da stecken wir noch ganz am Anfang.« (Adam[139])

Überforderung und Bedeutung der Einzelnen

Ein Aspekt, den alle Gruppen beschreiben, ist die Fülle an Arbeit, die die Gruppen leisten: »Letztens haben wir versucht aufzuschreiben, wer welche Arbeit macht. Aber das ist schwer einzuschätzen. Dennoch würde ich mal sagen, übernehme ich auf jeden Fall 15 Stunden in der Woche. Beratungszeiten sind meistens so sechs bis sieben Stunden die Woche, es können manchmal auch mehr sein. Dann das Plenum und die Arbeitsgruppen – das ist schon Vollzeit. Ich gehe auch einer Selbstständigkeit

139 ebd.

nach und das ist schwer zu vereinbaren.« (Torte[140]) Neben der Zeit die aufgewendet wird, ist auch die Intensität der Zeit ein Thema: »Aber viele von uns aktiven Berater*innen, die gucken dann auf den Raum und sehen die Menschenmenge und denken dann, ›ok, das müssen wir schaffen‹. Ich versuche das nicht zu machen. Ich versuche zu machen, was wir machen können. Wenn wir nicht genug Leute sind und das nicht alles schaffen, dann müssen wir den Leuten sagen, ›kommt morgen wieder oder kommt nächste Woche wieder oder ihr könnt da und da hingehen, dort gibt es noch andere Beratungsstellen, um zumindest euer konkretes Anliegen zu klären‹. Und ja, wir hören nie pünktlich auf, wir überziehen eigentlich immer die Beratungszeit. Das ist auch ok, wenn wir sagen, wir sind in der Beratung und wir gucken nicht, wer noch wartet. Ist natürlich schwierig, wenn manche erst später kommen können, weil sie lohnarbeiten oder Kinder in die KITA bringen oder abholen müssen. Es ist halt nicht so leicht.« (Torte[141])

Ähnlich stark beschreibt Michael von der Rothen Ecke Kassel sein Gefühl aus der Anfangszeit: »Ist schon steinig, auch persönlich. Man macht ja nicht immer das, was toll ist und große Erfolge erzielt. Die ersten drei Jahre waren sehr anstrengend. Du hast Reibungsverluste, du hast durchaus Streitigkeiten, mit dem was Szene ist. Das beschäftigt einen ja, auch wenn man das nicht in den Mittelpunkt rückt. Du musst Entscheidungen treffen, du musst dich in so einer Stadt finden.« Deutlich wird auch die zeitliche Perspektive, für die man sich bewusst entscheidet: »Bei uns am Anfang war es die Entscheidung, lange dran zu bleiben, die kommt mir immer wieder in den Sinn. Wenn man in einer konkreten Kampagne ist, darf man die lange Perspektive nicht vergessen.« (Michael[142])

Ähnliche Aussagen traf auch Adam vom Roten Stern Leipzig: »Wir haben wirklich eine sehr kritische Phase im Verein mit der Teichstraße. Bevor wir das Gelände dazu bekommen haben, hatten wir viele andere Bauprojekte. Da ist viel Zeit, Geld und Energie reingeflossen. Als das alles fertig war, kam auf einmal die Nachricht, dass in der Teichstraße ein Sportplatz mitten im Herzen von Connewitz frei ist. Dort reden wir von einem großen Projekt, das ist fast gigantisch. Hier geht es um einen zweistelligen Millionenbetrag. Entsprechend muss also auch der Verein gleich

140 Basta Erwerbsloseninitiative

141 ebd.

142 Rothe Ecke Kassel

mitwachsen. Naja, und gleichzeitig haben wir diesen Generationswechsel, wir haben diese flache Struktur. Ich gebe auch ehrlich zu, ich bin auch platt. Ich sag immer, wir sind der 1. FC Bau-Auf und wir reden über Darlehen, über Eigenmittel. Das sind viele Dinge, die wenig Punkrock sind und wenig Spaß machen und trotzdem muss alles sein.«

Die Folgen eines starken ›Sich-Einbringens‹, hat neben einem ›immer wieder an die eigene Grenze gehen‹, auch Auswirkungen auf das alltägliche Leben, welches zwangsläufig leidet. So berichtet das Workers Center München von »einem selbstausbeuterischen Aktivismus« (Christian), gerade in der Anfangszeit.

Auch die Frage nach Lohnarbeit, HartzIV oder eigener Selbstständigkeit hat eine Relevanz für die Gruppen: »Das Leute mitarbeiten, gelingt besser, wenn diese keine Karriere vorhaben. Mit Karriere mein ich nicht einen Aufstieg, sondern unter den Bedingungen, in denen wir leben und arbeiten, sicher sein, dass man auf dem Level bleibt. Da habe ich schon das Gefühl, das ist einfach was anderes. Ist ja auch logisch, dass man mit den Leuten viel weitergehender rechnen kann, die sagen, ›ich habe da nichts mehr vor‹. Aus verschiedenen Gründen, weil sie vielleicht sagen: ›Ey, da wo ich stehe, schlimmer kann es nicht werden und damit komme ich auch klar‹. Oder weil sie so gut ausgebildet sind, und sagen: ›Naja das Niveau werde ich halten, das ist wahrscheinlich. Und wenn nicht, komme ich auch damit klar‹.« (Michael[143])

Diese Positionierung sticht zwar aus den Interviews hervor, verdeutlicht aber, welche Wichtigkeit die Arbeit in einer politischen Gruppe im Leben von Menschen einnehmen kann. Die Frage nach den Prioritäten wird so zu einer Frage der Haltung und dabei geht es nicht darum eine Selbstaufgabe zu glorifizieren. Es wird aber klar, dass die hier beschriebenen Arbeiten nicht nebenher in der Freizeit zu erledigen sind, sondern auch ›Lebensentscheidungen‹ darstellen.

Denn oft werden mit solch einer Form der politischen Arbeit Kompromisse in den Lebensläufen eingegangen, die in der neoliberalen Gesellschaft negative Reaktionen provozieren kann, schlicht weil sie nicht dem eigenen Vorankommen gewidmet sind. Eine außerparlamentarische Linke kann sich nicht davon freimachen und so wird die schöne Theorie von alternativen Lebensentwürfen in der Praxis dann häufig zu einer Illusion. Dass die eigene Emanzipation im Kapitalismus nicht ohne

143 Rothe Ecke Kassel

Widerständigkeit und regelmäßige (Arbeits-) Kämpfe auskommt, ist leider vielfach beschrieben und erlebbar[144]. Aufgrund der Entscheidung viel persönliche Zeit in ein solches Projekt zu stecken, kommt zwangsläufig Einzelpersonen immer auch eine besondere Rolle zu. Dies bringt zwangsläufig Probleme mit sich, sowohl für die Einzelnen, als auch für die Gruppe. Während die Einzelnen teilweise mit einer enormen Arbeitsbelastung konfrontiert sind, können auf der anderen Seite die Zugänge in die Gruppe durch die Bündelung von Wissen und Arbeit bei Einzelnen erschwert werden.

Es soll an der Stelle aber nochmal betont werden, dass eine Arbeit in Basisorganisationen nicht zwangsläufig ein Vollzeitjob bedeutet, es muss einzig darum gehen, sich zu fokussieren und Prioritäten zu setzen. Im Grunde wäre es wünschenswert, wenn die klassischen Vollzeitaktivist*innen verschwinden und stattdessen Arbeitskämpfe und das Mitwirken in den verschiedenen Organisationen wieder integraler Bestandteil des Alltags Vieler wird. Bis das verwirklicht ist, bleibt die Arbeit allerdings oft an Wenigen hängen, welche sich bewusst dafür entscheiden müssen, diese Struktur zu öffnen und aktiv neue Menschen einzubeziehen. So beschreibt Adam vom Roten Stern Leipzig das Problem der herausragenden Stellung von Einzelpersonen und den Umgang damit folgendermaßen: »Man schafft das dadurch, dass wir uns jahrelang selbst ausgebeutet haben, wenig Freizeit hatten, alles haben hinten runterfallen lassen. Jetzt ist man soweit, dass man sagt, man will nicht alles vor die Hunde gehen lassen, so läuft das, anders kann ich das gar nicht ausdrücken.«

Der Aspekt der Überarbeitung findet sich zwar auch bei der Soligruppe Berlin der Gefangenen-Gewerkschaft wieder, allerdings scheint es hier gelungen zu sein, durch die Schaffung einer klaren Struktur, die Arbeit auf mehrere Schulter zu verteilen und die Bedeutung der Einzelpersonen zu reduzieren: »Ich habe einen Vortrag von Oliver gehört, nachdem er entlassen wurde. Über das was da eigentlich gerade in Tegel und bundesweit passiert. Und ich dachte dann, das ist doch total Community Organizing, da habe ich Bock drauf. Ich habe mich dann oft mit ihm

144 Welchen Zwang, aber auch welche Kraft eine aktive Selbstorganisationen haben kann, zeigen besonders eindrücklich die Arbeitskämpfe von migrantischen Arbeiter*innen, die in den letzten Jahren sehr erfolgreich geführt wurden. Wie eine solche Verbindung aus Arbeit und radikaler linker Politik aussehen kann, zeigen vor allem Gruppen, wie *Berlin Migrant Strikers, Critical Workers, Officina Precaria, Grupo Accion Sindical, Werktätigen der Mall of Shame* u.v.a.

getroffen und darüber geredet, wie ich das unterstützen kann. Es gab ja draußen nichts an Struktur. Er hat mit den Gefangenen Kontakt gehalten, aber strukturiert war es nicht. Wir haben uns ein- bis zweimal die Woche getroffen und versucht irgendetwas zu koordinieren und sind dabei sehr oft gescheitert. Dass es dann organisierter wurde, war mit der Soligruppe: Olli und ich meinten, dass klappt so einfach nicht mehr, wir sind zu unorganisiert, ständig gehen uns Briefe durch die Lappen, da musste Struktur rein. Vor allem, weil wir als Soligruppe nicht nur Berlin machen. Wir haben Kontakt nach Schleswig-Holstein, Mecklenburg-Vorpommern, Brandenburg und Baden-Württemberg. Früher haben wir noch Hessen, Saarland, Rheinland-Pfalz und Bayern gemacht. Das war für zwei Leute zu viel und wir haben rumgefragt, wer noch Interesse hat. Anfangs waren wir recht viele, die sich getroffen und versucht haben das zu koordinieren. Die erste Aufteilung war dann nach Namen, also alphabetisch. Aber das hat nicht gut funktioniert. Also haben wir uns nach Bundesländern aufgeteilt, also wer macht welches Bundesland. Und so wurde es dann langsam eine Organisierung von draußen.« (Martina[145])

Das eine der Größe entsprechende Struktur und eine größere Anzahl an Mitstreiter*innen nötig sind, ist im Grunde banal und doch stellt dies ein grundlegendes Problem dar. Da linke Gruppen mit Wachstum kaum Erfahrungen haben, gibt es demzufolge kaum einen Erfahrungsschatz, auf den zurückgegriffen werden kann. Alle von uns interviewten Gruppen entwickelten ihre Struktur aus der spezifischen Entstehung heraus. Das Problem dabei ist, dass diese Arbeit im alltäglichen Klein-Klein kaum zu bewältigen ist und die Struktur somit oft der Realität hinterherläuft. »Wir haben mal Thesen in unserer letzten Inhalts- und Strukturdebatte vor fünf bis sechs Jahren aufgestellt. Da haben wir uns Mühe gegeben und es hat ewig gedauert. Wir hatten uns die Frage gestellt: ›Wo wollen wir sein, wenn wir 1.000 Mitglieder haben?‹ Problem war nur, als wir mit der Debatte fertig waren, waren wir 1.000 Mitglieder. Wir hätten eigentlich wieder von vorne anfangen können.« (Adam[146]) Der Rote Stern entschied sich in der Folge, die hauptamtlichen Stellen zu schaffen, verbunden mit den oben genannten Problemen.

Doch auch bereits das Finden neuer Mitstreiter*innen, die gewillt sind Verantwortung zu übernehmen, kann schwierig sein. So hatten sich

145 Soligruppe Berlin der Gefangenen-Gewerkschaft
146 Roter Stern Leipzig

die Aktiven der Rothen Ecke Kassel bei der Gründung ein Ziel von fünf Jahren gesetzt, nach denen der Stadtteilladen möglichst unabhängig von der Gründungsstruktur funktionieren sollte. Dieses Ziel wurde so nicht erreicht: »Was wir uns einfacher vorgestellt haben war, neben dem Finanziellen, was das kleinste Problem ist, das Rausgehen, dass die Rothe Ecke [alleine] weiterlaufen würde. Das aber lief ganz anders als ich dachte. Es klappt nicht in fünf Jahren die Anzahl der Organizer zu verdreifachen.« (Michael)

Doch selbst wenn es gelingt, neue Mitstreiter*innen zu finden, gibt es Fallstricke, die es im Blick zu haben gilt. Dazu gehören auch Hierarchien, die durch die gesammelten Erfahrungen langjährig Aktiver entstehen: »Es gab Konflikte und Leute haben die Gruppe verlassen, weil wir mit unseren Erfahrungen zu dominant waren. Es ist wichtig offen zu sein, die Naivität im positiven Sinne: Einfach reingehen, was machen und dann schauen. Wenn wir dann aber neun, zehn Jahre Erfahrung haben, dann ist das oft eher schwierig, die Leute machen zu lassen. Natürlich gibt es Erfahrung, aber die muss man selber sammeln. Bei einer konkreten Unterstützungsarbeit kommt es stark darauf an, mit welchen Strukturen von Ausgrenzung und Ungerechtigkeit man zu tun hat und man muss dann halt dort auch konkrete Erfahrungen sammeln, das ist vorher schwer zu sagen.« (Christian[147])

Insgesamt ist der Bereich der wachsenden Struktur, und der damit einhergehenden Notwendigkeit neue Mitstreiter*innen zu gewinnen, ein großes Feld, welches noch viele ungeklärte Fragen aufwirft. Es bleibt festzuhalten, dass eine Struktur möglichst flexibel und offen bleiben muss, sich allerdings durch das Wachstum nicht selbst lähmen darf. Um während des Anwachsens nicht Einzelpersonen zu stark zu beanspruchen und in immer unersetzlichere Positionen zu bringen, bedarf es großer Anstrengungen von der Gruppe neue Menschen einzubinden, die bereit sind Verantwortung zu übernehmen. In den USA gibt es darüber größere Debatten und das Instrument des transformativen Organizings hat dafür einige Antworten parat. Eine Beschäftigung mit den spezifischen Problemen hier vor Ort und auf die konkrete Praxis ausgerichtet, steht allerdings noch aus und wäre daher ein großer Gewinn für Menschen, die sich in solchen Gruppen bewegen.

147 Workers Center München

Nach den zurückliegenden Ausführungen wäre es nicht verwunderlich, wenn Menschen sich ernstlich fragen, warum es sinnvoll ist, sich diesem Stress auszusetzen. Sich über Jahre in Gruppen zu organisieren, die viel Zeit benötigen, um dann Konflikte darüber auszutragen, wie ein ›offen bleiben‹ und neue Menschen ›Willkommen heißen‹ funktionieren kann?

Die im folgende Kapitel beschriebenen ›Wirkungen‹ der Arbeit werden einige Antworten auf diese Fragen geben. Es bleibt der Wunsch, dass trotz der vorhandenen Schwierigkeiten diese Aussichten dazu beitragen, dass mehr Menschen sich in das ›konkrete Handgemenge‹, in die ›Müh(l)en der Alltagspraxis‹ stürzen (vgl. Jewelz / Buenaventura 2015).

4.3 Mobilisierung: Ansprache, Wirkung, Reichweite

»Mit Siezen kommste da nicht weiter.«
(Martina, Soligruppe Berlin der Gefangenen-Gewerkschaft)

Eine These aus dem dritten Kapitel zum *Organizing* ist, dass durch die Verankerung in der Basis eine viel stärkere Durchsetzungsfähigkeit hergestellt werden kann, als es isolierte linke Gruppen vermögen. Um uns dieser These anzunähern, wollen wir im Folgenden betrachten, wie die von uns Interviewten die Wirkung ihrer Arbeit beschreiben.

Wirkung – außen

Diese Wirkungen äußern sich auf verschiedenen Ebenen, wobei zu Beginn die äußerste Ebene, die Gesellschaft mit ihren Diskursen und Institutionen, die Meinungen abbilden und formen, betrachtet werden soll. Bei diesem Punkt ist es, aufgrund ihrer starken Ortsbezogenheit, schwer für Basisgruppen einzugreifen, was nicht heißt, dass es nicht trotzdem gelingt. Am ehesten zeigt sich dies in Presseartikeln oder gar in Preisverleihungen, von denen zwei der interviewten Gruppen berichteten – nicht ohne die nötige Skepsis, die solchen Ritualen der bürgerlichen Selbstvergewisserungen innewohnt: »Was sind jetzt die Indikatoren? Wir haben den Julius Hirsch Preis bekommen, den Sächsischen Demokratiepreis, man wird immer wieder eingeladen zu solchen Chosen. Man ist damit in gewisser Weise ein akzeptierter Bestandteil der Gesellschaft, speziell im Bereich der Kinder- und Jugendarbeit. Der Gestus, der einem da begegnet ist der: ›Na gut, die sind zwar ein bisschen verrückt, aber das mit der Jugendarbeit, das machen die ganz toll.‹ Ich denke ein Stück weit ist das nicht ganz unflott, wenn von außen wahrgenommen wird, dass junge Linke mit ihren Idealen eine derartige Arbeit leisten können und das auch noch erfolgreich.« (Adam[148])

Neben dem Roten Stern Leipzig fand auch das Workers Center eine solche Berücksichtigung. Im Interview beschrieben Christian und Lisa wie sie diese Preisverleihung zugleich als Bühne nutzten, um einem ›sich kaufen lassen‹ zuvorzukommen: »Wir haben dann den ›Lichtblicke-Preis‹ bekommen. Das ist ein großer Preis der Stadt München für ehrenamtliches Engagement. Dort haben wir uns dann bei der großen Preisverleihung im Rathaus kritisch geäußert, wodurch wir wohl in Ungnade[149] gefallen sind.« (Lisa)

»Lisa hat dort eine Rede gehalten und es gewagt auf der Bühne zu sagen: ›Ja es ist schön, dass wir den Preis bekommen, aber es ist schade, dass zwei Menschen von uns sich jetzt draußen einen Schlafplatz suchen müssen und daher nicht anwesend sein können‹.« (Christian[150])

Letztlich sind solche Ehrungen für den Erfolg oder Misserfolg einer Basisbewegung kein Maßstab, sondern in erster Linie Ausdruck dafür, dass eine gewisse Wahrnehmungsschwelle überschritten wird. Da diese Ereignisse nur sehr selten auftauchen, und wie im Beispiel des Workers Center sich vermutlich nicht wiederholen werden, ist die Presse weitaus entscheidender für diese Ebene. Wie eine erfolgreiche Pressearbeit aussehen kann, hat das Workers Center in einem Beispiel dargestellt: »Die Kampagne ›Wir wollen wohnen‹ ist von der Presse angenommen worden als eine Kampagne von Leuten, die von Obdachlosigkeit betroffen sind und deren Schlafplätze geräumt wurden. Es gab viele Interviews, sowohl im Fernsehen als auch in den Printmedien, in denen die Leute ihre Geschichten erzählt haben. Das war sehr stark. Wir konnten einige organisatorische Sachen machen, uns aber auch gut rausnehmen, was angemessen war, da das von den betroffenen Leuten selbst ausging.« (Christian)

Es ist naheliegend, dass die Presse aufgrund ihrer Verankerung im kapitalistischen System gewissen Einschränkungen unterliegt. Außerdem gibt es den Effekt, dass sich im Umgang mit der Presse schnell feste

148 Roter Stern Leipzig

149 Zu dieser Zeit hatte die Initiative einen größeren Antrag für das geplante Projekt ›Cafe zur Arbeit und zum Leben‹ ausstehen. Dieser war bereits mündlich zugesagt, wurde aber nach der Preisverleihung kurzerhand abgesagt.

150 Workers Center München

Sprecher*innenpositionen etablieren, die oft erfahrene Aktivist*innen ausfüllen und so in der Außenwahrnehmung andere Stimmen überdecken. Doch auf der anderen Seite, so das Workers Center, kann es durch einen geschickten Umgang mit der Presse gelingen, Diskurse zu übernehmen und Sprache, die letztlich die Bilder in unseren Köpfen schafft, zu prägen. »Es gibt viele Presseberichte aus der Perspektive der Betroffenen, wo Leute Interviews führen, ihre Geschichten erzählen. Das hat schon stark den Diskurs aus einer Betroffenenperspektive heraus geprägt. Auch fanden sich so unsere Formulierungen immer wieder in Verlautbarungen der Stadt. Oft ist es jedoch auch Glückssache, ob zentrale politische Aussagen und konkrete Forderungen in der Presse aufgenommen werden.« (Christian)

Ein häufig auftretendes Problem beim Umgang mit der Presse ist die Zuspitzung und Fokussierung auf einzelne prägnante Aktionen, was bei einer Aktion der Erwerbsloseninitiative Basta gut sichtbar wird: Mit der ›Beschlagnahmung‹ einer Ferienwohnung wurde eine enorme Reichweite erzielt, erkennbar an dem umfangreichen Pressearchiv zu der Aktion[151]. Was beim Lesen der Presseartikel aber deutlich wird, ist das Fehlen der alltäglichen Arbeit und besonders die Unsichtbarkeit von bestimmten Personen. Bei über 20 Presseberichten zu der Aktion findet sich lediglich ein längerer Artikel darüber, dass bei der Aktion eine Pressekonferenz stattfand, auf der zwei wohnungslose Frauen von ihren Erlebnissen und ihrem Alltag berichteten[152].

Abgesehen von diesen bekannten Problemen, ermöglichen Presseberichte eine andere Reichweite: So stoßen Interessierte beispielsweise bei einer Internet-Recherche leichter auf die Positionen der Gruppen: »Ich glaube, wenn man ›Gefangene organisieren‹ eingibt oder ›Probleme im Knast‹, dann stößt du immer wieder auf irgendwelche Pressemitteilungen von uns.« (Laura[153]) Insgesamt zeigt sich, dass die Gruppen gerade in linken Medien und Lokalzeitungen regelmäßig präsent sind und diese auch nutzen, um konkrete Anliegen nach außen zu tragen.

Für den Umgang mit der Presse verweist Basta auf die Erfahrungen aus einem Workshop, der als hilfreich beschrieben wurde. Wichtige Aspekte des Workshops ›Wie mit der Presse sprechen?‹, der im Rahmen der Ver-

151 www.bastaberlin.de/kampagne/presse/.

152 Neues Deutschland (2016): *Fremd, weiblich, obdachlos.* In: https://www.neues-deutschland.de/artikel/1000960.fremd-weiblich-obdachlos.html.

153 Soligruppe Berlin der Gefangenen-Gewerkschaft

anstaltung ›Alltagskämpfe und Organisierung‹ 2015 in Berlin stattfand, lässt sich in der gleichnamigen Broschüre nachlesen[154].

Das Beispiel des Workers Center zeigt, wie es auf dieser Ebene gelingen kann, den Diskurs zu beeinflussen. Doch ist der Einfluss immer auch vom politischen Klima abhängig. Zudem bleibt die Wirkung meist indirekt, da die Gruppen in der Vermittlung ihrer Anliegen auf die Verbreitung durch die Presse angewiesen sind. Insbesondere das Beispiel der Pressekonferenz von Basta zeigt, wie begrenzt der Einfluss auf die tatsächliche Berichterstattung letztlich ist.

Wirkung – innen

Direkter in der Wirkung und für die Gruppen weitaus wichtiger, ist daher der Einfluss auf die konkrete lokale Umgebung.

Der Effekt lässt sich nur schwer messen, aber anhand einiger Aussagen zeigt sich deutlich, dass es gelingt, die Menschen in der näheren Umgebung zu erreichen.

Violetta beschreibt, wie die Außenwirkug der Rothen Ecke an sie herangetragen wird: »Wegen der unterschiedlichen Öffnungszeiten fällt einem das selber gar nicht unbedingt auf. Aber wenn man dann Akteure aus dem Stadtteil trifft, die selber gar nicht bei der Rothen Ecke sind, dann aber meinen: ›Bei euch ist ja immer was los, da sitzen ja immer so viele.‹ Das ist inzwischen wirklich so. Man kriegt das manchmal gar nicht mit, wenn man das so mit begleitet.«

Michael bestätigt den Eindruck, warnt aber auch davor, überzogene Erwartungen an die Ausstrahlungskraft einer lokal verankerten Nachbarschaftsgruppe zu haben: » Es gibt da eine Beschränktheit. Im Umkreis von 400 m, 500 m sind wir bekannt und das ist auch unser Haupteinzugsgebiet. Die Nähe ist für viele ein wichtiger Grund. Wenn es nur 500 m zum Gehen sind und man nicht abends noch eine halbe Stunde irgendwo hinfahren muss, gerade wenn man verschiedene Jobs oder wenig Geld für Transport hat, dann ist die Nähe zum Wohnort einfach wichtig. Darüber hinaus wird es allerdings schwieriger.«

Bei Basta ist dieses Einzugsgebiet deutlich größer, was vermutlich an dem Beratungsangebot liegt, welches selbst in einer so großen Stadt wie

154 Bündnis Zwangsräumung verhindern (2015): *Dokumentation: Alltagskämpfe und Organisierung. Berlin 19.-21.06.2015.* In: http://berlin.zwangsraeumungverhindern.org/wp-content/uploads/sites/3/WSWE-broschuere_web.pdf.

Berlin selten anzutreffen ist, besonders wenn man die Mehrsprachigkeit und die regelmäßigen Öffnungszeiten berücksichtigt[155]: »Also hier kommen aus den zentrumsnahen Bezirken überall Leute her. Viele kommen aus Mitte, Friedrichshain-Kreuzberg, aus Neukölln oder Pankow. Trotz der Entfernung kommen aber auch Leute aus Tempelhof-Schöneberg und ein Mensch aus Steglitz-Zehlendorf. Der kommt tatsächlich für die Begleitgruppe in den Wedding.« (Torte) Allerdings bringen der weite Einzugskreis und die dadurch stark nachgefragte Beratung die Gruppe bisweilen an ihre Grenze: »Es ist schwer zu sagen, wie viele Menschen regelmäßig zu uns kommen, da manche Menschen bestimmte Beratungstage präferieren und auch immer wieder neue Leute dazu kommen. Der Bedarf wächst stetig. Oft sind Beratungstage absolut überlaufen, also gerade vor dem Jahreswechsel war es sehr voll, dann müssen wir gucken, wie wir das schaffen.« (Torte) Die Notwendigkeit, und auch der Wunsch nach dem Entstehen ähnlicher Gruppen in der Umgebung, um eine stärkere Wirkung und um letztlich eine Hegemonie zu erringen, ist daher leicht nachvollziehbar. »Du kannst eine Hegemonie anstreben, aber das ist beschränkt. Das macht klar, wie oft wir solche Projekte machen müssten. Was für eine immense Bedeutung es hat. Ob wir es schaffen, in Kassel, um für die Stadt zu sprechen, in zehn Jahren vier solcher Dinger zu haben oder ob wir alleine bleiben. Und wie sich das auch bundesweit entwickelt.« (Michael[156]).

Dies mag ein entscheidender Knackpunkt in der aktuellen Situation sein: Für sich genommen schaffen die Gruppen es, eine Wirkung – je nach Menge ihrer Kontakte – zu entfalten, aber die Frage nach dem darüber hinaus kann aktuell noch nicht beantwortet werden, da mehrere Organizing Projekte lokal konzentriert fehlen. Es fehlt schlicht an der Anzahl, um ähnliche Effekte wie in den USA zu erzielen.

Reichweite

Dass es eine große Bereitschaft zur Organisierung gibt, bezeugt die hohe Menge an Kontakten, die die Gruppen in ihren jeweiligen Formen haben. Beispielsweise erhalten bundesweit zwischen 800 bis 1.000 Gefangene Post von den Soligruppen der Gefangenen-Gewerkschaft. Alleine

155 Neben Basta gibt es eine solidarische Sozialberatung in Berlin unter anderem bei der Initiative SolA Neukölln, der FAU Berlin und für spanisch-sprechende Menschen bei Oficina Precaria Berlín.

156 Rothe Ecke Kassel

in Berlin wurden letztens »mindestens 200 Rundschreiben« (Martina) verschickt. Natürlich schwanken die Zahlen, da immer wieder Gefangene entlassen werden. Neben dem Kontakt zu den Gefangenen ist es der Soligruppe mittlerweile gelungen, über die Inhaftierten hinaus Wirkung zu entfalten: »Mittlerweile erreichen wir auch teilweise Angehörige von den Gefangenen. Diese entwickeln sehr schnell eine Antiknasthaltung. Die rufen an und sagen Sachen wie: ›Das hätte ich niemals gedacht‹, meistens ist es die Frau die anruft: ›Was mein Mann erleben muss, das ist der Wahnsinn!‹ und ›Ist das überall so?‹« (Martina) »Das sind Menschen, die eventuell vorher gesagt haben: ›Es ist gut, dass es Gefängnisse gibt.‹ Die äußern sich dann richtig empört darüber, was darin abgeht.« (Laura)

»Die letzte Angehörige mit der wir Kontakt hatten, die war äußerst unzufrieden. Ihr Mann erzählte ihr was in der JVA Heidering alles passiert. Sie kann das alles nicht verstehen und hat zuerst versucht Anwälte zu kontaktieren. Das war der nächste Schock, weil sich kein Anwalt dafür interessierte und sie keinen guten fand. Sie hat dann weiter gesucht bei Parteien, aber auch da gemerkt, dass die Linkspartei in Berlin daran nicht interessiert ist. Bei irgendeiner Suche, kam sie dann auf uns. Sie meinte, dass sie die ganzen offizielle Stellen versucht hat zu erreichen und gemerkt hat, dass die sich nicht für Gefangenenfragen interessieren. Ein Anwalt hätte ihr sogar gesagt, dass wenn sie politisch was machen will, sie sich doch an die Gefangenen-Gewerkschaft wenden soll. Er macht das nicht, weil er keine Lust darauf hat.« (Martina) Es zeigt sich, dass das reine Angebot einer Struktur bereits einen regen Zulauf auslösen kann. Im Fall der Soligruppe der Gefangenen-Gewerkschaft kommen natürlich die extremen Bedingungen hinzu, welche ein Bedürfnis nach Organisierung verstärken. Ein Mangel bietet schließlich immer eine Möglichkeit Strukturen zu etablieren, die letztlich mobilisierend wirken können und wenn es etwas im Kapitalismus im Überfluss gibt, dann ist es der Mangel. Ähnlich beschreibt es auch der Rote Stern Leipzig: »Die kommen mittlerweile zu uns, denn wir haben jetzt Platz, mehr Platz und seitdem explodiert das förmlich. Früher hatten wir nicht mal beim Jugendfußball ausreichend Strukturen, da wussten wir im Sommer noch nicht, wo in der nächsten Saison trainiert wird. Eine riesen Flickenschusterei. Geschweige denn, was im Winter passiert, da wird es so schnell dunkel. Ab Oktober kannst du eigentlich abends kaum noch trainieren. Das ist scheiße dunkel, wenn du kein Flutlicht hast. Jetzt mit der Teichstraße haben wir sogar eine Halle dran. Wir haben ein Angebot, zum Beispiel eine Klause mit Dach drüber, dann hast du auch ein paar Leute, die Dart spielen wollen.« (Adam)

Vor allem das Workers Center München betont die Wichtigkeit von Infrastruktur in Bezug auf Räume für die Arbeit der Gruppe. Sie mussten im Laufe der Zeit mehrfach umziehen, wobei ihr erster Raum eigentlich optimale Voraussetzungen bot, aber nach Widerständen und einer Besetzung letztlich abgerissen wurde: »Die Goethestraße 30, wo wir zuerst drin waren, das war richtig cool, runtergeranzt, viele Couchen, die Leute konnten sich einfach wärmen, schlafen legen.« (Christian[157])

Die nachfolgenden Räume waren entweder kleiner, örtlich schlechter zu erreichen, besonders aber weniger niedrigschwellig, da sie vom Charakter eher klassischen Beratungsräumen ähnelten. Das führte dazu, dass von den anfänglich 30 bis 80 Leuten durch die Raumwechsel nun eher zehn bis 20 Leute bei den offenen Treffen erscheinen. Doch selbst wenn viele Menschen die Veranstaltungen oder Räume frequentieren würden, sagt dies noch wenig über weitergehende Organisierung aus: »Es gibt einige Leute, die kommen zu jedem Event, vom Foodsharing, Ini Nahverkehr bis zur Erwerbsloseninitiative. Die sind die ganze Woche praktisch in der Rothen Ecke. Der Kreis, der es bewusst nutzt und füllt ist schwer zu packen bzw. der ist breit. Der Kreis, der sich Gedanken macht wie es weitergehen kann ist überschaubar, finde ich, gewachsen, aber überschaubar.« (Michael[158])

Ansprache – Kontakt bekommen

Es bleibt daher zentral, die Menschen direkt anzusprechen, sie in die politische Arbeit mit einzubinden. Dieses Ansprechen und gemeinsame Besprechen ist unersetzlich und bleibt doch meist hinter den sichtbaren Kampagnen oder Aktionen verborgen. »Wir sind da rein, haben geredet, die Leute gefragt, wie ist eure Situation, könnt ihr euch vorstellen, was zu machen, gibt es was, wo wir unterstützen können? In den Gesprächen haben wir viel gelernt. Wir haben dann, im Namen der Leute, einen Flyer, einen Text gemacht mit den Wünschen und Forderungen. Beschrieben wurde die Situation der Menschen, zum Beispiel ›wir sind aus Bulgarien, um Arbeit zu finden, gehören einer türkischen Minderheit an und werden deswegen diskriminiert‹. Beschrieben wurden auch Ausschlussme-

157 Workers Center München

158 Rothe Ecke Kassel

chanismen, Ausbeutung, Rassismus usw. Wir haben das erstmal zusammengeschrieben und dann mit den Leuten diskutiert. Am Ende wurde das öffentlich gemacht. Das war das erste Mal, dass so was in die Öffentlichkeit kam.« (Christian[159]) Insbesondere das gemeinsame Besprechen hat einen zentralen Stellenwert bei der Arbeit der Gruppen. Im vorigen Kapitel wurde deutlich, welche Elemente für einen erfolgreichen Organisierungsprozess angewendet werden können und wie strukturiert und geplant ein solcher Prozess vonstattengehen kann. Es zeigt sich in den Interviews, dass die meisten Gruppen dies nicht schematisch anwenden, sondern einzelne Elemente an ihre spezifische Praxis angepasst – bewusst oder unbewusst – verwenden. Viele der Gruppen haben sich dazu weitgehende Gedanken gemacht. Ein erster wichtiger Aspekt ist hierbei, dass sie sich am Alltag des Gegenübers orientieren: »Wir geben uns auf alle Fälle viel Mühe, immer Bezug auf das Leben der Menschen hier zu nehmen.« (Dimis[160]) Als Themen die den Alltag bestimmen, nannten die Schwarzroten Bergsteiger*innen unter anderem die fehlende Infrastruktur[161], womit ein ähnlicher Themenbereich zur Rothen Ecke Kassel deutlich wird. Ähnlich beschreibt die Soligruppe Berlin der Gefangenen-Gewerkschaft die Kontaktaufnahme, auch wenn hier die Themen natürlich andere sind.

»Also der springende Punkt sind erstmal Themen, die alle Gefangenen interessieren, wie Mindestlohn und Rentenversicherung. Diese Kernforderungen sind für die meisten Gefangenen interessant, akut bedroht fühlen sie sich aber immer direkt durch die JVA und damit ihre Bediensteten. Deswegen wollen sie vor allem immer etwas gegen die Bediensteten machen. Außerdem merken die [Gefangenen] natürlich auch ganz schnell, wer wir sind und in welche Richtung das bei uns geht. Wir fragen sehr direkt danach, ob sie Stress mit Bediensteten haben, sie erzählen uns dann von Repression durch diese oder der Anstaltsleitung usw. [...] Meist läuft die Organisierung über so ganz repressive Bedienstete, wo die Gefangenen dann sagen, das geht jetzt gar nicht mehr, da wollen wir auf jeden Fall was gegen machen. Deswegen beschäftigen wir uns am meisten mit Repression hinter Gittern. Ein anderes Thema sind zum Beispiel die Preise im Knast.«

159 Workers Center München

160 Schwarz-rote Bergsteiger*innen

161 Weiter wurde die Benachteiligung von Frauen und Lohnarbeit genannt.

Die erste Kontaktaufnahme erfolgt dabei durch die Gefangenen und wird nicht aktiv von der Soligruppe gesucht. »Wir schreiben keine Gefangenen an, die Idee soll ja von ihnen kommen: ›Ich hab Bock mich zu organisieren‹. Andere haben uns gefragt, ob wir nicht Gefangene anschreiben können, um sie zu motivieren zu kämpfen. Aber das machen wir nicht, weil wir gesagt haben, die Organisierung soll von innen heraus passieren. Das soll nicht angeleiert sein, dann würden wir eine komische Stellvertreter*innenrolle einnehmen und es würden sich auch Hierarchien aufbauen, was wir gar nicht wollen. Das heißt, die schreiben uns an. Im ersten Brief steht dann meist, ›Hey, ich habe Bock und würde gerne was machen, habt ihr Ideen wie?‹ Dann antworten wir darauf und versuchen schon ein paar Ideen zu geben, wie Kämpfe hinter Gittern geführt werden könnten. Gleichzeitig machen wir auf die Gefahren aufmerksam, weil im Knast meist sehr viel repressiver geantwortet wird, als draußen. Der Kontakt hält sich dann postalisch.« (Martina[162])

Während die meisten Gruppen zuerst versuchen einen Draht zu den Leuten herzustellen, geht Basta beim ersten Gespräch bereits weiter. Die Gespräche erfolgen meist im Anschluss an die HartzIV-Beratung, wodurch die erste Kontaktaufnahme bereits erleichtert ist, da die Menschen mit konkreten Anliegen bei der Gruppe vorbeikommen.

»Der Erstkontakt ist erstmal so, dass wir die Kontakte in der Beratung aufnehmen und die Leute informieren, was dieses größere Projekt Basta eigentlich ist. Was wir machen, um dann zu gucken, wo gibt es Anknüpfungspunkte bei den Leuten? Also wo können sie sich vorstellen, sich einzubringen, sei es bei Aktionsplanungen oder bei Übersetzungen von Infomaterial. Übersetzungen sind wichtig, diese können zum Beispiel bei einer Begleitung gebraucht werden. Es wird aber auch aufgenommen, wenn die Leute künstlerisch unterwegs sind oder zum Beispiel kochen wollen, was wir einmal pro Woche, jeden Mittwoch, machen. Oder zum Beispiel, wenn die Leute handwerklich begabt sind und jemand kommt zu uns und sagt, hier ich brauch mal Hilfe, ich brauch mal jemanden der was repariert. Wir nehmen alle diese Infos auf. Also was kann ich gut oder was sind besondere Fähigkeiten, Fertigkeiten, die ich habe. Daneben fragen wir, wo wollt ihr euch mit einbringen: Beratung, Begleitung, Aktionen oder Erwerbslosenschule?« (Torte[163])

162 Soligruppe Berlin der Gefangenen-Gewerkschaft

163 Basta Erwerbsloseninitiative

Wenn die Kontaktaufnahme nicht über ein bereitgestelltes Angebot erfolgt, bedeutet es zu den Menschen zu gehen und dort eine intensive Beziehungsarbeit zu leisten, wenn diese zum Erfolg führen soll. Dazu Christian vom Workers Center München: »Wir haben tolle kraftvolle und schöne Demos gemacht, das hat aber auch bedeutet, dass wir über Wochen jeden Tag an die Kreuzung gingen, mit den Leuten redeten, in die Wohnheime gingen. Flyer machten, sagten: ›Hey lass uns das machen.‹ Wenn wir nur gesagt haben, wir treffen uns da und da, dann war es meist so, dass niemand gekommen ist.«

Ähnlich liest sich dies bei der Rothen Ecke:

»Es gibt Menschen in unserer Gruppe, die sind den ganzen Tag im Stadtteil und reden mit den Leuten. Darüber läuft viel. Ich denke, wir haben eine nicht genau zu beziffernde Zahl von Menschen, die gut über uns reden und erzählen was wir tun. In Phasen, auch mal zwei Monate regelmäßig, stecken wir Flyer in die Briefkästen, gehen an die Haustüren oder lassen uns im Stadtteil ganz breit sehen, wo wir sonst nicht so präsent sind. Das bedeutet in Straßen gehen, die man sonst nicht betritt. Die Mischung macht es halt. Ich glaube es macht auch keinen Sinn, das dauernd zu tun, weil das zu viel Kraft kostet. Aber immer wieder in Wellen, wenn man merkt: ›Ok es kommen gerade keine Neuen, sondern es bleiben immer die Gleichen‹, dann wieder zu sagen: ›Ok, jetzt müssen wir wieder einen Schlag machen‹. Wir müssen wieder mehr werden. Danach wieder stabilisieren – dann wieder mehr werden. Das habe ich zumindest immer so auf dem Schirm.« (Michael)

»Hausbesuche haben wir letztes Jahr tatsächlich wieder mehr gemacht, aber es waren vielleicht so 200 bis 300 Haustüren. Was dagegen besser werden könnte ist, wenn Leute in die Rothe Ecke reinkommen oder sie draußen stehen und man sie anspricht. Wir tragen sie dann schon immer in den Newsletter ein. Aber oft ist es beim Newsletter geblieben, denn es ist nicht so, dass wir die nochmal extra kontaktieren.« (Violetta[164])

Neben dem persönlichen Kontakt wurde von der Rothen Ecke auch das Einwerfen von Flyern beschrieben. Ein Vorgehen, das auch die Schwarz-roten Bergsteiger*innen beschreiben. Allerdings unterscheidet sich der Ablauf sich von einer Stadtgruppe durch die dünne Besiedlung und es wird schwieriger die Menschen zu erreichen: »Wenn wir durch die Dörfer wandern machen wir manchmal Flugblatteinwurfsachen, wo

164 Rothe Ecke Kassel

wir sagen, ›Hier wir sind von der FAU, schreibt uns doch einfach mal‹ und Leute haben uns daraufhin auch schon geschrieben. Und wir haben eine anarchistische Demo durch Dörfer organisiert, haben Leute kennengelernt [...] und sind in Diskussionen gekommen. Es ist gut, wenn man redet. Es hat ja auch funktioniert, um sich präsent zu machen.« (Alice und Maik[165])

Ein wichtiges Element, was von einigen Gruppen auch praktiziert wird und sich in den meisten Beschreibungen US-amerikanischen Organizings findet, ist die Aufnahme der Telefonnummer. Eine Praxis, die bei Basta zu Beginn nicht unumstritten war, mittlerweile aber im zuvor beschriebenen Rahmen im Anschluss an die Beratung gemacht wird[166]. Auch sammeln die Menschen aus der Rothen Ecke und vom Workers Center München regelmäßig Telefonnummern: »Ich hab von vielen Leuten die Telefonnummern, da man die eh für die individuellen Sachen austauscht. Hinzu kommt das mit den Telefonlisten, vor allem wenn wir ein Treffen machen und es konkret darum geht, was muss gemacht werden, was können wir machen. Meist beim Start oder der Ideensammlung für eine Kampagne. Dann geht immer ein Zettel rum und wer dabeibleiben will, soll seine Telefonnummer drauf schreiben.« (Christian[167])

Den umgedrehten Weg geht die Soligruppe Berlin der Gefangenen-Gewerkschaft, die auf ihrer Homepage Telefonnummern hinterlegt hat, die von Angehörigen genutzt werden können (Martina[168]).

Für viele Menschen in politischen Projekten erscheint das Abtelefonieren von Kontaktlisten gewiss ungewohnt und weckt eher Assoziationen an Call Center. Wir wollen daher kurz darstellen, wie am Beispiel von Basta eine solche Telefonaktion ablaufen kann:

> »Der Telefonkontakt ist eher unregelmäßig, da gibt es meiner Meinung nach noch Entwicklungsbedarf. Zur Vorbereitung haben wir eine Arbeitsgruppe ›Kommunikation‹, die Telefonleitfäden erstellt. Diese dienen uns zur Orientierung, um im Blick zu behalten, worüber wir reden wollen, und um neuen Leuten einen einfachen Überblick über den Ablauf des Telefonats an die Hand zu geben. Im Grunde haben wir für jede [Telefon]aktion einen neuen Leitfaden. So ist dieser zum Beispiel zugeschnitten auf eine kommende Aktion, die Planung der Erwerbslosenschule oder wie beim letzten Mal auch ganz allgemein zu dem, was wir generell planen, also um unser ganzes Ange-

---

165 Schwarz-rote Bergsteiger*innen

166 Basta Erwerbsloseninitiative

167 Workers Center München

168 Soligruppe Berlin der Gefangenen-Gewerkschaft

bot vorzustellen. Ich persönlich hab schon oft Telefonaktionen mitgemacht. Das ist dann so, dass wir eine Liste an Telefonkontakten haben, meist nach Sprachen aufgeteilt und dann versuchen wir an zwei, drei Tagen in der Woche die Leute anzurufen. Viele Leute gehen nicht ran oder gehen ran und haben keine Zeit, dann fragen wir sie, ob wir zurückrufen können. Zudem hast du in der Liste stehen, wofür interessiert sich die Person. Ich versuche dann zu schauen, wo die Anknüpfungspunkte zu den geplanten Aktionen sind, auch um sie nicht direkt mit dem ganzen Programm zu erschlagen. Wichtig ist, dass ein Gespräch entsteht, und dass sie zu Wort kommen. Es ist wichtig zu hören, wie die Lebenssituation gerade ist, wie viel Zeit sie überhaupt haben sich einzubringen, gibt es vielleicht Probleme, die wir zum Beispiel in der Beratung lösen könnten? Insgesamt sind die Gespräche, wenn wir die Leute denn erreichen, super angenehm.« (Torte)

Auch wenn das Telefonieren als positiv beschrieben wird, setzt es einen recht hohen logistischen Aufwand voraus und doch haben einige der von uns interviewten Gruppen das Telefonieren fest in ihre Praxis integriert[169]. Es soll hier allerdings nicht der Eindruck eines Patentrezeptes erweckt werden, gerade der beschriebene Aufwand steht dem eindeutig entgegen. Es erscheint nur beachtlich, dass dies zum Teil von Gruppen wie selbstverständlich praktiziert wird, es aber in der Öffentlichkeit kaum wahrgenommen wird und gerade in linken Zusammenhängen teilweise Verwunderung auslöst, dass die Telefonnummern von Menschen aufgenommen werden. (Torte[170])

Ansprache – Kontakt halten

Nachdem der erste Kontakt hergestellt ist, geht es natürlich darum, wie dieser regelmäßig und konstant gehalten werden kann. Bei der Soligruppe Berlin der Gefangenen-Gewerkschaft kommt dabei der Zeitschrift *Outbreak* und natürlich dem schon oft beschriebenen Briefwechsel eine wichtige Rolle zu: »Was ganz cool ist und meist gut funktioniert, ist in den zweiten Brief ein Antrag, Infobroschüre, die *Outbreak* oder sowas mit beizulegen. Es gibt dann direkt gebündelte Informationen dazu, was die Gefangenen-Gewerkschaft macht, was wir machen, warum wir was machen und wo auch schon ein bisschen drinsteht, wie du mit uns weitermachen kannst usw.« (Laura)

169 »Die Telefonliste ist ein ganz wichtiges Tool.« (Lisa, Workers Center München)

170 Basta Erwerbsloseninitiative

»Bei der *Outbreak* war eigentlich unser Anspruch, dass da nur Texte von Gefangenen drin sind, was sich aber als schwierig erweist. Deshalb sind da auch Texte von den Soligruppen drin, in denen es aber nur darum geht, was die Gefangenen gemacht haben, was drinnen passiert. Eigentlich ist das eine Zeitung für die Menschen drinnen. Aber draußen können Leute ebenso was damit anfangen, denn hier ist alles gebündelt zu finden, was die Gefangenen und die Soligruppen im vergangenen Jahr so gemacht haben.« (Martina)

Eventuell ist bereits aufgefallen, dass der Rote Stern in den vorangegangenen Beschreibungen nicht weiter auftaucht, was daran liegt, dass die Frage der Kontaktaufnahme und des Kontakthaltens für den Roten Stern keine herausragende Rolle spielt. Er ist mittlerweile so tief in den Alltag der Menschen eingedrungen, dass sich die Frage aktuell nicht stellt: »Ich könnte jetzt brutal sein und sagen: Es ist ja eine Art von Gewohnheit, das klingt allerdings sehr unromantisch. Aber na klar ist es das gewohnte Umfeld. Kiez ist ja auch nicht gerade progressiv, das klingt auch irgendwie nach Mief. Man könnte es ja so betrachten: Du gehst um die Ecke, gerade in Connewitz – ist ja so ein großes Dorf – du gehst in die *Frau Krause*[171] und es ist dort wie immer. In so einem Kontext kann man den Roten Stern verorten, man hat dort die sozialen Netzwerke, die Freunde mit denen man früher politisch und im Sport unterwegs war und es ist immer noch derselbe Haufen. Man kann daher wirklich sagen, es ist für viele ganz schnöde Gewohnheit, aber auch eine gewisse Selbstzufriedenheit, dass man sieht: Was als fixer Gedanke mal angefangen hat, hat so eine Breitenwirksamkeit entwickelt.« (Adam[172]) Dies widerspricht deutlich dem Vorgehen bei dezidierten Organizingprojekten. Allerdings erscheint es wichtig, das mit aufzuführen. Da der Rote Stern mit der Verankerung im Alltag etwas geschaffen hat, was in seiner Bedeutung nicht zu unterschätzten ist und aus den gemachten Erfahrungen sogleich gelernt werden kann. Adam betont, dass in den zurückliegenden Jahren der Wissenstrans-

171 Die Szene-Kneipe *Frau Krause* wurde von der Leipziger Volkszeitung mal als »Epizentrum des sozialen Lebens im Süden der Messestadt« bezeichnet. 2015 wurde sogar im Stadtrat mehr oder weniger ernsthaft darüber beraten, eine Straße unter dem Namen *Frau Krause ihre Straße* nach der Wirtin zu benennen. (Leipziger Volkszeitung (2015): *Verwaltung senkt den Daumen: Keine Straße für Frau Krause in Leipzig.* In: https://www.lvz.de/Leipzig/Lokales/Verwaltung-senkt-den-Daumen-Keine-Strasse-fuer-Frau-Krause-in-Leipzig).

172 Roter Stern Leipzig

fer hintangestellt werden musste, gerade auch aufgrund des beispiellosen Wachstums, das die Kräfte band.

»Da ist noch mehr zu machen und zu unternehmen, da wir diese Aufgabe [Wissenstransfer] in den letzten Jahren zu wenig erfüllt haben. Wir haben auch stark aus der Substanz heraus gelebt. Soll jetzt nicht entschuldigend wirken, da man verstehen sollte, dass dieses schiere Wachstum und die schiere Notwendigkeit organisatorischer Aufgaben viele Kräfte gebunden haben.«

Aber auch Gruppen, die sich bewusst für einen Organizingprozess entschieden haben, fällt es auf lange Sicht schwer, diesen kontinuierlich aufrecht zu erhalten: »Es gibt immer die Spannung zwischen Organisierend und Aktivismus – da hab ich manchmal selber den Impuls: Zu dem Thema muss man jetzt sofort was machen und dann merke ich, wo war da eigentlich das organisierende Element oder wo hat man jetzt Leute mitgenommen oder das so gestaltet, dass dann andere Leute das tragen und nicht man selber. Da gibt es immer die Spannung von ›in die Breite‹ oder ›in die Tiefe gehen‹. Mit denen man sich organisiert verbringt man ja viel Zeit und gleichzeitig muss man immer wieder gucken, dass man sich nach Außen wendet und wieder im Stadtteil oder sonst wo präsent ist.« (Michael[173])

Abgesehen vom Roten Stern Leipzig haben alle von uns interviewten Gruppen verschiedene Möglichkeiten benannt, die sie anwenden, um mit den Menschen einen regelmäßigen Kontakt aufrecht zu erhalten. In den verschiedenen Interviews wurde deutlich, dass es nicht die eine Art der Kontaktaufnahme gibt, sondern gerade eine Vielzahl erprobt werden muss. Aufgrund der vielfältigen Kontaktmöglichkeiten, kann dies mitunter verwirrend sein oder zu Schwierigkeiten führen: »Am Anfang haben wir das mit dem Abtelefonieren konsequenter gemacht und zudem SMS-Erinnerungen verschickt. Das ist im Moment ein bisschen zu viel. Dennoch haben wir uns beim Vereinstreffen vorgenommen, das mal wieder zu machen. Es bleibt aber ein Fragezeichen, was in Bezug auf Datenschutz da richtig ist und was wir tun können. Daneben spielen Mund zu Mund Informationen, also das persönliche Ansprechen der Leute, eine wichtige Rolle. Gerade bei der Nahverkehrsinitiative haben wir das öfters gemacht. Wir haben uns dann aufgeteilt, wer wen anspricht für eine Aktion. Über E-Mail erreicht man halt keinen mehr. Wir haben noch einen Newsletter,

173 Rothe Ecke Kassel

aber auch eine WhatsApp Gruppe. Allerdings hat nicht jede*r WhatsApp oder E-Mail. Jetzt neu haben wir einen Telegram Broadcast, aber auch das hat nicht jede*r. Dann haben wir Facebook und auch hier wieder, das hat nicht jede*r. Im Moment würde ich sagen, viel absprechen wer welche Leute anspricht, also viel Mund zu Mund Infos. Einfach eine E-Mail rausschicken funktioniert nicht.« (Violetta[174])

Ansprache – Was ist zu beachten

Trotz der Vielzahl der Kontaktmöglichkeiten wurde ein Aspekt von allen Gruppen geteilt, die Wichtigkeit des ›Vor-Ort-verfügbar-Seins‹[175]. Sei es durch die beschriebenen Gespräche im Stadtteil, der wöchentlichen Beratung bei Basta, einem regelmäßigen Vernetzungsbrunch bei den Schwarz-roten Bergsteiger*innen oder den direkten Einladungen in München: »Früher sind wir da [Tagelöhner*innenmarkt] einfach vorbei und haben gefragt, wollt ihr mit reinkommen, wir machen auf.« (Christian[176]) Michael von der Rothen Ecke Kassel bemerkt zudem, wie wichtig ihm eine wöchentliche Erreichbarkeit erscheint: »Das ist eine neue Erfahrung für mich in den letzten Jahren. Dieses wöchentliche ist der Maßstab, nicht zweiwöchentlich, nicht dreiwöchentlich. Die meisten Leute führen keinen politischen Arbeitskalender, aber wöchentlich kann sich jeder merken und ich denke davon hängt viel ab.« Ebenfalls als zentral, neben dem ›Vor-Ort-Sein‹, wird von den Gruppen im Kontakt mit den Menschen das Zuhören benannt. Die daraus resultierenden Schwierigkeiten und der Umgang damit werden von Alice und Dimis folgendermaßen beschrieben: »Es ist wichtig mit den Leuten zu reden und nicht gleich beim ersten Satz, der einem nicht passt, nicht mehr zu zuhören. Denn die meisten Leute haben was Spannendes zu erzählen, was auch aus linker Perspektive interessant ist. Diese Gespräche einfach mal zu führen ist gut.« (Dimis[177])

»Manchmal fällt das total schwer, den eigenen Beißreflex auszuschalten und erst mal zuzuhören, um dann ruhig zu argumentieren, warum das totale Scheiße ist, was die Person da gerade von sich gegeben hat. Mir

174 Rothe Ecke Kassel

175 Die Soligruppe Berlin der Gefangenen-Gewerkschaft ist von dieser Aufzählung logischerweise ausgenommen. Dennoch muss erwähnt werden, dass die Aktiven regelmäßig Besuche in den Gefängnissen durchführen.

176 Workers Center München

177 Schwarz-rote Bergsteiger*innen

fällt das schwer, da ruhig zu bleiben, aber ich betrachte das immer auch als Schule für mich selbst, sachlich auf mein Gegenüber einzugehen.« (Alice[178])

Aus den Interviews ergibt sich der Begriff des sich ›Zurücknehmens‹, was für die Gruppen bedeutet, die Menschen nicht von Beginn an mit den eigenen Ideen und politischen Vorstellungen zu überschütten. Auf der anderen Seite wird aber gleichfalls immer betont, ehrlich im Umgang zu sein und nicht die eigenen politischen Vorstellungen zu verstecken. Es ist zwangsläufig eine Gratwanderung, die von der Soligruppe Berlin der Gefangenen-Gewerkschaft wie folgt beschrieben wird: »Das mache ich etwas vom Gefühl abhängig. Den Anti-Knast-Flyer schicken wir jetzt nicht beim ersten Brief mit, sondern irgendwann später. Wir haben das zum Beispiel einmal bei einem Gefangenen gemacht, der irgendwann anfing seine Briefe mit ›Solidarische Grüße‹ zu beenden. Als er sowas geschrieben hat, habe ich ihm den Anti-Knast-Flyer reingeschickt. Er meinte ›Voll cool, ich habe ihn überall im Knast verteilt und die Wärter kotzt das grad so an‹. Das hätte ich beim ersten Brief nicht gemacht, weil ich denke, es geht darum zu schreiben, wie die Situation ist und sich darüber erst einmal auszutauschen. Da muss ich nicht gleich unsere Haltung reindrücken.« (Martina)

»Das kann ja auch als Druck empfunden werden, irgendwie ›linksradikal‹ schreiben zu müssen.« (Laura[179])

Dazu passend beschreibt Torte seine Sicht auf die Beratung bei Basta, wo es neben der Organisierung in erster Linie darum geht, den Menschen den Rücken frei zu halten, was zwangsläufig heißt, ihren Bedürfnissen einen breiten Raum einzuräumen: »Also ich will die Leute nicht ansprechen zu dem was wir machen, wo sie sich einbringen können, wenn sie gerade noch vollkommen genervt sind. Wichtig ist erst mal irgendwie zur Ruhe kommen und den Stress loszuwerden.«

Welchen Stellenwert die Ansprache und der Kontakt zu neuen Menschen einnehmen, hat sich in den Interviews immer wieder dadurch gezeigt, dass die Gruppen in den verschiedenen Abschnitten der Interviews stark die eigene Außenwirkung reflektieren. Sei es, wie bereits aufgezeigt, ihre eigenen Ansprüche den Menschen nicht unvermittelt aufzudrängen oder

178 ebd.

179 Soligruppe Berlin der Gefangenen-Gewerkschaft

nicht zu fordernd in die Gespräche zu gehen. Wichtig erscheint hierbei der Hinweis, dass diese Art der Gespräche nicht als Taktik verstanden werden. So wurde immer wieder betont, wie sehr die Interviewten auch bereit sind von den Menschen zu lernen und es nicht darum geht, ihnen möglichst geschmeidig eine Ideologie zu verkaufen. Dafür ist es natürlich notwendig, sich auf sein Gegenüber einzustellen und nicht mit einem bestimmten ritualisiertem Auftreten zu verschrecken, ohne dabei die eigenen Inhalte zu verleugnen. Deutlich wird dies bei den Überlegungen, welche die Schwarz-roten Bergsteiger*innen im Rahmen einer Demonstration in einer sächsischen Kleinstadt anstellten: »Wir müssen dafür unser Auftreten überdenken. Die Demo in Struppen zum Beispiel, da haben wir uns vorher abgesprochen, dass wir keine Sprechchöre rufen, sondern eher ein paar Lieder singen. Es war uns wichtig, den Leuten nicht einen schrägen Eindruck zu vermitteln. So nach dem Motto: ›Was sind das für Leute, die schreien hier rum, was wollen die eigentlich?‹ Uns war ein Auftreten wichtig, mit dem Leute was anfangen können. Eben nicht die Botschaft zu ändern, sondern nur ein anderes Auftreten zu wählen.« (Maik)

»Und wir weisen immer wieder daraufhin, dass komplett in schwarz anreisen und auftreten eher kontraproduktiv ist, weil du dich hier damit einfach rausstellst.« (Alice[180])

Doch nicht nur das Auftreten wird als teilweise problematisch beschrieben, auch eine strukturelle sprachliche Barriere kann eine Organisierung erschweren, wie es das Workers Center München beschreibt. So sind sie darauf angewiesen, dass immer mindestens eine Person aus der Gruppe die türkische Sprachmittlung übernimmt, bevor überhaupt die Menschen angerufen werden können. Hierbei entstehen zwangsläufig Hierarchien, die kritisch betrachtet werden, aber auch nicht einfach aufzulösen sind. Aufgrund der bereits beschriebenen Belastung ergeben sich gerade in Bezug auf die Kontaktaufnahme Defizite. So wird bei Basta kritisiert, dass die Kontaktaufnahme oft zu aktionsspezifisch und zu unregelmäßig ist. Auch wurde angedacht, aber aufgrund der fehlenden Ressourcen bislang nicht umgesetzt, eine Art Vollversammlung für alle in das Projekt Basta Involvierten zu organisieren. Doch selbst wenn es immer wieder gelingt die Menschen regelmäßig anzusprechen, sich auf sie einzustellen und ein Vertrauensverhältnis herzustellen, ist dies keine Garantie für ein ›dabei bleiben‹. Diese Erfahrungen des ›fern bleibens‹ machen

180 Schwarz-rote Bergsteiger*innen

alle Gruppen. Auch müssen die in den Gruppen arbeitenden Menschen mit diesen Rückschlägen einen Umgang finden.

»Es sind ja in den fünf Jahren viele gewesen, die kurzzeitig in der Rothen Ecke involviert waren. Zum Beispiel erinnere ich mich noch sehr gut daran, dass wir gerade in der Anfangsphase mit mehreren Leuten zu tun hatten, die uns super halfen, in der Ecke den Raum oder die Technik zu machen, Sachen zu klären und neue Leute mitgebracht haben. Die wollten dann aber aus diesem Stadtteil weg. Die wären total gut gewesen von ihren persönlichen Anlagen her, um Organizer*in zu werden. In solchen Situationen hatte ich immer das Gefühl, uns fehlt die Überzeugungskraft. Aber am Ende denk ich, es ist ja eine Entscheidung, die auf totaler Freiwilligkeit beruht, das geht gar nicht anders und hat wenig mit Überzeugung zu tun. Ich würde gerne mehr darüber reden, wie es läuft und was gut funktioniert. Weil das ist ja jenseits von Ausbildung, das hat ja nichts mit Vermittlung von Fähigkeiten zu tun, das kannst du damit nicht ausgleichen.« (Michael[181])

All diese Erfahrungen werden zugleich mit den positiven Erfahrungen ausgeglichen, von denen alle Interviewten berichten, besonders im Kontext des regelmäßigen Kontakts. Wobei die Regelmäßigkeit nicht hoch genug bewertet werden kann. Stellt sich schließlich ein Vertrauensverhältnis heraus, wirkt dies auf alle Beteiligten ungemein motivierend: »Und wir alle merken einfach auch, dass wir absolut auf Augenhöhe sind. Wir schreiben nicht auf hochtrabender Ebene oder siezen, sondern wir schreiben wie wir sprechen und durch diesen lockeren Umgang miteinander, ist vieles schnell klar. Die haben Vertrauen. Ich meine, die haben ja nur ganz selten unsere Gesichter gesehen. Und trotzdem erzählen sie dir krasse Sachen.« (Martina[182])

Denn was am Ende von Organisierungsprozessen steht sind nicht nur wachsende Gruppen, die durch ihre Breite und Diversität eine ganz andere politische Durchschlagskraft entfalten können, es sind auch Freund*innenschaften und Verbindungen, die weit über ein Plenum oder eine gemeinsame Kampagne hinausreichen. »Viele von den Leuten, die ins Workers Center kommen, kommen aus einer bestimmten Stadt, Pazardzhik in Bulgarien. Lustig ist, wenn ich dorthin fahre, dann kenne ich viele auf der Straße und viele erkennen mich.« (Christian)

181 Rothe Ecke Kassel

182 Soligruppe Berlin der Gefangenen-Gewerkschaft

4.4 Linke Szene: schwierig, aber unverzichtbar

> »Wir können gar keine linksradikale Antifagruppe sein, wie soll denn das funktionieren? Im Übrigen gibt es ja hoffentlich ganz viele linksradikale Antifagruppen, die das alles perfekt können.«
> (Adam, Roter Stern Leipzig)

Das Verhältnis zur linken Szene wird von den Gruppen sehr unterschiedlich beschrieben. Aufgrund der anderen Herangehensweise an politische Organisierungs- und Arbeitsformen erfahren die Gruppen immer wieder Kritik. Diese Kritik aus der linken Szene heraus ist dabei verschieden: Während der Rote Stern Leipzig als »gesetzter Verein« (Adam) wahrgenommen wird und die Kritik bis hin zu, »Antifaschismus und Linksradikalismus spielen angeblich keine große Rolle mehr« (Adam) reicht, ist die Soligruppe Berlin der Gefangenen-Gewerkschaft immer wieder mit dem Vorwurf konfrontiert, »reformistische Ziele« (Martina) zu verfolgen: »Wir werden auf jeden Fall kritischer betrachtet. […] Wir müssen immer wieder erklären, ›ja das sind reformistische Ziele, aber wir sind auch eine Antiknastgruppe und wir versuchen step by step zu größeren Zielen zu kommen‹. Das verstehen dann auch viele.« (Martina) Das Workers Center München wird dahingehend kritisiert, dass ihre Beratungsarbeit eigentlich in der Verantwortung des Staates liegt und sie somit staatliche Aufgabe übernehmen oder sie zudem eher individuelle, statt strukturelle Probleme bearbeiten.

Und die Schwarz-roten Bergsteiger*innen müssen immer mal wieder Vorurteile gegenüber dem ländlichen Raum ausräumen: »Gerade wenn die Leute aus dem Raum Berlin kommen, werden die Verhältnisse nicht so realistisch eingeschätzt. So von wegen, ›man kann gar nicht auf die Straße gehen ohne sofort zusammengeschlagen zu werden‹.« (Basti) »[Manche sagen auch,] dass wir total bescheuert sind, dass wir hierherziehen wollen.« (Alice)

Aber auch die Gruppen selbst äußern unterschiedliche Kritik an der linken Szene. Die Szene wird in ihren Diskussionen als (a) zu elitär beschrieben, zudem gibt es (b) zu wenige Anknüpfungsversuche an alltägliche Lebensrealitäten und (c) eine konsequente inhaltliche Positionierung und

Unterstützung[183] durch die Szene wird an einigen Stellen vermisst. Eine besondere Rolle spielt aber vor allem (d) die ›linke Szene-Blase‹.

(a) Adam[184] beschreibt beispielsweise das Diskussionsniveau und die Wissensvoraussetzungen in linken Gruppen als wenig zugänglich: »Antifagruppen, politische Gruppen, die fangen irgendwann mal ganz einfach an. Und über die Zeit haben sie dann auf halber Strecke das kommunistische Manifest gelesen und am Ende dann Adorno und Horkheimer und das Kapital. Jeder der frisch dazu kommt hat ja noch gar nicht Adorno gelesen und ist beim Kapital auf der dritten Seite eingeschlafen. Da einzusteigen ist ganz, ganz schwierig. [...] Man verpuppt sich dann halt mit seinesgleichen, hat dann so seine Insel und da ist alles schön.«

(b) Der sehr voraussetzungsvolle Anspruch an Wissen und die teilweise elitäre Diskussionskultur, welcher eine »bestimmte Arroganz der linken Szene« (Violetta[185]) innewohnt, führt zu einem weiteren Kritikpunkt: Das fehlende Eingehen auf Alltagsrealitäten und -probleme und der damit verbundenen mangelnden Anschlussfähigkeit für Menschen außerhalb der linken Szene. »Das ist ja das, was der Szene fehlt. Dieses ganze Feld zu Lebensrealitäten von Menschen und die Szene beschäftigt sich damit überhaupt nicht. [...] Zum Beispiel verlieren viele ihre Lohnarbeit und wissen nicht was sie nun machen können. Da anzuknüpfen: Erwerbslosenberatung bzw. Erwerbsvollenberatung – oder wie auch immer man das nennen kann. Es braucht Strukturen, die dich emotional, finanziell, aber auch juristisch und politisch in deinem Alltagsleben auffangen können.« (Martina[186])

Beschrieben wird zudem, dass alltägliche Kämpfe durch andere linke Gruppen als zu kleinteilig abgewertet werden: »Bei den ersten Nahverkehrsdemos waren auch Linke dabei. Aber man hat immer so eine gewisse Arroganz gespürt. So von wegen, ›warum arbeitet ihr an so einem kleinen Thema, wenn es doch eigentlich um den Kapitalismus geht?‹ Natürlich geht es um den Kapitalismus, aber ohne die kleinen Themen ist doch

183 »Ich finde das geht bei antifaschistischen Kämpfen besser, viel besser, weil die viel mehr anerkannt sind, als das was wir machen. Wir würden uns daher über mehr Unterstützung freuen.« (Laura, Soligruppe Berlin der Gefangenen-Gewerkschaft)

184 Roter Stern Leipzig

185 Rothe Ecke Kassel

186 Soligruppe Berlin der Gefangenen-Gewerkschaft

keine Brücke da. Und mir fehlt auch ein bisschen mehr Demut vor dem Alltag von ganz ›normalen‹ Leuten.« (Violetta[187])

(c) Ein weiterer kritisierter Aspekt ist eine wahrgenommene Diskrepanz zwischen inhaltlichen Schlagworten und realen Positionierungen. Besonders die Soligruppe Berlin führt immer wieder Gespräche über ein umfassendes Antiknastverständnis: »Das ist ganz spannend, weil du ja eigentlich mit Zecken redest, die eigentlich wissen, dass in dieser Gesellschaft das Kapital der größte Wert ist. Und doch wundern sie sich dann, wenn wir erzählen, dass der Großteil der Gefangenen wegen Kapitaldelikten sitzt und nicht alles nur Mörder sind, die in den Knästen sitzen.« (Martina) »Und dann merken wir auch immer wieder in Gesprächen, dass ein bestimmter Teil der Szene Knast und Repression doch als mögliche Lösung sehen, aber ein angebliches radikales linkes Selbstverständnis, was nur bestimmte Leute wegsperren will, ist kein Antiknastverständnis und auch nicht herrschaftsfeindlich.« (Laura)

Andere Gruppen beschreiben ebenfalls, dass sie eine gewisse Neigung der linken Szene zur Selbstverstetigung, allerdings ohne echte Selbstkritik beobachten. So landen manche Gruppen immer wieder bei klassischer Kampagnenarbeit, ohne das revolutionäre Ziel ernsthaft zu verfolgen (Michael[188]). Und für andere bedeutet Politik einfach nur »einmal die Woche plenieren« (Martina[189]). Die Frage nach Wirkung und Erfolg der eigenen politischen Arbeit wird teilweise nicht mehr gestellt. Das Wissen um die eigenen politischen Standards reicht aus, um sich als emanzipatorisch wahrzunehmen. Dies führt auch dazu, dass eine reale Selbstkritik nur teilweise eingefordert wird: »Ein Kritikpunkt ist auch die Praxis gegen Diskriminierung und Rassismus. Wir haben uns immer gegen Diskriminierung und Rassismus ausgesprochen. Aber wenn wir uns dann mal angucken, was wir so vor fünf bis sechs Jahren für ein Verein waren, waren wir weiß und deutsch. [...] Das war eher so eine ideelle Sache – die Haltung gehörte einfach zur linken Szene dazu. Aber man wurde gar nicht in die Verantwortung genommen oder vor die Aufgabe gestellt, konkret integrativ zu arbeiten, zu leben und zu wirken. Es reichte schon voll und

187 Rothe Ecke Kassel

188 ebd.

189 Soligruppe Berlin der Gefangenen-Gewerkschaft

ganz, dass man sich in der Gruppe selbst vergewissern konnte, dass alle auf der Seite der Guten stehen.« (Adam[190])

(d) Eine weitere Motivation und das Interesse für Organizing-Ansätze, die über die eigene Szene hinaus gehen, begründen die Gruppen auch durch ihre Auseinandersetzung mit der eigenen Szene-Blase. »Begeistert war ich von dem Aspekt zur Theorie der Praxis, tatsächlich was machen. Ich war davor in verschiedenen linken Gruppen und Zusammenhängen und fand die ehrlich gesagt nicht so attraktiv. Es ist nervig, wenn man auf Veranstaltungen immer nur die Gleichen sieht, also nicht weil ich was gegen die Leute hab, sondern weil man dann ja nicht Mehr wird. Und auch eine bestimmte Arroganz in der linken Szene, die sagt, was man doch alles machen müsste. Ich finde diese Organizing-Ansätze so geerdet, man begegnet sich auf Augenhöhe. Da ist mehr Realität als in so manch anderen Debatten, die die Welt erklären. […] Wir wollten auch nicht das x-te Kulturzentrum werden.« (Violetta[191]) Ähnlich beschreibt es das Workers Center München: »Gleichzeitig wäre es für mich heute nicht mehr denkbar, in so einer abstrakten Politgruppe zu sein, wo man mal eine Demo macht, mit Fahnen schwenkt und mal einen analytischen Text schreibt, ohne den Kontakt zu den Leuten. Für mich ist das wertvoll, auch wenn es schwierig ist und man oft am Rand der Kapazitäten arbeitet.« (Christian)

Wie bereits zuvor im Bereich der Kontaktaufnahme gesehen, wird die Frage nach der Vermittlung gängiger linker / linksradikaler Aktionsformen, in den Gruppen thematisiert: »Ich glaube es ist sinnvoll, sich ein bisschen mehr Gedanken zu Anschlussfähigkeit zu machen. Es gibt dann gerade auf dem Land immer so Aktionen, wo Zecken dann doch mal hinfahren, eine Demo organisieren und dann alle in schwarz da sind, ein bisschen pöbeln und dann wieder fahren. Man sollte sich auch mal vor einer Aktion Gedanken machen, was eigentlich mein Ziel ist. Das ist eine Sache, die würde ganz gut tun – sich vorher Gedanken machen.« (Maik[192]) »Und dazu gehört auch, Sachen auch mal zu hinterfragen, die als Linke gängig sind. Also mal zu fragen, ob das jetzt nur gemacht wird, weil es üblich ist oder weil es tatsächlich sinnvoll ist – gerade wenn man in einem anderen Kontext unterwegs ist. Zum Beispiel bei einer Demo in

190 Roter Stern Leipzig

191 Rothe Ecke Kassel

192 Schwarz-rote Bergsteiger*innen

Heidenau, da wird dann dieses ganze black-block-Ding aufgefahren. Das ist eine Taktik, die manchmal sinnvoll ist, aber wenn sie mal nicht passt, kann man ja auch mal überlegen, was sonst noch möglich ist.« (Basti[193]) Christian vom Workers Center München stellt außerdem die Vermutung an, dass die Arbeit in der eigenen Blase einfacher sein kann, als in einer Gruppe, die konkrete soziale Kämpfe zum Thema hat: »[...] weil es schon schwierig ist, mit den Belastungen gut umgehen zu lernen. [...] Man lernt ja von Anfang an viele prekäre Lebenslagen direkt kennen.«

Besonders kritisch war Michaels[194] Sicht auf das politische Wirken und Arbeiten innerhalb der linken Szeneblase: »Geredet wurde oft über politische Konzepte, anstatt darüber zu reden, was die politische Praxis ausmacht. Was teilweise auch autonome Politik genannt wurde, war vor allem ein Szene-Innenleben. Organizing hat diese Sicht verändert. Dahingehend die Blase als Problem zu sehen und zerstören zu wollen. Es wird zwar immer wieder gesagt, wir müssen aus der Blase raus, aber ich würde das anders sehen. Aus der Blase raus heißt, die Leute gehen raus, um andere Leute zu organisieren, sie in Kampagnen zu involvieren, [...] aber am Ende, wollte man immer das Subkulturelle behalten und das auch bewusst. Ich wüsste nicht, wo das in der autonomen Bewegung, egal welcher Richtung, je Thema war. Das Subkulturelle zu behalten gehörte immer zum Selbstverständnis der autonomen Bewegung, zumindest von der, die ich kennengelernt habe.«

Zum Ausdruck kommt hier ein Verständnis von politischer Arbeit, die auf Augenhöhe ansetzt und wirkt. Aktivist*innen machen nicht den Schritt raus aus der eigenen Blase, um zu erklären, zu politisieren und zu organisieren, und um sich anschließend wieder zurück in die eigenen Szeneinseln zu verziehen, zu denen die vorher Organisierten dann allerdings keinen Zutritt mehr haben. Diese Sichtweise versteht alle auf einer Ebene, was eine realistischere Grundlage für einen gemeinsamen Kampf ist, als schlichte Parolen und Aufrufe, die bloß davon sprechen, die Unterdrückten und Ausgeschlossenen zu vereinen. Wichtig ist allerdings, dass Szene-Inseln, von denen es viele gibt, nicht verwechselt werden mit Schutzräumen, die in jahrelangen emanzipatorischen Kämpfen eingefordert und geschaffen wurden. Die Forderung nach dem ›Raus aus der Blase‹ bis hin zum ›kaputt machen der Blase‹ erscheint uns sinnvoll und notwendig,

193 ebd.
194 Rothe Ecke Kassel

um anschlussfähig zu sein und breit zu mobilisieren, darf aber nicht dazu führen, dass Schutzräume abgewertet werden oder gar verloren gehen.

Doch trotz dieser Kritik, haben alle Gruppen betont, dass sie Teil der linken Szene sind und haben immer wieder darauf verwiesen, wie sehr linke Projekte, Gruppen und Orte dabei helfen, die eigene Arbeit zu realisieren. Biografisch begleiten die Gruppen die linke Szene unterschiedlich lang[195] und jeweils auch aus verschiedenen Motiven[196] und Gründen.

Nicht selten wurde beschrieben, wie notwendig linke Infrastruktur vor Ort ist, um die eigene Arbeit zu ermöglichen: »Du brauchst natürlich auch die subkulturelle Infrastruktur. Das ist gewiss kein Zufall gewesen, dass wir uns in einem alternativen Jugendzentrum gegründet haben.« (Adam[197]) Ähnlich deutlich formulieren auch die Schwarz-roten Bergsteiger*innen, wie hilfreich linke Infrastruktur vor Ort für die Gruppe ist: »Es bietet sich an, dass hier zu machen. Denn auf einem Landstrich, wo noch nichts ist, würde es noch viel anstrengender sein, als es da zu machen, wo es schon so ein bisschen[198] was gibt. Und hier ist es auch definitiv notwendig.« (Maik)

Neben infrastrukturellen Grundvoraussetzungen sind die Gruppen unter anderem direkt an andere Gruppen angebunden (die Schwarz-roten Bergsteiger*innen als eine AG der FAU) oder insbesondere an Orte, die sie mit nutzen. So hat das Workers Center seine Anfänge in einem selbstverwalteten Kulturzentrum in München-Heidhausen und macht immer wieder Veranstaltungen im autonomen Kulturzentrum *Kafe Marat*. Für Basta ist die Nutzung von linken Räumen, wie dem Infoladen der *Scherer8* oder der *Lunte* in Neukölln unerlässlich, um die eigene Beratungsarbeit überhaupt erst möglich zu machen. Ob die Nutzung linksradikaler Orte

195 Hier exemplarisch Michael (Rothe Ecke Kassel): »Ich bin in dem Alter, wo ich die Linke in ihrer Entwicklung schon seit Jahrzehnten begleite.«

196 Hier exemplarisch Adam (Roter Stern Leipzig): »In den 90er Jahren musste man sich antifaschistisch organisieren, die Polizei anrufen ging nicht – es kam keiner. Oder wenn sie dann mal kamen konnte man es auch fallen lassen, das machte eine ganz andere Notwendigkeit aus.«

197 Roter Stern Leipzig

198 »Es gibt erstaunlich viel linke Infrastruktur hier, wie Pirna. Wenn man bedenkt, wie klein Pirna ist, aber da gibt es das AKUBIZ schon ewig lange, es gibt die AG Asylsuchende, es gibt einen CSD. Das ist der einzige ländliche CSD und den gibt es in der Sächsischen Schweiz. Und das sind coole Dinge.« (Maik, Schwarz-rote Bergsteiger*innen).

abschreckend für mögliche Interessierte sein kann, wurde zumindest aus Tortes[199] Sicht verneint: »Es kam ab und zu mal vor, dass es für Leute ungewohnt sein kann, die eher aus einem bürgerlichen Spektrum kommen, aber Berührungsängste in dem Sinne gab es keine.«

Für die Gruppen ist es wichtig einen Ort zu haben, der als Anlaufpunkt fungiert, bei dem sie aufgesucht werden können und ansprechbar sind. Welche Relevanz solch ein fester Ort hat, zeigt sich auch in dem Wunsch der Schwarz-roten Bergsteiger*innen, ein libertäres Zentrum zu gründen.

Laura von der Soligruppe Berlin der Gefangenen-Gewerkschaft beschrieb aber auch noch einen weiteren Aspekt, warum die Nutzung von linken Räumen sinnvoll sein kann: »Wichtig ist es auch sichere Räume zu finden, wo du dich treffen kannst, wo du keine Sorge haben musst, dass dort Leute sind, die Probleme mit deiner politischen Arbeit und deinen Zielen haben. Orte, von denen du weißt, dass dort Gefährt*innen sind, also wirklich einfach eine klar vernetzte Struktur von der du weißt, dass sie dir jederzeit die Ressourcen bieten kann, die du brauchst, um deine politische Arbeit machen zu können.«

Ein weiterer wichtiger Aspekt ist die Rolle der Vernetzung zu anderen linken Aktivist*innen oder Gruppen[200]. Zum einen ist es sinnvoll, sich mit Gruppen auszutauschen, die im gleichen Themenbereich arbeiten: »Ich würde sagen, dass wir ganz gut vernetzt sind mit anderen Antirepressionsgruppen und hier in Berlin mit Gefangenengruppen. Nicht ganz so gut vernetzt sind wir mit Antifa-Gruppen. Nicht, weil es keine Bezüge gibt, sondern eher, weil die Arbeitsweisen oft nicht zusammenpassen.« (Martina[201])

Zum anderen wird aber auch hervorgehoben, dass die Vernetzung mit Gruppen, die zu einem anderen Thema aktiv sind, hilfreich sein kann, um sich inhaltlich auszutauschen und Kämpfe miteinander in Verbindung zu bringen und zusammen zu denken: »Ich finde das wichtig. Unser Spezialgebiet ist ja das Sozialrecht, SGB II usw., aber wir sind natürlich auch für eine korrekte und solidarische Mietenpolitik. Und zum Beispiel andere

199 Basta Erwerbsloseninitiative

200 »Ich habe das Gefühl, dass wir mega gut vernetzt sind. Allein weil so viele Leute kommen, die hier übernachten. Dadurch haben wir zu so richtig vielen Gruppen Kontakt. Also auch in ganz Deutschland.« (Dimis, Schwarz-rote Bergsteiger*innen)

201 Soligruppe Berlin der Gefangenen-Gewerkschaft

Gruppen arbeiten ja gentrifizierungskritisch, da ist es wichtig sich auch auszutauschen und zu erfahren, wo sind dort gerade Schwerpunkte, usw.. Aber auch um gegenseitige Unterstützung und gegenseitiges Know-How auszutauschen.« (Torte[202]) Gemeinsame und gruppenübergreifende Aktionen hat auch das Workers Center München beschrieben: »Wir haben dann relativ bald einen Wohnungsprotest gemacht im Wohnungsamt mit ein paar anderen antifaschistischen und antirassistischen Gruppen, die uns unterstützt haben.« (Christian[203])

Insgesamt beschreiben die Gruppen, dass sie sich wünschen würden, dass die linke Szene weniger elitär und verschlossen ist, die eigene Szene-Blase hinterfragt und gegebenenfalls sogar aufgelöst wird, um sich auf Augenhöhe mit gesellschaftlich Ausgeschlossenen und Unterdrückten zu organisieren und die politischen Kämpfe auch gemeinsam zu gestalten. Nichtsdestotrotz ist die linke Szene nicht nur biografisch, sondern auch infrastrukturell ein wichtiger Teil für die Gruppen: »Ich denke, es hätte nicht so funktioniert ohne die Strukturen die da seit den 80er Jahren in Leipzig aufgebaut worden sind. Mit den linken Zentren, die es hier gab und gibt. Das hätte vieles sonst viel, viel schwerer gemacht. Man hätte weit weniger Kristallisationspunkte gehabt. Man darf das Subkulturelle – Musik, Konzerte etc. – auf keinen Fall unterschätzen. Das hat zur Gruppenbildung massiv mit beigetragen. Bis hin zu den organisatorischen Nebeneffekten. Ist ja schon ein Unterschied, ob ich mich an einer Bushaltestelle in der Nähe von Neubrandenburg treffe, weil sonst nichts anderes da ist, oder ich in einem etablierten alternativen Jugendzentrum ein- und ausgehen kann, dort zu Konzerten zu gehen und abends auch mal ein oder zwei Bier zu trinken. Und wenn sowas fehlt, dann wird die eigene Arbeit nicht einfacher, wenn man nebenbei noch sowas aufbauen müsste.« (Adam[204])

202 Basta Erwerbsloseninitiative
203 Workers Center München
204 Roter Stern Leipzig

4.5 Antifaschismus!

»Naja, immerhin die Hälfte der Leute hat nicht AfD gewählt. Man muss das ja positiv betrachten. Da hat man dann auch ein gemeinsames Interesse.« (Maik, Schwarz-rote Bergsteiger*innen)

Neonazistische und rechte Aktivitäten sind für die Gruppen in unterschiedlichem Maße von Relevanz. Während beispielsweise für die Soligruppe Berlin der Gefangenen-Gewerkschaft das Thema bei der direkten Arbeit mit den Gefangenen immer mehr an Relevanz gewinnt, sind besonders der Rote Stern Leipzig und die Schwarz-roten Bergsteiger*innen in ihrer Arbeit mit dem Thema konfrontiert: »Und [in der Sächsischen Schweiz] ist es auch definitiv notwendig. Wenn man mal schaut, die Nazis die in Dresden auf der Straße stehen, die leben voll von dem Umland. Also *Pegida* könnte ohne das braune Hinterland nicht funktionieren. Wenn man effektiv was gegen *Pegida* tun will, ist es notwendig das auf dem Land zu tun.« (Maik[205])

Direkte Kontakte mit Neonazis und das damit verbundene Bedrohungspotential wird hingegen unterschiedlich beschrieben. So sind beispielsweise bei öffentlichen Veranstaltungen der Schwarz-roten Bergsteiger*innen meistens Neonazis vor Ort, provozieren, pöbeln und fotografieren die Anwesenden. Die Gruppe versucht dem zu begegnen, indem sie nicht einzeln anreisen und Demos oder andere Veranstaltungen immer anmelden. Zudem wird versucht, das Bedrohungspotential realistisch einzuschätzen und sich in den eigenen Aktivitäten und Bewegungsspielräumen nicht einschränken und lähmen zu lassen: »Wir sind uns schon dessen bewusst, dass immer auch was passieren könnte.« (Dimis) »Aber in unserem Umgang machen wir das relativ einfach und das hat bisher auch immer funktioniert.« (Basti).

Das immer etwas passieren kann, beschreibt auch Adam vom Roten Stern Leipzig: »Also die latente Gefahr angegriffen zu werden war immer da, besonders bei Auswärtsspielen und insbesondere auf dem flachen Land rund um Leipzig.« Wie gefährlich solche Angriffe für den Roten Stern werden können, beschreibt Adam durch zwei konkrete Vorfälle – 2002 in Lützschena und 2009 in Brandis[206]: »Als Brandis dann war,

205 Schwarz-rote Bergsteiger*innen

206 Für weitere Informationen: http://tatortbrandis.blogsport.eu/.

im Jahr 2009, da muss ich zugeben, das hat mich mächtig verstört, weil ich dachte das war schon Vergangenheit. Brandis war die erste Saison wo wir außerhalb der Stadtgrenzen gespielt haben und ich hatte das Gefühl, hier ist es wie in den 90er Jahren[207]. Die Aggressivität, die Militanz, das komplette Versagen der Polizei an dem Tag. Seitdem sind alle unsere Auswärtsspiele Sicherheitsspiele, was bedeutet, dass die Polizei mit dabei ist. Diese Gefahr [der Neonazi-Gewalt] ist weiterhin gegeben und die Notwendigkeit sich antifaschistisch zu organisieren ebenso.«

Die Notwendigkeit antifaschistischer Organisierung zeigt sich nicht nur im Hinblick auf direkte Gewalt- und Bedrohungsszenarien. Das rechte Strukturen, wenn sie gesellschaftlich verankert sind, einen großen Einfluss auf die Handlungsspielräume von linken, emanzipatorischen Projekten haben können, ist keine neue Erkenntnis. Doch gerade in Sachsen zeigt sich mit Blick auf die anstehenden Landtagswahlen, wie schnell die Arbeit von linken Projekten erschwert werden kann: »Ende des Jahres, werden wir uns nochmal angucken in was für einem Leipzig und Sachsen wir dann leben. Und ich denke dann werden hier nochmal ganz andere Fragen beantwortet werden müssen. Nach außen hin ist Leipzig der Rote Stachel in Sachsen. [...] Aber sich drauf auszuruhen, das ist immer eine große Gefahr. [...] Wir brauchen doch nicht denken, dass sobald wir nur die Haare auf die falsche Seite gekämmt haben, die AfD uns nicht aufs Dach steigen wird und das die hier den ganzen Süden am liebsten planieren wollen. Ich will nicht den Teufel an die Wand malen, aber vielleicht können wir dann gar nicht mehr über die blühende Zukunft reden, sondern wirklich wieder nur darum, wie wir unseren Arsch retten.« (Adam[208]) Bereits jetzt interessiert sich die AfD für linke Gruppen und versucht diese zu diffamieren und zu kriminalisieren. So hat die AfD in Sachsen diverse kleine Anfragen im Landtag gestellt, um mehr über linke Organisierung und Gruppenhintergründe zu erfahren: »Naja und irgendwie ist es auch ganz lustig, wenn die AfD so eine Anfrage nach

207 Adam über seine Jugend in den 90er Jahren: »Ich war im Gästeblock, und als dann die St. Pauli Fans mit Bussen nach Hause gefahren sind, sind wir dann quer durch das Waldstraßenviertel nach Hause gejagt worden von den Nazis. Das war dann so unsere Jugend, das gehörte dazu: Ich konnte schnell laufen, war ja auch Leichtathlet. Ich hab das auch sportlich gesehen. Aber das gehörte zu der ganz gepflegten Fußballjugendsozialisation in den 90er Jahren als Teenager im Osten von Deutschland einfach mit dazu. Antifaschismus war schlicht und ergreifend eine Notwendigkeit. Da wurdest du jetzt nicht extra gefragt.«

208 Roter Stern Leipzig

anarchistischen Strukturen stellt und dann steht da Chemnitz, Leipzig, Dresden, Görlitz und Struppen.« (Maik[209])

Während die Berührungspunkte von außen mit rechten Akteuren und Bedrohungen sehr verschieden für die Gruppen sind, beschreiben alle, dass sie keine Kontaktanfragen von extrem Rechten oder Neonazis haben. Wobei die Wahrscheinlichkeit, dass rechte Akteure in den interviewten Gruppen mitarbeiten wollen, selbstverständlich unterschiedlich ist. Interessant sind hierbei vor allem die Gruppen Rothe Ecke Kassel, Soligruppe Berlin der Gefangenen-Gewerkschaft und Basta Erwerbsloseninitiative, da diese Gruppen Themenschwerpunkte haben, die ebenfalls für Neonazis und extrem Rechte relevant sind. Doch insbesondere das eigene Selbstverständnis, eine eindeutige Positionierung, aber auch die Art der politischen Arbeit nannten die Gruppen als Gründe, weshalb Neonazis in den Gruppen nicht auftauchen.

Was alle Gruppen beschreiben, ist eine eindeutige und klare Positionierung: Zum einen, wenn menschenverachtende Äußerungen direkt fallen: »Wenn es so direkt angesprochen wird, dann kann ich da auch bloß sagen, dass diese Einstellung hier nicht geht, ›bitte verlass den Infoladen. Mit dieser Einstellung kann ich dich nicht beraten und werde dich nicht beraten.‹ […] Aber so eine direkte Äußerung ist mir das noch nicht begegnet. Ansonsten würde ich die Leute erst mal beobachten und schauen, wie sie sich verhalten. Einfach das Ohr aufhalten und dann gucken, wo sind Anknüpfungspunkte, wie können wir dir helfen, wie können wir ins Gespräch kommen, was ist denn jetzt dein Problem, oder mit was hast du Probleme? Was sind denn die Sachen, die dich gerade stören in der Gesellschaft? Und dann vielleicht auch mal was umzudrehen, die Leute zu animieren mal die Perspektive zu wechseln. Ich würde die Leute nicht gleich rausschmeißen, Es ist ja klar, dass sie eine Geschichte hinter sich haben.« (Torte[210])

Zudem versuchen die Gruppen in ihrer alltäglichen Arbeit, ohne dass Einzelpersonen menschenverachtende Kommentare geäußert haben, sich klar zu positionieren: »Die Verschiebung des Diskurses – von ›die Probleme der Leute‹, hin zu ›den Leuten als Problem‹ – war schon einschneidend. Das war vielleicht 2013. Das war für uns regional gesehen ein

209 Schwarz-rote Bergsteiger*innen

210 Basta Erwerbslosenberatung

Rechtsruck, der auch einhergegangen ist mit der Debatte um ›Sozialtourismus‹ und der Armutszuwanderung. [...] Wir haben dann versucht den Diskurs in die Öffentlichkeit zu bringen und gegen rechte Diskussionen zu arbeiten.« (Christian[211])

Wie genau eine solche Positionierung aussieht, handhaben die Gruppen sehr unterschiedlich. Auch ist diese immer abhängig von Form oder Art des Kontaktes: Während die Schwarz-roten Bergsteiger*innen beispielsweise in den eigenen Flyern ihren gewerkschaftlichen Background thematisieren, ist dies nicht unbedingt der erste Gesprächseinstieg, wenn ihnen Menschen beim Klettern, Bergsteigen oder Wandern begegnen: »Es kommt drauf an, worum es geht. Wenn wir eine Veranstaltung machen, dann sagen wir, dass wir eine anarcho-syndikalistische Gewerkschaft sind. Aber wenn ich jetzt jemanden beim Klettern treffe, dann ist es nicht das Erste, was ich den Menschen erzähle, ›hier ich bin übrigens Anarchist‹. Es kommt so ein bisschen drauf an, wie die Begegnung stattfindet.« (Basti)

Die Soligruppe Berlin der Gefangenen-Gewerkschaft wiederum verweist auf das eigene Selbstverständnis, welches jegliche Form von Diskriminierung ablehnt und außerdem eine Kapital- und Herrschaftskritik ausformuliert: »Also, wir schreiben jetzt nicht: ›Hallo wir sind übrigens Zecken oder Anarchist*innen‹, aber wir schicken halt unser Selbstverständnis mit und dann wissen die Gefangenen schon Bescheid.« (Martina)

Die Reaktionen auf diese Positionierungen fallen dabei unterschiedlich aus: »Was wir viel thematisieren ist der Rechtsruck und die AfD. Das kommt natürlich so begrenzt gut an.« (Basti[212]) Martina von der Soligruppe Berlin der Gefangenen-Gewerkschaft beschreibt, dass das Verschicken des Selbstverständnisses sowohl eindeutig positive, wie negative Reaktionen ausgelöst hat. Zudem konnten die Soligruppen in Diskussionsprozesse mit den Gefangenen gehen, die wiederum eine intensive Auseinandersetzung mit rechten Einstellungen ermöglichte: »Von rechten Einstellungen lesen wir in den Briefen natürlich auch manchmal, bei uns allerdings tatsächlich wirklich selten. Wenn wir etwas lesen sollten, was unserer Meinung nach in die rechte Richtung geht, schreiben wir denen das auch ganz ehrlich, woraus dann Diskussionsprozesse entstehen. Das sind dann sehr lange Briefe. Wir schreiben ganz ehrlich, warum der

211 Workers Center München

212 Schwarz-rote Bergsteiger*innen

und der Ausdruck jetzt nicht toll war oder wir finden, warum dieses und jenes nicht geht. Ich muss schon sagen, die Diskussionsprozesse mit den Gefangenen sind schon cool. Wobei man auch sagen muss, dass wir die Lebensrealität hinter Gittern auch anerkennen und Gefangene nicht für jedes von uns als rechts definierte Wort vorverurteilen und den Zeigefinger heben. Das wäre irgendwie auch eine komische Position von uns. Es gibt ein Selbstverständnis, was sich ganz klar gegen Diskriminierung ausspricht und die Gefangenen arbeiten darunter. Wenn dann keine allgemeine rechte Einstellung durchsickert, sondern lediglich ein Knast-Jargon, können wir als Soligruppe damit leben. In ein bis zwei Fällen haben wir aber auch schon mal von anderen Soligruppen gehört, dass unter den Gewerkschaftler*innen Faschos dabei sein sollen. Das wussten sie wiederum von anderen Gefangenen. Auch mit denen wurde sich dann auseinandergesetzt mit der Konsequenz, dass die Soligruppe und, das ist das Wichtigste, andere Gefangene gesagt haben, ›das wird nichts mit uns, so können wir nicht mehr weiterarbeiten‹. Als Soligruppe Berlin hatten wir sowas aber noch nicht.«

Teilweise versuchen die Gruppen auch präventiv antifaschistisch zu wirken und aufzuklären. So rief der Rote Stern Leipzig 2009 das Projekt die *Initiative für mehr gesellschaftliche Verantwortung im Breitensport und Fußball e.V.* (IVF) ins Leben. Ziel ist es, durch den Kontext Sport, und im Speziellen Fußball, gesellschaftliche Diskriminierungsformen und Problematiken zu thematisieren. Zudem gibt es immer mehr den Versuch einer aktiven Erinnerungskultur, die zum Beispiel mit Radtouren nach Buchenwald versucht wird zu etablieren: »Das steckt vielfach noch in den Kinderschuhen. Aber wir werden da langsam besser.« (Adam) Nicht mehr in den Kinderschuhen stecken die Seminare, Vorträge und Wanderungen der Schwarz-roten Bergsteiger*innen, die durch die historische Aufarbeitung in der Sächsischen Schweiz auf antifaschistische Kontinuitäten aufmerksam machen können.

Eine andere Form der Aufklärung hat die Soligruppe Berlin der Gefangenen-Gewerkschaft beschrieben: Als Reaktion auf das Erstarken rechter Diskurse und AfD-Wahlerfolge hatte beispielsweise die Soligruppe Jena der Gefangenen-Gewerkschaft einen Text verfasst, der darüber aufklärt, inwiefern die AfD und eine gewerkschaftliche Organisierung hinter Gittern nicht kompatibel sind: »Das wurde dann in die Knäste geschickt. Auch vor allem um zu betonen, ›hey, ihr kämpft da übrigens unabhängig von Hautfarbe, Geschlecht und Religionszugehörigkeit. Und das ist wichtig, weil ihr zusammenhalten müsst. Denn schließlich seid ihr da in einer echt richtig beschissenen Position.‹ Der Text hat dann auch klar gemacht, dass eine Gewerkschaft ja genau dafür da ist, Spaltungsversuche zu überwinden, aber dass das mit der AfD nichts wird.« (Martina)

Die Beispiele aus den Gruppen zeigen, dass es verschiedene Möglichkeiten gibt mit unhinterfragten Vorurteilen umzugehen, wobei Diskussionen auf Augenhöhe, Nachfragen und ein ehrliches Interesse am Menschen, so anstrengend dies auch sein mag, meistens als erfolgreich und sinnvoll beschrieben wird. Außerdem zeigen die Erfahrungen aus den Gruppen, dass Diskussionen über Vorurteile nicht bedeutet, dass eigene Ideale ausgeblendet werden müssen. Alle Gruppen haben sich immer schnell und sehr eindeutig positioniert, wenn es um rechte Äußerungen ging. Die Gruppen praktizieren einen sehr praktischen Antifaschismus. Dies bedeutet, dass rechten Themen und Meinungen kein Raum gegeben wird und diese bereits frühzeitig unterbunden werden. Die Erfolge der Gruppen zeigen zudem, dass durch eine eindeutige Positionierung und Ausschlüsse, wenn sie notwendig sind, die eigene Arbeit nicht weniger Reichweite erfährt[213]. Nur so können sinnvolle Diskussionen und Gespräche über eigene politische Themen entstehen. Letztendlich werden Räume und Themen nicht Rechten oder Neonazis überlassen, sondern mit produktiven und solidarischen Inhalten gefüllt.

> »Und ich glaube bei ganz vielen spielt auch so ein gewisser Trotzfaktor mit rein: Wir wollen aber nicht, dass hier nur Nazis sind, weil wir hier gerne sind. Ich will mich von euch nicht vertreiben lassen, weil es hier viel zu schön ist.«
> (Alice, Schwarz-rote Bergsteiger*innen)

---

213 Dass die eigene Radikalität und politisch-konsequente Positionierung kein Hindernis ist, um mit Menschen ins Gespräch zu kommen, beschreibt Michael von der Rothen Ecke Kassel deutlich: »Wir machen keinen Hehl aus unserer politischen Radikalität und alle arbeiten gut mit uns zusammen. Wir haben noch niemanden verloren, der gesagt hat: Ihr seid mir zu radikal. Das habe ich die Jahre vorher in anderen politischen Initiativen durchaus erlebt. Das kennen wir gar nicht. Weil immer für alle klar ist, dass wir dazu auch eine Praxis haben.«

4.6 Vom Kleinen zum Großen – Gewinnbare Kämpfe und der revolutionäre Anspruch

> »Ist das realistisch, was ich gerade mache? Und ich merk, na klar ist das realistisch! Ich darf bloß meinen Kampf nicht aufgeben, weil Vollidioten durch Chemnitz ziehen. Nee, dass darf ich nicht aufgeben.«
> (Martina, Soligruppe Berlin der Gefangenen-Gewerkschaft)

Einen Anspruch, den alle Gruppen teilen, ist neben der aktuellen politischen Arbeit auch der Aufbau und die Verstetigung von weitergehenden Strukturen. Die Gründe dafür sind vielzählig. Es geht zum einen darum einen Ort zu schaffen, an dem Menschen vorbei gehen, ihre Sorgen teilen, Lösungsvorschläge bekommen können und vor allem nicht alleine sind und sich entspannen können.

Michael von der Rothen Ecke Kassel: »Man muss sich mal vorstellen, es gibt im Stadtteil keinen Ort wo man vorbehaltlos reingehen kann, wo nicht gleich, dass System Ansprüche an einen stellt. Es gibt 20 Meter neben der Ecke ein Stadtteilbüro von einem Stadtteilmanagement. Wenn die Leute da reingehen, zum Beispiel zur Berufsberatung, dann werden dauernd wieder neue Ansprüche gestellt, statt Probleme gelöst. Das ist nicht schön. Und auch wenn die Rothe Ecke den Ruf hat links zu sein, hat sie auch den Ruf – und das ist total wichtig –, offen zu sein. Da kannst du hingehen und da hast du Recht, egal was kommt. Wenn du nicht mehr weiterweißt, dann kommt nicht noch ein Problem, mehr Arbeit, auf dich zu. Das gibt sehr viel.«

Martina und Laura von der Soligruppe Berlin der Gefangenen-Gewerkschaft: »Wenn die meisten Gefangenen wieder rauskommen, dann ziehen die oft in ihre Käffer zurück. Wir brauchen da mehr Strukturen und Anlaufpunkte – gerade in den Käffern. Eine dezentrale Orga, die in Deutschland verteilt und offen ist.« (Martina) »Was auch wichtig ist, dass es ein gewisses Angebot gibt, auch außerhalb von linksradikalen Strukturen, zum Beispiel eine HartzIV-Beratung. Einfach irgendwer, mit dem du über deine alltäglichen Probleme reden kannst. Wenn du aus dem Nichts kommst und gerade kaum Kraft hast, dann braucht es Strukturen, die dir außerhalb dieser ganzen bürokratischen Ebenen die du durchlaufen musst zuhören, dich unterstützen und dir helfen. Wenn du gerade aus dem Knast kommst, dann bist du vielleicht schon froh, wenn dann einer sagt, ›kein Stress, entspann dich mal, wir sind da‹.« (Laura)

Ein anderer wesentlicher Aspekt bezüglich der Wichtigkeit von weitergehenden Strukturen ist alternative Kultur überhaupt zu Verfügung zu stellen (Alice[214]). Zudem helfen Strukturen bzw. Anlaufpunkte auch, die Diskussionen und Gespräche mit Menschen außerhalb einer linken Szeneblase, die von allen Gruppen forciert werden, einen Ort und Raum zu geben, wo diese geführt werden können[215]: »Dadurch merkt man auch, dass es ein Bedürfnis ist politische Themen mal zu diskutieren, das funktioniert. Das hätte ich auch nicht gedacht, als wir damit angefangen haben.« (Michael[216])

Damit eine solche Verankerung als Anlaufstelle und Diskussionsraum auch funktionieren kann, ist es wichtig, »ein Projekt nicht im luftleeren Raum zu machen« (Maik[217]). Dazu gehört zum einen »mal zu schauen, was gibt es schon an Projekten, um sich dann möglichst stark zu vernetzen. Das ist auch ein großer Teil unserer Arbeit, uns mit anderen zu vernetzen. Das hilft auch gegen den Lagerkoller.« (Maik[218]) Und zum anderen ist es unerlässlich, die Lebensrealitäten der Menschen vor Ort als relevantes politisches Thema wahrzunehmen (Laura[219]).

Ziel ist es immer, die eigene Arbeit sichtbar zu machen und zu verstetigen. Die Schwarz-roten Bergsteiger*innen haben, gerade in Hinblick auf die Strukturen im ländlichen Raum außerdem das Ziel, ein Libertäres Zentrum aufzubauen, welches Raum bietet für Erinnerungs- und

214 Schwarz-rote Bergsteiger*innen

215 Christian vom Workers Center München beschreibt, wie rassistische Vorurteile thematisiert, Falschinformationen richtig gestellt, und dadurch im besten Fall auch aufgebrochen werden können: »Als wir die ›Wir-wollen-wohnen-Kampagne‹ vor zwei Jahren gestartet haben, da gab es gute Diskussionen, die genau diese Dinge [Anm. Situation von Geflüchteten] thematisiert haben und das Gemeinschaftliche betonten. Gerade was das Wohnen angeht, ist es zu einfach zu sagen, ›wir müssen auf der Straße leben, haben kein Geld und die bekommen eine Unterkunft und kriegen Essenspakete und sonst was‹. Dass das aber genau das Problem ist, dass die eine Unterkunft haben, wo sie nicht wegdürfen, wo sie nicht arbeiten dürfen und dann irgendwelche ekligen Essenspakete erhalten – genau so funktioniert diese Spaltung, das gegeneinander ausspielen. Die Aufgabe ist es, das aufzubrechen, das zu diskutieren und das ist oft sehr spannend.«

216 Rothe Ecke Kassel

217 Schwarz-rote Bergsteiger*innen

218 ebd.

219 Soligruppe Berlin der Gefangenen-Gewerkschaft

Gedenkarbeit, Seminare, Veranstaltungen, aber auch zum Wohnen und Übernachten[220].

Einen ähnlichen Wunsch nach einem Raum, der vielseitig nutzbar wäre, teilt auch Christian vom Workers Center München: »Ein perfekter Raum wäre einer, der von den Leuten selbst organisiert ist. Wo es vielleicht sogar Möglichkeiten gibt zu schlafen und zu duschen, Essen zu kochen und mit Gemeinschaftsräumen.«

Solche Anlaufpunkte müssen nicht nur feste (physische) Orte oder Cafés, etc. sein. Die Gruppen beschreiben eine Fülle an Ideen, wie und wo Begegnungen verbunden mit den eigenen politischen Positionen stattfinden können: offene Werkstätten und Bibliotheken[221], Vernetzungsbrunchs[222], Redebeiträge auf Demonstrationen[223] oder Kulturveranstaltungen[224].

Aber auch bei Tätigkeiten, die erst mal nicht vorrangig politisch sind, können solche Räume entstehen. Hierfür sind vor allem der Rote Stern Leipzig und die Schwarz-roten Bergsteiger*innen exemplarisch: »Zum Beispiel auch Sport als Agitationsfläche zu nutzen. Hier in der Region ist das auch historisch. Da gab es schon immer Beispiele, die zeigen, dass das gut funktioniert hat.« (Maik[225])

Solche Räume sind nicht nur besonders gewinnbringend, weil es durch sie möglich ist gezielt mit den Menschen in Kontakt zu kommen, zu diskutieren und sich gegenseitig zu unterstützen, sondern auch, weil in ihnen ein emanzipatorischer und möglichst diskriminierungs- und hierarchiefreier Umgang gelebt und gezeigt werden kann. Dies macht die eigene Theorie praxisnah, erlebbar und bietet letztlich auch Anknüpfungspunkte ins Gespräch zu kommen und ein solidarisches Miteinander real zu gestalten: »Zum Beispiel die Jugendarbeit, da ist es toll, dass man nach

220 Maik, Schwarz-rote Bergsteiger*innen: »Die Möglichkeiten sich da einzubringen ist vielfältig. Es gibt natürlich keine Maximalzahl an Leuten, die da Konzerte machen können. Also am Ende ist die Zeit begrenzt, aber prinzipiell, kann man auch in Berlin wohnen und hier ein Konzert organisieren.«

221 Alice, Schwarz-rote Bergsteiger*innen

222 Basti, Schwarz-rote Bergsteiger*innen

223 Laura, Soligruppe Berlin der Gefangenen-Gewerkschaft

224 Maik, Schwarz-rote Bergsteiger*innen: »Ich glaube Kulturveranstaltungen sind ein guter Weg, weil es da einfach wenig Räume gibt in der Region. Wenn ich zum Beispiel mal auf ein Konzert gehen will, dann gibt es in Pirna vielleicht mal ein Jazzkonzert oder so und ansonsten muss ich halt nach Dresden fahren.«

225 Schwarz-rote Bergsteiger*innen

außen hin darstellen kann, dass junge Linke mit ihren Idealen so eine Arbeit leisten können, und dass das dann auch noch erfolgreich ist. Oder bei dem Klassischen Beispiel vom Umgang mit Frauen beim Sport, Homophobie, etc.. Das ist dann schon ein gewisser Kontrapunkt, der da gesetzt wird und der auch abfärbt. Man muss sich das einfach mal vorstellen, was man sich beim Fußball alles verbaut, wenn man die Hälfte der Gesellschaft ausschließt und nur diese Männerbündelei hat.« (Adam[226])

Durch die Arbeitsweise der Gruppen können strukturelle, systemische und gesellschaftlich relevante Zusammenhänge praktisch an direkten Beispielen verdeutlicht werden: Wie zum Beispiel die Rolle von Frauen* im Fußball, einen lebensweltnahen Zugang ermöglicht, um über Sexismus in der Gesellschaft zu reden. Ziel der Gruppen ist es, die eigene Arbeit zu kontextualisieren und in großen Zusammenhängen zu denken. Hier exemplarisch einige Beispiele, wie dies möglich ist:

Laura von der Soligruppe Berlin der Gefangenen-Gewerkschaft: »Was immer bei den Leuten ankommt ist, wenn man sagt, dass 80 Prozent oder 90 Prozent der Menschen im Knast sitzen wegen Kapitaldelikten und nicht, weil sie jemanden umgebracht haben oder so. [...] Menschen werden aus Gründen weggesperrt, wogegen wir auch selber kämpfen. Dinge, die wir vielleicht sogar selber machen. Menschen kommen zum Beispiel in den Knast wegen den banalsten Dingen wie Schwarzfahren oder Diebstahl. [...] Das ist ja auch etwas wogegen alle Zecken kämpfen. Mir ist es wichtig, dass solche Dinge entkriminalisiert werden, weil es gibt Gründe, warum Menschen diese Dinge tun. Da muss es ein Umdenken geben.«

Michael von der Rothen Ecke Kassel: »Was funktioniert und was man thematisieren muss ist Rassismus im Nahverkehr. Gerade die Verkehrsknotenpunkte sind Orte wo kontrolliert wird. Zum Beispiel gibt es in Kassel ein Uni nahes Carree, wo absurd viele Razzien gemacht werden. Dabei wird nichts Wesentliches gefunden. Es dient nur dazu, Leute zu verdrängen.«

Martina von der Soligruppe Berlin der Gefangenen-Gewerkschaft: »Wir haben versucht, etwas gegen den Anstaltskaufmann in Neumünster zu machen. Es ging darum, dass seine Preise zu teuer waren. Wir haben dann schon in Briefen oder auf Kundgebungen versucht zu sagen, ›klar, müssen die Preise runter, aber das wird dann auch nichts daran ändern das Knast und Kapitalismus scheiße sind‹. [...] Es gab dann eine Petition im

226 Roter Stern Leipzig

Knast, die wurde von ungefähr 140 Gefangenen unterschrieben. Draußen haben wir versucht öffentlichen Druck zu erzeugen. Das hat ganz gut funktioniert. Am Ende wurden die Preise dann auch gesenkt, nicht total krass, aber ein bisschen. Das war so eine Art Teilerfolg. Wichtig war aber vor allem, dass die Gefangenen deswegen nicht aufhören wollten zu kämpfen, im Gegenteil: der Teilerfolg spornte sie an weiterzumachen. Wir gucken auch, wo ist so ein Moment wo wir andocken können. Einer mit dem wir geschrieben haben, der saß wegen Ladendiebstahl und hatte jetzt noch keinen konkreten politischen Gedanken, aber meinte ›naja, was soll ich machen, ich bereue das jetzt nicht‹ und dann habe ich ihn gefragt, ob er ein paar Texte zu Ladendiebstahl von CrimethInc. haben mag. Er hat dann zurückgeschrieben, ›voll spannend, cool wie die das schreiben‹. So versuchen wir das zu verbinden.«

Michael und Violetta von der Rothen Ecke Kassel: »Mobilität, Nahverkehr, Klimagerechtigkeit, Klimakatastrophe, das ist ein Thema, das man strategisch sehr gut beackern kann und was uns auch nicht so schnell verlässt, gerade in einer Autostadt wie Kassel.« (Michael) »[...] von der Stadt heißt es ja immer, wir können uns den Ausbau des Nahverkehrs nicht leisten, weil das Geld nicht da ist. Die Frage ist, was können wir uns denn leisten? Können wir uns ein Ticket für 3€ leisten, um in die Stadt zu kommen? Können wir es uns leisten die Luft weiter zu verpesten? Da drin ist die ganze Frage des Systems schon enthalten. Wir schreiben jetzt nicht auf unsere Flyer, ›das Ziel ist die Revolution‹, aber wir schreiben schon: Verkehrswende, Klimagerechtigkeit und eine Gesellschaft, wo Menschen und Umwelt im Zentrum stehen.« (Violetta)

Wie diese Themen verbunden und kontextualisiert werden, sei es in einem Redebeitrag auf einer Demonstration, in einem Brief an Gefangene oder durch Texte, macht jede Gruppe anders. Dies ist abhängig von verschiedenen Rahmenbedingungen: Wer wird angesprochen? Wo und was wird besprochen und wie kleinteilig müssen die Ziele formuliert werden, damit sie gehört werden und nicht abschrecken?

Unerlässlich ist vor allem eine Klarheit und Ehrlichkeit in der Kommunikation und eine Aufklärung über den eigenen politischen Anspruch: »[...] wenn du den Leuten nicht kommunizieren kannst, was du willst, dann bringt jede Einbindung nichts. Klare Kommunikation und Transparenz der Ziele ist wichtig.« (Torte[227]) Und »[...] wenn wir Veranstal-

227 Basta Erwerbsloseninitiative

tungen machen oder in Briefkästen flyern, dann sagen wir, was unser Anspruch ist, also was die Richtung ist, wo es hingehen könnte.« (Basti[228]). Wo es hingehen könnte, wird insbesondere durch das konkrete Vorleben von eigenen emanzipatorischen Ansprüchen praktisch: »Also aus dem Anarcho-Syndikalismus als theoretische Grundlage entspringt für mich auch, dass wir uns in unseren Lebensbereichen kollektiv organisieren, weil dies auch eine konkrete Antwort sein kann. Also zum Beispiel, dass wir hier dieses Haus besetzen ist ja auch eine konkrete Antwort auf Leerstand und Wohnen, usw. Oder wir kaufen ein Haus und organisieren unser Wohnkollektiv und das schafft Räume, die herrschaftsfrei sind. Und das ist für mich schon revolutionäres Handeln.« (Maik[229])

Ein Zwiespalt, der beschrieben wird, ist die Auseinandersetzung mit den eigenen politischen Ansprüchen und einem Politisierungsprozess, der nicht immer einen gradlinigen Ausgang hat, wenn Selbstorganisierung als Konzept ernst genommen wird: »Deshalb war es auch von Anfang an gar nicht der Anspruch, sich revolutionär in irgend einer Kaderpartei oder so zu organisieren, sondern einen Boden zu bereiten.« (Violetta[230]) »Wobei das natürlich ein Spannungsverhältnis ist. Es ist ja wahr, wir brauchen sowas wie Kader und dazu gehört eine Organisiertheit. Das heißt eine gewisse Konsistenz in der Theorie und in der praktischen Arbeit zu haben – und eine Gruppe zu haben, mit der man sich austauscht. Wir machen das ganz aufrichtig, nicht als Vorfeld-Ding, sondern weil wir glauben, dass es politisch richtig ist. Gleichzeitig merken wir, dass wir die Leute, die wir in der Praxis mitnehmen können auch einbinden müssen, damit sie einen Schritt weiterkommen, und dazu gehört wiederum eine Organisiertheit. [...] Das ist schwierig, aber es ist ein Spannungsfeld. Ohne Vorfeldorganisation zu sein, wollen wir ja mehr Leute zu der Lebensentscheidung durchbringen, dass es total toll ist politische Arbeit und eine andere Gesellschaftsvision ins Zentrum der alltäglichen Entscheidungen zu stellen.« (Michael[231]) Die Formen, wie eine solche Politisierung stattfinden kann sind sehr unterschiedlich: So versucht die Soligruppe Berlin der Gefangenen-Gewerkschaft beim Briefkontakt mit den Gefangenen politische Texte mitzuschicken, die Schwarz-roten Bergsteiger*innen bieten

228 Schwarz-rote Bergsteiger*innen

229 ebd.

230 Rothe Ecke Kassel

231 ebd.

Erinnerungsveranstaltungen an, Basta führt regelmäßige Erwerbslosenschulen durch und die Rothe Ecke Kassel macht eine Bildungsreihe mit Lesekreisen: »Die Bildungsarbeit ist was, was immer wachsen wird, sie muss ja auch den verschiedenen Bedürfnissen und Notwendigkeiten gerecht werden. Was uns gelingt ist, dass wir immer bei dem bleiben a) was die Leute interessiert und b) mit dem Alltag zu tun hat.« (Michael[232])

Die zentrale Frage ist nun, ob die Verbindung von kleinteiligen, lebensweltlichen Themen und die von den Gruppen gewählten Formen der Mobilisierung mit großen systemischen und strukturellen Gegebenheiten, es überhaupt möglich macht, den eigenen revolutionären Anspruch zu verwirklichen und Kämpfe zu gewinnen? Die Gruppen können diese Frage mit Ja beantworten:

- ★ Torte von Basta: »Ja auf jeden Fall. Also wir haben gerade eine Person, die ist zum Straßenfest gekommen mit zwei Sektflaschen und meinte, hier ich hab meinen Prozess gegen das Sozialgericht gewonnen – durch eure Hilfe. Und ja, sie hat Sanktionen abgewehrt, dann den Prozess gewonnen und jetzt will sie uns als Dankeschön eine Soliparty organisieren.«
- ★ Martina von der Soligruppe der Gefangenen-Gewerkschaft: »Wir hatten mal einen ehemaligen FDP'ler und wenn der jetzt Briefe schreibt, dann merkt man eine Veränderung. Das ist kein Brief mehr von einem FDP'ler, der schreibt jetzt von ›diesem System, den Bediensteten und den Hierarchien‹. Da passieren schon Prozesse bei den Gefangenen.«
- ★ Martina von der Soligruppe der Gefangenen-Gewerkschaft: Nach dem Erfolg mit dem Anstaltskaufmann in Neumünster, der die Preise gesenkt hat, »da haben sich die Gefangenen total drüber gefreut. Das war für sie so ein Punkt, wo sie gemerkt haben, wir müssen weiter machen. Und gerade sind wir dabei, dass das anstaltsinterne Telefonsystem, *Telio*, günstiger wird. Das hat eine Monopolstellung und gibt es in jedem Knast nicht nur in Deutschland, sondern europaweit. Da kostet die Minute aufs Handy, was ja größtenteils der Fall ist, weil die wenigsten noch Festnetzanschluss haben, 1 € die Minute. Die Gefangenen haben meist die Kohle dafür überhaupt nicht und können dann nicht anrufen. [Ein Gefangener hat dann in der JVA Zeithain Klage dagegen eingereicht] und hat vor dem Landgericht Dresden erwirkt, dass die Preise gesenkt werden müssen. Das war dann wie ein Selbstläufer. Da

232 ebd.

haben andere Gefangene gemerkt, das hat da funktioniert, das wollen wir jetzt auch. Und das ist so ein Erfolg, weil da etwas Kleines geklappt hat und das hat andere motiviert auch was zu machen.«

- ★ Michael von der Rothen Ecke Kassel: »Die Stadt wollte hier eine Buslinie streichen, wir haben geschafft, dass die nicht gestrichen wird.«
- ★ Christian vom Workers Center München: »Wir kämpfen zum einen gegen das System des bloß humanitären Kälteschutzes, da die Stadt München eigentlich rechtlich verpflichtet ist, alle Menschen, die unfreiwillig obdachlos sind, in regulären Notunterkünften unterzubringen. Da gab es auch schon gewonnene Gerichtsprozesse. Es gab dann so eine ›Null-Grad-Regelung‹, [dass die Kälteschutz-Einrichtung nur bei unter Null Grad geöffnet wird.] Oft war es aber um die Null Grad und hat auch noch geregnet, geschneit und die Leute wussten nicht, ob sie sich einen Schlafplatz suchen müssen oder ob sie dort unterkommen. [Wir haben ziemlich viel protestiert.] Das Jahr darauf wurde die ›Null-Grad-Regelung‹ auch abgeschafft. Und jetzt vor kurzem gab es eine Abstimmung im Stadtrat. Wir haben wieder Proteste organisiert und es gab eine Abstimmung auf der beschlossen wurde, dass der Kälteschutz das ganze Jahr aufgemacht wird.[233]«
- ★ Christian vom Workers Center München: »Wo man häufig erfolgreich ist, ist wenn Löhne nicht ausgezahlt werden und wir dann Druck machen. Wir schauen dann, was strategisch besser ist, freundlich sein oder in die Konfrontation gehen. Meist geht es auch um sehr viel Arbeitszeit, also einige tausend Euro. Und wenn es dann klappt und Leute plötzlich das Geld haben, dann ist das ist schon super, so konkrete Erfolge.«

Neben den konkreten Momenten, in denen Kämpfe gewonnen oder neue Menschen mobilisiert wurden, beschreiben die Gruppen zudem, dass mit

---

233 Christian beschreibt weiter das Dilemma dieser Auseinandersetzung: Denn im Grunde bekämpfen sie den Kälteschutz, da dieser keine menschenwürdige Unterbringung sicherstellt. Aktuell befindet sich dieser in einer alten Kaserne, welche morgens wieder geschlossen wird, es gibt keine sichere Aufbewahrung von persönlichen Sachen, keine Kochmöglichkeiten und die Schlafräume sind teilweise mit vielen Menschen belegt. Doch trotz der grundsätzlichen Ablehnung, setzen sie sich für eine Verbesserung der Situation ein. Dazu gehören die Forderungen: Öffnung tagsüber, Kochmöglichkeiten, freie Wahl der Zimmernachbar*innen, verschließbare Schränke und ein kostenfreies S-Bahn-Ticket zur Kaserne, welches mittlerweile ebenfalls erkämpft wurde.

der eigenen politischen Arbeit immer auch eine solidarische Stimmung einhergeht, welche Kraft gibt und die Basis bereitet für eine weitergehende politische Arbeit:

- ★ Christian vom Workers Center München: »Es ist auch oft passiert, dass ich eine Person länger nicht gesehen hab und wenn wir uns dann wiedersehen, dann freuen wir uns total, man umarmt sich und das ist echt cool. So etwas würde dir in einer Beratungsstelle nicht passieren. Da ist viel geteilte Erfahrung, viele Proteste die man zusammen gemacht hat und starke Momente. Die wissen auch, da ist so eine Verschworenheit, so ein gemeinsames anarchistisches Ticken oder sowas. Wo man weiß, man will was Gemeinsames.«
- ★ Torte von Basta: »Und es ist auch immer wieder ein gutes Gefühl, wenn du Leute berätst [...] und dann gibt es den Zeitpunkt, wo alles Erfolg hat, wo sie ihr Geld kriegen oder die Weiterbildung, die sie haben wollen. Und das ist ein tolles Gefühl. Ein tolles Gefühl, wenn die Leute ihre Rechte durchgesetzt bekommen.« »Diese solidarische Hilfe, die einem zuteilwird ohne jeglichen Anspruch auf eine Gegenleistung. Das füreinander da sein.«

4.7 safe with each other – dangerous together

> »Bei einer Veranstaltung in München wurde irgendwas Rassistisches gesagt, so von wegen ›die kriegen Wohnungen, die kriegen Sozialleistungen, die kriegen alles‹. Daraufhin hat dann jemand eine ganz starke Rede gehalten, von *birlikte – die Einheit* auf Türkisch. Das war stark und daran denke ich, wenn so rassistische Bemerkungen kommen.« (Lisa, Workers Center München)

Ursprünglich war geplant sowohl ein Kapitel über die Interviewten und ihr Verhältnis zu ihren Gruppen, als auch ein abschließendes Kapitel, zu ihren Erfolgen und schönsten Momenten zu schreiben. Bei dem späteren Sichten der Interviews ergab sich aber, dass die Erfolge oft so eng mit den Gruppen und dem Gefühl zu diesen verknüpft sind, dass es uns sinnvoll erschien, die beiden Kapitel in einem zusammenzuführen. Nach einer kurzen Zusammenfassung der vorangegangenen Kapitel, soll den Gruppen abschließend das Fazit überlassen werden.

Das Buch zeigt, wie stark es einer (extremen) Rechten gelingt, auf öffentliche Diskurse Einfluss zu nehmen. Besonders beim Betrachten der bewussten Funktionalisierung und Inszenierung der öffentlichen Auftritte erscheint es nicht nachvollziehbar, wieso weiterhin rechten Akteuren ein so breiter Raum gegeben wird. Ihre Strategie ist klar, liegt in gedruckter Form vor und lässt sich anhand der zurückliegenden Auftritte eindeutig aufzeigen. Die gezielte Provokation ist das Mittel der Wahl, um ihre menschenverachtenden, bisweilen faschistischen Ansichten publik zu machen und immer wieder in Diskussionen als dominantes Thema zu platzieren. Eine Gesellschaft, die in den letzten Jahren eine solch grundlegende Verschärfung im Sozialen erlebte, kann dieser Strategie nur schwer etwas entgegensetzen, da es ein zunehmendes Bedürfnis nach Eskalation, aufgrund von Frustration und immer stärkerer Ungerechtigkeit gibt. Ein Kapitalismus, der in den letzten Jahren immer enthemmter agierte, verfällt dabei in der politischen Sphäre in immer autoritärere Lösungs- und Erhaltungsstrategien, die von rechten Akteuren dankend flankiert und aufgegriffen werden. So gelingt es diesen blau-braunen Akteuren seit Jahren, den Diskurs immer ein Stück näher zu sich, nach rechts- außen, zu ziehen.

Doch ist diese Entwicklung nicht zwangsläufig. Es gibt eine Vielzahl an Gruppen, die eine Maulwurfsarbeit leisten, welche bereits vor Jahrzehnten eingefordert wurde, nun aber durch verschiedene Einflüsse einen neuen Schwung erhalten hat. Die von uns interviewten Gruppen stellen dabei nur einen kleinen Ausschnitt des existierenden Spektrums dar, wenn gleich wir versucht haben eine gewisse Breite an Themenfeldern abzubilden. Bei allen Gruppen zeigt sich ein Bewusstsein für eine in der Vergangenheit immer enger werdende linke Politik, die sich zu oft in szeneinterne Diskussionen zurückzog, und deren Außenwirkung teilweise bizarr oder zumindest von durchkomponierten Kampagnen bestimmt war. Die Gruppen teilen den gemeinsamen Anspruch, mit ihrer Arbeit diese Enge zu überwinden und mit Menschen außerhalb der gewohnten Szene-Insel eine Organisierung anzustreben, auch wenn die gewählten Mittel und Wege sehr unterschiedlich sind.

> »Das ist das Wichtigste, dieses Ziel vor Augen, die Utopie, die du im Kopf hast. Egal wie du die benennst, diese Welt die du erreichen willst. […] Du kannst so viele verschiedene Kämpfe zusammen denken, zusammen kämpfen. Wenn ich nur Antikapitalismus oder Antifa machen würde, wäre mir das zu einseitig, aber so ist es vielschichtig, vielseitig. Du lernst Menschen kennen, anstatt immer in deinem Safe Space rumzuhängen. […] Du musst halt

einfach mal Menschen, die nicht in der Szene verankert sind, kennenlernen und dich mit denen auseinandersetzen. Was du in anderen Strukturen vielleicht niemals machen könntest. Meine Form von Utopie kann nicht funktionieren, wenn ich immer nur für linksradikale Strukturen etwas mache, ich mach das ja für alle! Dementsprechend ist das ein totaler Motivationsfaktor, dass du alles zusammengebracht hast.« (Laura[234])

Bei vielen der Gruppen finden sich zudem Elemente des transformativen Organizings wieder, welche bereits in dem vorangegangenen Kapitel benannt wurden. Das Buch soll nicht die Arbeit der einzelnen Gruppen bewerten. Doch kann aus den Erfahrungen der Gruppen ein Lernen erfolgen. Es kann deutlich werden, welche Erfolge und welche Schwierigkeiten diese Arbeit begleiten und welche Fülle an Techniken bereits heute zur Verfügung steht, um eine transformative Organisierung in der Praxis umzusetzen. Bislang ist der Begriff durchweg von US-amerikanischen Erfahrungen geprägt. Dieses Bild gilt es zu reflektieren und zu erweitern. Denn bereits heute gibt es diese Techniken und die damit einhergehende langfristige Perspektive in der deutschen Linken. Das gilt es hervorzuheben und damit, das – auch von uns bemühte – Bild der isolierten Linken zu überdenken. So zeigt beispielsweise der Volksentscheid zur Enteignung großer Immobilienfirmen in Berlin deutlich, wie es in Teilbereichen gelingt, langfristige Organisierungen, die in den Mieter*inneninitiativen unzweifelhaft vorhanden sind, konzentriert auf ein Ziel zu bündeln und eine enorme Schlagkraft zu entwickeln. Gerade im Bereich Wohnen zeigt sich diese Langfristigkeit deutlich. Es muss darum gehen, den Alltag der Menschen wieder mit einer linken, widerständigen Praxis zu verknüpfen. Dieser Alltag spielt sich in verschiedenen Bereichen ab, sei es in der Freizeit, beim Fußball oder Wandern, beim täglichen Benutzen des öffentlichen Nahverkehrs, beim Kontakt mit den Behörden oder der*m Arbeitgeber*in. Eine linke Perspektive muss darum in die Breite der Gesellschaft wirken, ohne aber die besonders Unterdrückten und dadurch strukturell Unsichtbaren der Gesellschaft zurück zu lassen. Dazu gehören beispielsweise die Gefangenen, ebenso wie nicht deutschsprachige Menschen in undokumentierter Arbeit. Diese Liste lässt sich beliebig erweitern.

Auch sollte die politische Arbeit immer auch ein Stück mit dem eigenen Alltag verknüpft bleiben. Denn die transformative Organisierung ist eine Verpflichtung für ein langfristiges Projekt, was zwangsläufig Teil

234 Soligruppe Berlin der Gefangenen-Gewerkschaft

des eigenen Alltags wird oder zum Scheitern verurteilt ist. Wichtig und zentral ist dabei die Offenheit und Bereitschaft sich mit Menschen zu verbinden, um neue Formen der Organisierung zu erproben.

Wir wollen auf den nächsten Seiten vor allem die Gruppen zu Wort kommen lassen, um ihre Erfahrungen, die sie persönlich in der Gruppe gemacht haben und die eigenen Erfolge zu teilen und zu reflektieren. Beeindruckt zeigen sich dabei die Interviewten mehrfach von der Offenheit der angesprochenen Menschen und wie diese Offenheit in alle Richtungen wirkt:

Laura von der Soligruppe Berlin der Gefangenen-Gewerkschaft: »Mein erster Knastbesuch. Ich hatte so eine völlig unbegründete Angst davor, nicht um mich, sondern vor meinen Emotionen, die in diesem Knast kommen. Wenn du dich so lange mit etwas beschäftigst und dann erlebst du das das erste Mal: ›Äh! Wie soll ich jetzt damit umgehen?‹ Ich bin dann da rein und wie derjenige mit mir umgegangen ist, dass war einfach ein schöner Moment. Das war so ›Ich freu mich tierisch, dass du da bist‹, das war so schön. Du gehst dann raus und denkst: Ist das unangenehm, jetzt wieder zu gehen, das ist so scheiße und ich kann dich nicht mitnehmen. Das war ganz furchtbar. Aber wie derjenige auf dich reagiert, diese – ich hasse dieses Wort – ›Würdigung‹ deiner Arbeit, die du machst. Das waren total schöne Momente. Er hatte dann den Tisch gedeckt und Tee gemacht. Das war richtig toll. Das sind so ganz paradoxe Gefühlswelten.«

Adam vom Roten Stern Leipzig: »Ich glaube was uns auch immer ausgemacht hat war eine Toleranz im Sinne dessen, dass wir nicht verbittert und verbiestert an politische Diskurse und Sachen ran gegangen sind. Ich habe den Eindruck, dass selbst Leute die politisch nicht auf einer Wellenlänge schweben eher bei uns zusammenfinden, als das bei anderen Projekten oder politischen Gruppen der Fall wäre.«

Violetta von der Rothen Ecke Kassel: »Gleichzeitig kommen viele, die es gerade schätzen, weil sie wirklich das Gefühl haben, jeder ist willkommen. Also das ist was, was uns im Moment noch gelingt.«

Diese Offenheit wird von außen bisweilen missverstanden und dahingehend interpretiert, dass sich in den Gruppen die gesellschaftlichen Unterdrückungsmechanismen konzentriert wiederfinden müssten, da jede*r einsteigen kann, was quasi ein Gegenentwurf zu einem Safe Space wäre. Dem steht entgegen, dass in den Interviews gerade der Begriff der Achtsamkeit eine zentrale Stellung einnimmt. Dies führt zu der absurden Konstellation, dass der Soligruppe Berlin der Gefangenen-Gewerkschaft von linker Seite teilweise die Arbeit mit den Menschen in Gefängnissen vorgehalten wird, da so gewalttätige Strukturen gestützt würden: »Mit Mördern können sie nicht arbeiten.« (Martina[235]) Zugleich beschreiben Martina und Laura, wie stark sich die Arbeit in der Soligruppe von der Arbeit in ihren früheren linken Gruppen gerade hinsichtlich der Achtsamkeit unterscheidet: »Ich würde vielen Gruppen vorwerfen, dass sie nicht aufeinander achten und dieser krasse neoliberale Leistungsdruck existiert, der dann auch voll zu spüren ist. Ich hatte das in meinen Gruppen davor. Ich merkte, dass wenn ich was nicht mache, mich alle im Plenum scheiße angucken. Es gab wirklich Gruppen, wo ich wusste, ich habe ein persönliches Problem und ich müsste es benennen, damit es alle verstehen, warum das gerade nicht so funktioniert mit mir. Aber ich darf es nicht benennen oder ich kann es nicht benennen, weil ich entweder den Leuten nicht vertraue oder sie es nicht hören wollen: ›Nee, das ist jetzt nicht politisch, sag das jetzt nicht‹. In vielen Diskussionen, auch im privaten Bereich, krieg ich mit, dass Leute sagen: ›Nee, das gehört nicht aufs Plenum.‹ Ich frag mich dann immer, wieso eigentlich nicht, warum denn nicht? Wir machen das.« (Martina[236])

»Es geht ja nicht darum, dass da immer so eine Art Kuschelkurs geführt wird und es in einer Wohlfühlblase bleibt. Es werden die reellen Probleme angegangen. Zu sagen, mensch ist aufgrund dessen frustriert. Wie können wir damit umgehen? Wie können wir auch politisch damit umgehen? Weil auch gerade dieses Private immer was mit dem Politischen zu tun hat.« (Laura[237])

Dabei wurde das Thema der Achtsamkeit nicht von uns in die Interviews eingeführt, sondern es ergab sich meist durch das Fragen nach Schwierigkeiten in der Arbeit. Diese Schwierigkeiten, sei es Überlastung, eine fehlende Infrastruktur, aber auch das Fehlen ähnlich arbeitender Gruppen in der direkten Umgebung, wurden in den vorangegangenen Kapiteln bereits betrachtet. Es erscheint uns wichtig, den Druck, der für die Gruppe, durch die Arbeit an der ›Frontline‹[238] entsteht, nochmals

235 Soligruppe Berlin der Gefangenen-Gewerkschaft

236 ebd.

237 ebd.

238 Angelehnt an die Radiosendung *Voices from the frontline*, in der wöchentlich über Basisbewegungen und die US-amerikanische Linke berichtet wird. (https://voicesfromthefrontlines.com/)

hervorzuheben. Aufgrund der Schwerpunkte der Arbeit sind daher besonders das Workers Center München, die Soligruppe Berlin der Gefangenen-Gewerkschaft und Basta betroffen. Denn das Zugehen auf und die Offenheit mit Menschen in ökonomisch machtloser Position, lassen oft die brutale Härte sichtbar werden, die diesem System innewohnt:

★ Workers Center München: »Frustrierend sind Momente, wo ich Leute sitzen lasse, wo ich sage, ich geh jetzt nach Hause, in mein Bett und weiß die andere Person hat jetzt kein Bett. Dann ist eine Person [...] gestorben, das war hart. Er war lange obdachlos und ist im Endeffekt an der Obdachlosigkeit gestorben.« (Lisa) »Er hat viele Proteste mitgetragen, hat oft die Leute mitgerissen und begeistert.« (Christian) »Er war ein Freund, das war schon richtig hart. Und dann eine Geschichte, vor ein paar Jahren. Da sollten bei einer Familie die Kinder in Obhut genommen werden. Wir haben das gemeinsam verhindert. Aber ich habe dann ein paar Monate später gehört, dass die Kinder doch in Obhut genommen wurden, auch das war richtig hart. Das war ein krasser Konflikt, wahnsinnig viel Arbeit, erst auch toll, dass das geklappt hatte und schließlich klappte es doch nicht.« (Lisa)

★ Soligruppe Berlin der Gefangenen-Gewerkschaft: »Wir haben eine Presseerklärung über den Anstaltsleiter aus der SothA[239] in Tegel veröffentlicht, und darin wurde aufgeschrieben, was uns Gefangene gesagt haben. Also, dass er massiv repressiv ist, Gefangene drangsaliert und mobbt[240]. Dann wollte er natürlich wissen, wer sind a) wir – das Draußen und b) welche Gefangenen uns das gesteckt haben. Das führte dann dazu, dass zwei Gefangene – die wir kurz vorher besucht

---

239 Sozialtherapeuthische Anstalt der JVA Tegel

240 ›Wie es zur Revolte in der SothA kam‹ – Auszug aus der Presseerklärung: »Es gibt keine Therapeuten, lediglich Student*innen, welche ›die Gefangenen als Studienobjekte betrachten und sie dementsprechend behandeln‹. ›Wir sind hier die Versuchskaninchen für irgendwelche Hausarbeiten oder Bachelorarbeiten der Studis.‹ Unter anderem in diesen Zusammenhang beklagen sich die Gefangenen über eine schlechte medizinische Versorgung. ›Ich war gesund als ich hier angekommen bin und jetzt bin ich der Totalschaden.‹ Konkret gemeint ist vor allem die falsche oder überdosierte Medikation. ›Entweder bekommst du hier für jedes Problem Ibuprofen, unabhängig davon, was du hast, oder du bekommst krasse Psychopharmaka reingedrückt, die die Leute völlig bekloppt machen. Zusätzlich bekommen die Gefangenen hier völlig falsches Essen – es gibt zum Beispiel seit geraumer Zeit kein Diabetikeressen mehr. Das Resultat ist ja klar: körperlich wirklich schlimme Zustände.« (https://ggboberlin.blackblogs.org/ein-besonderer-besuch-in-der-jva-tegel/).

haben – sechs Stunden Verhört wurden. Es gab Zellenrazzien, wo dann auch Handys gefunden wurden, dann natürlich nochmal ein Verhör und nochmal eine Disziplinarmaßnahme. Also da ist massiv Repression gefolgt.« (Martina) »Auch Isolationshaft!« (Laura) »Genau. Die Repression läuft auch immer noch. Gleichzeitig hat er uns auf dem Kieker. Unsere Briefe kommen bei Gefangenen nicht mehr an. Da ist natürlich die Frage nach Erfolg: Also wir haben das rausgebracht, dass der Typ die Gefangenen krass drangsaliert, die Gefangenen wollten das, wir wollten das auch, aber jetzt haben wir die Situation, dass wir nicht mehr an Tegel ran kommen und Gefangene nochmal krasser drangsaliert werden. Da ist dann schon die Frage nach, war das cool, war das nicht cool?« (Martina)

- ★ Erwerbsloseninitiative Basta: Eine ähnliche Härte findet sich bei Basta, wo einige Menschen aus der Gruppe über einen längeren Zeitraum eine Familie mit vier Kindern begleiteten, die über Monate ohne Geld und Wohnung überleben mussten, während die Frau in dieser Zeit ein Kind zur Welt brachte: »Manchmal bleibt uns schlicht die Spucke weg. Als wir im Februar 2015 die Familie Gospic[241] bei Basta kennenlernten, waren wir nicht auf den Katalog an Vorurteilen der Behörden vorbereitet. Sie suchten bessere Lebensmöglichkeiten für sich und ihre Kinder. Was sie fanden, waren Quadratköpfe in Burgen aus Glas und Beton, die jedes Ankommen verunmöglichen wollten.«[242]

Diese Arbeit und die damit einhergehenden Belastungen brauchen zwangsläufig einen Raum, der eine Reflexion und einen Austausch möglich macht. Die Gruppen betonten mehrfach von sich aus, wie stark dieser Aspekt präsent ist und wie sehr sie diese Möglichkeiten in der eigenen Gruppe schätzen:

- ★ Lisa vom Workers Center München: »Es ist auch so schwierig, weil so viele Sachen unter den Tisch fallen. Wenn wir einen Protest machen, haben wir Staub aufgewirbelt. Das Thema ist dann da und wir müssten dranbleiben, klagen, das und das machen, wir sind aber völlig fertig und können nicht mehr. Da gibt es manchmal das Gefühl, das bringt alles nichts mehr. Ich bin dann schon manchmal am Zweifeln,

241 Name geändert.

242 Basta (2015): *Willkommen Familie Gospic oder warum eine Familie in Deutschland wohnungslos bleibt*. In: http://basta.blogsport.eu/files/2015/11/heftcomicalleseiten.pdf.

ob es überhaupt Sinn macht weiter zu machen. Dann aber sind diese Momente, wenn ich mit Leuten zusammensitze und ich merke, es ist cool, die Leute freuen sich, dass wir zusammen sind. Sie sitzen nicht in irgendeinem Büro, wo der Klient bearbeitet wird, sondern es ist was kollektives, gemeinschaftliches, mit mehreren Leute, die alle in einer ähnlichen Situation sind und wir machen was zusammen. Das kann extrem kraftvoll sein. Das gibt mir dann den Sinn ganz konkret wieder.«

- ★ Martina von der Soligruppe Berlin der Gefangenen-Gewerkschaft: »Klar, es gibt immer Frustrationsmomente, aber wenn du eine fähige Gruppe hast, die das auffangen und mit dieser Frustration umgehen kann, hält das nicht so lange an. Deshalb glaub ich, dass Leute relativ schnell ausbrennen können und sagen: ›Ich weiß nicht, wofür ich das mache.‹ Wenn die Gruppe es dann nicht schafft, diese Frustration aufzufangen, gehen Leute aus der Szene, verschwinden in dieses bürgerliche Leben. Wir sind vertraut miteinander, achten aufeinander und ich weiß auf jeden Fall, was meine Utopie ist, wo ich eigentlich hinwill. Das ist es im Endeffekt, dann funktioniert das auch wieder. Ich habe ja früher lange Zeiten gehabt, wo ich nicht mehr wusste, will ich jetzt Antifa-Arbeit machen, will ich Kommunenpolitik machen. Und ich wusste das nicht, weil ich vor allem nicht wusste, wo ich hinwill, was ich erreichen will. Menschen, die dich dann dabei unterstützen, die dir vielleicht eine bessere Welt vorleben oder dir auch zeigen, welche Kämpfe für was möglich und nötig sind, sind dabei absolut wichtig. Du kannst nicht alleine auf alles kommen, da braucht es kollektive Prozesse, die dich motivieren und dir zeigen, für was du eigentlich kämpfst. Ohne die wird es schwierig bis unmöglich, die Motivation aufrechtzuerhalten.«
- ★ Dimis von den Schwarz-roten Bergsteiger*innen: »Ich habe die Gewissheit, in ein Umfeld zu kommen, wo ich mich auch mit meinen psychischen und meinen Zeitproblemen nicht alleingelassen fühle. Das ist ein ganz wichtiges Ding: Wir reißen schon so coole Sachen und schaffen es nebenbei füreinander da zu sein und die Person zu sein, die wir halt sind, selbst wenn das Land uns vielleicht nicht so haben will, wie wir sind.«
- ★ Michael von der Rothen Ecke Kassel: »Was die Leute in der Bildungsreihe sagen, was ich sehr wichtig finde – bei all dem, dass es mich sehr anstrengt – gibt mir das die Kraft auch weiterzumachen. Die Leute fühlen sich wohl, auch in kontroversen Debatten, das wird uns oft ge-

sagt. Ich nehme das deshalb sehr ernst: ›Sogar bei kontroversen Debatten ist alles ok bei euch, bei euch kann man das machen, das kann man woanders nicht.‹ Auch wird immer gesagt: ›Das kenne ich sonst nicht‹. Ich glaub das ist was, deshalb kommen die Leute gerne wieder.«

Ein interessanter Aspekt, der in den Interviews deutlich wird, berührt den Begriff der Freund*innenschaft. Denn einige der Interviewten beschreiben, dass sie linke Gruppen als problematisch empfinden, da es sich bei diesen um enge, abgeschlossen wirkende Freund*innenkreise handelt[243]. Eine Kritik, wie sie in ausführlicher Form durch Jo Freeman bereits 1969 thematisiert wurde[244]. Charakteristisch hierfür ist, dass diese Freund*innenkreise in unstrukturierten Gruppen informelle Kommunikationswege schaffen, und somit Ausschlüsse und Eliten zugleich produzieren. Wichtige Faktoren dem vorzubeugen sind für Freeman eine Strukturiertheit, die formal als auch praktisch existieren muss und so den informellen Charakter abschwächt[245]. Hierzu ergänzt Lisa[246] einen weiteren Punkt, der die unterschiedliche gesellschaftliche Hierarchisierung in den Blick nimmt: »Genau das ist wichtig: Das es einerseits eine Gemeinschaft gibt, eine Augenhöhe, die sich auch wie eine Gemeinschaft, Freundschaft anfühlt. Gleichzeitig darf man nicht zu romantisch sein und dabei übersehen welche krassen Unterschiede es in der Lebenswirklichkeit gibt und in welcher privilegierten Situation ich bin, auch wenn der Privilegien-Begriff schwierig ist. Das ist nicht wegzuromantisieren.«

Trotz der Kritik, ist es den Gruppen wichtig zu betonen, dass Freund*innenschaften immer eine Rolle spielen, gerade im Hinblick auf die schwierige und emotional oft anstrengende Arbeit: »Wir haben nämlich eine ganz, ganz tolle Struktur, die wirklich ganz viel Kraft gibt, wenn da mal einer ausfällt, dann sind alle da, um das aufzufangen. Das ist nicht nur Arbeit, das ist halt auch immer lustig und freundschaftlich. Wir haben kein typisches Plenum.« (Laura[247])

---

243 Rothe Ecke Kasse, Soligruppe Berlin der Gefangenen-Gewerkschaft

244 Freeman, Jo (1974): *Die Tyrannei der unstrukturierten Gruppen*. In: https://www.anarchismus.at/anarcha-feminismus/feminismus/807-joreen-die-tyrannei-der-unstrukturierten-gruppen.

245 ebd.

246 Workers Center München

247 Soligruppe Berlin der Gefangenen-Gewerkschaft

Denn wenn es eine wichtige Funktion der Gruppen ist, offen zu bleiben und sich im Alltag der Menschen einen Platz zu sichern, ist es nur zwangsläufig, dass darüber auch Freund*innenschaften entstehen.

»Das wir alle dabeibleiben – auf jeden Fall weil wir konkrete Sachen durchsetzen aber auch weil es ein Beziehungsaufbau ist, Freundschaften entstehen, da sind Wege kurz und man begegnet sich daher oft im Alltag. Wir machen gemeinsame Ausflüge und so was.« (Violetta[248])

Der Aspekt der Freund*innenschaft und der gemeinsamen Freizeit ist es auch, was Alice[249] betont: »Wenn wir hier auf der Hütte sind und klettern gehen. Es ist bei mir so, dass die Gruppe sehr viel auch Freundeskreis ist und ich mir dafür einfach immer Zeit freischaufel.«

Von einem für sich genommen unscheinbaren Moment, der allerdings eine über die Gruppe hinausgehende Verbundenheit im Alltag äußert, berichtet Lisa[250]: »Leute in der U-Bahn zu treffen, die ich von der Ini kenne. Da gibt es Freundschaften, zwar in ungleichen Verhältnissen, aber man lernt sich so über Jahre kennen. Diese Verbindungen finde ich wahnsinnig wertvoll, auch für mich persönlich. Es gibt ein paar Momente, an die ich gerade gedacht habe, wo so eine Wertschätzung kam und ich mich persönlich einfach gefreut habe. Als ich zum Beispiel eine obdachlose Person, die ich kannte, auf der Straße getroffen habe, der hat mir dann einen Teddybären geschenkt.«

Bei diesen Erzählungen wird deutlich, wie sehr durch die Verstetigung der persönlichen Beziehungen in den Gruppen, die Grenze zwischen reiner politischer Arbeit und privatem Umgang ins Rutschen gerät. Dazu passend ist die Erzählung von Torte, wobei zu erinnern ist, dass er ursprünglich über eine Beratungsanliegen zu Basta gestoßen ist und die Menschen aus der Gruppe vorher nicht kannte: »Ich habe meinen Geburtstag hier gefeiert. Das war toll, meinen Geburtstag mit den Leuten hier zu verbringen. Es war eine Soliparty und ich habe reingefeiert. Das gemeinsam mit den Leuten zu planen, war einfach schön – es war für mich mein schönster Moment hier im Projekt Basta.«

Die eben beschriebenen Punkte finden sich in der Frage wieder, was die Einzelnen veranlasst, in der Gruppe zu bleiben. Die Antworten waren

248 Rothe Ecke Kassel
249 Schwarz-rote Bergsteiger*innen
250 Workers Center München

vielschichtig, meist wurde erst eine persönliche Verbundenheit und ein Vertrauen in den Antworten deutlich, aber auch das Gefühl, durch die Arbeit zu einer Reflexion über sich und die Arbeit angetrieben zu werden.

Die Ausführungen der Soligruppe Berlin der Gefangenen-Gewerkschaft sind umfassend und heben die wichtigsten Punkte der persönlichen Ebene nochmals hervor: »Durch, die Knast-Arbeit hast du immer wieder Aktionen, die umgesetzt werden müssen. Anders könnten wir die Menschen gar nicht unterstützen. Wenn wir nur zusammensitzen und darüber reden würden, das würde nicht funktionieren. Wir sind Sprachrohr und darauf müssen Aktionen folgen. Du bist praktisch gezwungen, aktiv zu bleiben. Das führt dazu, dass es immer wieder krasse Perspektivwechsel gibt. Ich habe in den letzten zwei Jahren mehr über mich selbst und meine Weltanschauung reflektiert, als in jeder Arbeit, die ich davor gemacht habe. In anderen Gruppen bist du dir dann halt irgendwann einfach nur noch einig und das ist der Stillstand von allem, es gibt keinen Perspektivwechsel mehr. Das passiert dir bei der Arbeit in der Soligruppe nicht. Wenn du auf Selbstreflexion stehst und darauf, immer wieder neue Dinge für dich selbst zu erarbeiten, dann ist das genau dein Ding! Mach mit, gönn dir!« (Laura[251])

Die Erlebnisse und Berichte der Gruppen zeigen neben der Bedeutung für die Einzelnen, ebenso deren gesellschaftliche Relevanz durch die Verankerung im Alltag. Zum Abschluss dieses Kapitels und auch des Buches wollen wir diesen zentralen Punkt des Organizings und einer linken Gegenstrategie, komprimiert, anhand prägender Momente, aus der Praxis darstellen. Es geht dabei über die Aktiven hinaus und zeigt, wie es möglich ist mit einer offenen und zugleich klaren politischen Linie Menschen zu erreichen und eine Politisierung in der Gesellschaft voranzubringen. Denn wenn es darum geht, einem weiteren Rechtsruck in der Gesellschaft entgegenzuwirken, ist es unerlässlich neue Mitstreiter*innen zu gewinnen und so ›der ganzen Bäckerei‹ ein Stück näher zu kommen.

Es fiel den Interviewten schwer, einzelne Situationen zu nennen, die für sie prägend waren. Oft war es ein Gefühl, was beschrieben wurde, welches sich in konkreten Momenten einstellt. Wir wollen mit diesen Beschreibungen enden und zugleich einen Ausblick auf eine Praxis geben, die in den kommenden Jahren viele solcher Erzählungen produzieren

251 Soligruppe Berlin der Gefangenen-Gewerkschaft

kann und – das ist zu hoffen – auch werden wird. Unerlässlich dafür muss aber sein, dass sich mehr Menschen für die Arbeit in einer neuen alten linken Praxis entschließen, deren Aktionsraum der Alltag von uns allen ist.

- ★ Christian vom Workers Center München: »Momente, wo ich so eine Kraft gespürt hab? Konkret ändert sich ja erstmal recht wenig und das ist frustrierend. Wenn man aber nach ein paar Jahren dann zurückschaut merkt man, dass sich zwar sehr langsam, aber trotzdem Dinge ändern und dass die Proteste was bringen, was aber weniger mit Freude verbunden ist. Freude ist eher in so starken kollektiven Momenten im Workers Center oder bei Protesten. Es gab schon öfters Demos oder wenn Leute Reden halten und es mir kalt den Rücken runter läuft und ich dann richtig ergriffen bin. Das gibt es immer wieder.«
- ★ Adam vom Roten Stern Leipzig: »Ich war sehr froh, als es dann notwendig wurde mit Flüchtlingen zu arbeiten, gerade hier in der Stadt. Da fanden sich ziemlich schnell Leute bei uns im Verein, die wirklich das Herz auf der richtigen Seite hatten und sehr tatkräftig in diesem Segment gearbeitet und gewirkt haben. Also die Flüchtlingsarbeit, die wir als Verein geleistet haben, fand ich sehr gut. Wir waren nie laut, andere Vereine haben dann mal ein Training gemacht und das dann groß an die Presse gegeben. Wir haben das eher so im Stillen gemacht, das hat mir sehr viel Freude bereitet. Wenn man gesehen hat, dass die ganze Aufbauarbeit, auch im Hinblick auf Infrastruktur und Struktur funktioniert. Das es dann Leute gibt, die als Trainer fungieren und das dann auch an der Stelle Früchte trägt, das ist völlig gut.«
- ★ Martina von der Soligruppe Berlin der Gefangenen-Gewerkschaft: »Bei einem gerade entlassenen Gefangenen war es besonders: Der kommt in Berlin an, mit seinem Backpack und sagt: ›Was geht heute noch? Ich habe vorhin gesehen, da ist eine Demo und ich habe im *Stressi* gelesen, da läuft eine Veranstaltung.‹ Und ich war so: ›Hu, der ist entlassen worden, was ist denn mit dir los?‹ Ich wäre wohl erst mal essen gegangen und hätte gefeiert, oder so. Aber der kam raus und war sofort da. Wir haben mit ihm geschrieben, jeden Tag Social Messenger quasi. Da hat er dann immer reingeschrieben: ›Was geht denn heute? Wo seid ihr heute unterwegs?‹ Das sind so Momente – cool! Er hat auch einmal ein Video geschickt, da war er auf einer Demo, wo eine Antifa Fahne geschwenkt worden ist und er hat gebrüllt ›Alerta Alerta‹ und hat die Flagge gefilmt.«

- ★ Michael von der Rothen Ecke Kassel: »Ich finde jeden Moment schön, wo man das Leuchten in den Augen der Leute sieht, die zum ersten Mal, egal was, eine Rede gehalten haben, sich getraut haben öffentlich zu opponieren, daneben zu benehmen und sich dabei gut zu fühlen oder ins Scheinwerferlicht zu treten. Wo man vorher dachte, das machen die nie. Das ist echt was, was mir so viel gibt. Da weiß ich, das Mühselige daran, das lohnt sich. Weil ich weiß, die Momente sind echt, die halten dann ja auch. Jemand der so einen Schritt macht geht nicht mehr so schnell zurück, das ist herrlich zu sehen. Davon habe ich durch die Arbeit, die wir da gemacht haben, mehr als die ganze Zeit vorher. Das ist gut.«
- ★ Torte von der Erwerbsloseninitiative Basta: »Also momentan sehe ich uns als sehr progressiv an und hab keinen Grund aufzuhören. Die Begleitgruppe motiviert mich sehr, es macht mir Spaß. Zum Beispiel vor zwei Jahren habe ich unsere Kontaktliste aufgeschlagen, angerufen und die meisten davon kannte ich nicht persönlich. Jetzt habe ich mich damit beschäftigt und Leute direkt angesprochen oder angeschrieben, ob sie zu unseren Begleittreffen kommen wollen und wenn nicht, gefragt was sie davon abhält? Es macht einfach total viel Spaß zu sehen, wie der Kreis und der Überblick größer wird. Direkten Kontakt zu den Leuten zu haben, ein persönliches Verhältnis zu den Leuten aufzubauen, das ist einfach sehr erfüllend, das gibt mir sehr viel Kraft.«
- ★ Maik von den Schwarz-roten Bergsteiger*innen über eine Veranstaltungstour in der Sächsischen Schweiz: »Das hat voll Kraft gegeben, also mit so super vielen netten Menschen da zu sein, mitzukriegen, dass das auch gut ankommt. Zum Beispiel in Pirna sind ein paar Leute stehen geblieben. In Königstein sind ein paar Leute vorbeigekommen und meinten, ›finde ich gut‹. Das war eine super schöne Erfahrung, das war echt toll. In Pirna, Freitagabend auf dem Marktplatz, da waren dann so mega viele Leute, das war einfach schön zu sehen. Dann haben sich am Brunnen irgendwelche Nazis gesammelt und wild telefoniert, aber auch einfach irgendwie gesehen: ›Scheiße, [hier geht nichts]‹. Also auch mal mit einer Veranstaltung da zu sein und zu sagen: ›Heute sind wir einfach mal mehr‹.«

Vielen Dank an: Adam, Alice, Basti, Christian, Dimis, Laura, Lisa, Maik, Martina, Michael, Torte und Violetta.

Literaturverzeichnis

Arendt, Hannah (1981): Vita activa oder Vom tätigen Leben. München: Piper Taschenbuchausgabe.

Butterwegge, Christoph / Hentges, Gudrun (Hrsg.) (2008): Rechtspopulismus, Arbeitswelt und Armut. Befunde aus Deutschland, Österreich und der Schweiz. Opladen und Farmington Hills: Verlag Barbara Budrich.

Bock, Violetta / Goes, Thomas / Vollmer, Lisa (2018): Elitenkritik, populare Bündnisse und inklusive Solidarität. sub\urban. zeitschrift für kritische stadtforschung, 6 (1), S. 119-128. In: http://zeitschrift-suburban.de/sys/index.php/suburban/article/view/342.

Böckler Impuls (2017): Wie sind die Vermögen in Deutschland verteilt? Ausgabe 04/2017. In: https://www.boeckler.de/107575_107592.htm.

della Porta, Donatella (2017): Progressive und regressive Politik im späten Neoliberalismus. In: Geiselberger, Heinrich (Hrsg.): Die große Regression. Eine internationale Debatte über die geistige Situation der Zeit. Berlin: Suhrkamp.

Decker, Samuel (2018): Die Debatte erweitern. Für eine stärkere Verankerung linker Politik im (Arbeits-) Alltag. In: Friedrich, Sebastian (Hrsg.): Neue Klassenpolitik. Linke Strategien gegen Rechtsruck und Neoliberalismus. Berlin: Bertz+Fischer.

Demirović, Alex (2012): Gesellschaft, Staat, Demokratie. Symposium der Rosa Luxemburg Stiftung. In: https://www.youtube.com/watch?v=K8jPfY1xfkc.

Demirović, Alex (2016): AfD = Rebellischer Konformismus. Klasse, Volk und linker Populismus. In: https://www.youtube.com/watch?v=qfoLAf4380M.

Demirović, Alex (2018): Autoritärer Populismus als neoliberale Krisenbewältigungsstrategie. In: http://prokla.de/wp/wp-content/uploads/2018/demirovic.pdf.

DGB / HBS (2018): Atlas der Arbeit. Daten und Fakten über Jobs, Einkommen und Beschäftigung. In: https://www.boeckler.de/pdf/atlas_der_arbeit_2018.pdf.

Ebner, Julia (2018): Wut. Was Islamisten und Rechtsextreme mit uns machen. Stuttgart: Konrad Theiss Verlag.

Eribon, Didier (2017): Gesellschaft als Urteil. Klassen, Identitäten, Wege. Berlin: Suhrkamp Verlag.

FelS (2011): ›Heinz Schenk Debatte‹. Texte zur Kritik an den Autonomen – Organisationsdebatte – Gründung der Gruppe. ›Für eine linke Strömung‹. In: https://fels.nadir.org/multi_files/fels/heinz-schenk-debatte_0.pdf.

Foltin, Robert (2016): Post-Autonomie. Von der Organisationskritik zu neuen Organisationsformen? Münster: Unrast-Verlag.

Friedrich, Sebastian (2011): Rassismus in der Leistungsgesellschaft. Analysen und kritische Perspektiven zu den rassistischen Normalisierungsprozessen der ›Sarrazindebatte‹. Münster: edition assemblage.

Friedrich, Sebastian/Schreiner, Patrick (Hrsg.) (2013): Nation. Ausgrenzung. Krise. Kritische Perspektiven auf Europa. Münster: edition assemblage.

Friedrich, Sebastian (2018): Neue Klassenpolitik. Eine Perspektive gegen die neoliberale und die rechte Erzählung. In: Friedrich, Sebastian (Hrsg.): Neue Klassenpolitik. Linke Strategien gegen Rechtsruck und Neoliberalismus. Berlin: Bertz+Fischer.

Fuchs, Dana (2017): Hassbriefe. Moscheebau, Sprache und antimuslimischer Rassismus in Deutschland. Münster: Unrast Verlag.

Goetz, Judith/Sedlack, Joseph Maria/Winkler, Alexander (Hrsg.) (2017): Untergangster des Abendlandes. Ideologie und Rezeption der rechtsextremen ›Identitären‹. Hamburg: Marta Press UG.

Harvey, David (2007): Kleine Geschichte des Neoliberalismus. Zürich: Rotpunktverlag.

Hilmer, Richard/Kohlrausch, Bettina/Müller-Hilmer, Rita/Gagné, Jérémie (2017): Einstellung und soziale Lebenslage. Eine Spurensuche nach Gründen für rechtspopulistische Orientierung, auch unter Gewerkschaftsmitgliedern. In: https://www.boeckler.de/pdf/p_fofoe_WP_044_2017.pdf.

ID Archiv (2005): Die Früchte des Zorns. Texte und Materialien zur Geschichte der revolutionären Zellen und der Roten Zora. Berlin: ID Verlag.

Jewelz/Buenaventura (2015): Maulwurf statt Adler, Der Kampf um den Alltag und die Risse im neoliberalen Kapitalismus. In: Arranca #48.

Kadritzke, Ulf (2017): Mythos ›Mitte‹. Oder: Die Entsorgung der Klassenfrage. Berlin: Bertz + Fischer GbR.

Kellershohn, Helmut/Kastrup, Wolfgang (2016) (Hrsg.): Kulturkampf von rechts. AfD, Pegida und die Neue Rechte. Unrast Verlag.

Kratzsch, Claudia/Maruschke, Robert (2016): Basisorganisierung verändert die

politische Landschaft. In: sub\urban. zeitschrift für kritische Stadtforschung 4 (2/3). S.103-122. In: http://www.zeitschrift-suburban.de/sys/index.php/suburban/article/view/236.

Lee, N'Tanya/Williams, Steve (2014): No Shortcuts. We Need Strategy. In: https://www.jacobinmag.com/2014/06/no-shortcuts/.

Lelek, Christian/Maruschke, Robert (2017): Basisorganiserung statt Spezialstrategie. In: AIB Nr. 117/ https://www.antifainfoblatt.de/artikel/basisorganisierung-statt-spezialstrategie.

Löwenthal, Leo (2017): Falsche Propheten. Studien zum Autoritarismus. Schriften 3. Frankfurt am Main: Suhrkamp Verlag.

Lühr, Thomas (2011): Prekarisierung und ›Rechtspopulismus‹. Lohnarbeit und Klassensubjektivität in der Krise. Köln: PapyRossa Verlag.

Marcks, Holger (2018): Skizzen eines konstruktiven Sozialismus. Teil I. In: https://direkteaktion.org/skizze-eines-konstruktiven-sozialismus-teil-1/.

Maruschke, Robert (2014): Community Organizing. Zwischen Revolution und Herrschaftssicherung. Münster: edition assemblage.

Marusche Robert (2016): Basisorganisierung als Herkulesaufgabe. Eine Replik zur Debatte. In: sub\urban. zeitschrift für kritische stadtforschung. 4 (2/3). S. 131-136. In: http://www.zeitschrift-suburban.de/sys/index.php/suburban/article/view/260.

Metz, Markus / Seeßlen, Georg (2018): Der Rechtsruck. Skizzen zu einer Theorie des politischen Kulturwandels. Berlin: Bertz + Fischer GbR.

*Nachtwey, Oliver (*2016): Die Abstiegsgesellschaft. Über das Aufbegehren in der regressiven Moderne. Berlin: Suhrkamp Verlag.

OJTR (1972): Der Aktivismus als höchstes Stadium der Entfremdung. In: http://raumgegenzement.blogsport.de/2013/05/07/der-aktivismus-als-hoechstes-stadium-der-entfremdung-1972/.

Pieschke, Miriam / Maruschke, Robert / Rokitte, Rico (2019): Transformative Organizing. Reading the Practice. Berlin: Rosa Luxemburg Stiftung. In: https://www.rosalux.de/fileadmin/rls_uploads/pdfs/sonst_publikationen/Transformative_Organizing.pdf.

Promberger, Markus / Jahn, Kerstin / Schels, Brigitte / Allmendinger, Jutta / Stuth, Stefan (2018): Existiert ein verfestigtes Prekariat? Prekäre Beschäftigung, ihre Gestalt und Bedeutung im Lebenslauf und die Konsequenzen für die Strukturierung sozialer Ungleichheit. In: https://www.boeckler.de/pdf/p_fofoe_WP_085_2018.pdf.

Rein, Harald (2018): Ringen um Würde. In: ak 636, 20. März 2018.

Rendueles, César (2017): Globale Regression und postkapitalistische Gegenbewegungen. In: Geiselberger, Heinrich (Hrsg.): Die große Regression. Eine internationale Debatte über die geistige Situation der Zeit. Berlin: Suhrkamp.

Reinfeldt, Sebastian (2013): Wir für euch. Die Wirksamkeit des Rechtspopulismus in Zeiten der Krise. Münster: Unrast Verlag.

Röpke, Andrea (2018): 2018. Jahrbuch rechte Gewalt. Chronik des Hasses. Hintergründe, Analysen und die Ereignisse 2017. München: Verlagsgruppe Droemer Knaur GmbH & Co. KG.

Schröder, Martin (2018): AfD-Unterstützer sind nicht abgehängt, sondern ausländerfeindlich. In: https://www.diw.de/documents/publikationen/73/diw_01.c.595120.de/diw_sp0975.pdf.

Seattle Solidarity Network (2016): Solidarische Netzwerke. Ein Leitfaden. In: http://zweiter-mai.org/files/2016/01/seasol-leitfaden-web-final.pdf.

Standing, Guy (2015): Prekariat. Die neue explosive Klasse. Münster: Unrast Verlag.

Terkessidis, Mark (2015): Kollaboration. Berlin: Suhrkamp Verlag.

Williams, Steve (2011): Paneldiskussion. Was genau ist transformatorisch an unserer Praxis? Welche Ansätze und Praxen sind erfolgreich? In: Revolutionäre Realpolitik in Zeiten von Kürzungspolitik und Krise. Konferenz der Rosa Luxemburg Stiftung 22.09.2011 – 24.09.2011 in Berlin. In: https://youtu.be/B4Y6GKzG9NQ.

Williams, Steve (2013): Fordert Alles. Lehren aus dem Transformativen Organizing. In: http://www.rosalux-nyc.org/wp-content/files_mf/williams_transformatives_organizing.pdf.

Williams, Steve (2015): Den Wandel organisieren. Eine Best-Practice-Studie zum Modell des ›Transformative Organizing‹ in den USA. In: https://www.rosalux.de/fileadmin/rls_uploads/pdfs/engl/williamsdeu2015.pdf.

Zander, Michael (2018): Gegen jede Unterdrückung. Historische Alternativen zur Gegenüberstellung von Klassen- und Identitätspolitik. In: Friedrich, Sebastian (Hrsg.): Neue Klassenpolitik. Linke Strategien gegen Rechtsruck und Neoliberalismus. Berlin: Bertz+Fischer.

Zick, Andreas / Klein, Anna (2014): Fragile Mitte. Feindselige Zustände. Rechtsextreme Einstellungen in Deutschland 2014. Bonn: Dietz Verlag.

Zeitungen

ak (2017 / 2018): Hetzen und Jammern. Wie rechte Normalisierung funktioniert und wie Gegenstrategien aussehen könnten.

ak (2018): Haltet die Klappe, Bolschewistinnen! 637 / 17. April 2018.

Berliner Morgenpost (2016): Berliner Mieten seit 2009. Wo sich die Preise verdoppelt haben. In: https://interaktiv.morgenpost.de/berlinmieten/.

Berliner Zeitung (2017): Anschlag am Breitscheidplatz. Sahra Wagenknecht gibt Angela Merkel ›Mitverantwortung‹. In: https://www.berliner-zeitung.de/politik/anschlag-am-breitscheidplatz-sahra-wagenknecht-gibt-angela-merkel-mitverantwortung--25483522.

Berliner Zeitung (2018): Ostbeauftragter Christian Hirte. Ausländerfeindlichkeit »menschlich verständlich«. In: https://www.berliner-zeitung.de/politik/ostbeauftragter-christian-hirte-auslaenderfeindlichkeit--menschlich-verstaendlich--29946204.

Blätter für deutsche und internationale Politik (2018): Debatte oder Protest: Wie weiter gegen rechts? In: https://www.blaetter.de/archiv/jahrgaenge/2018/juni/debatte-oder-protest-wie-weiter-gegen-rechts.

Der Rechte Rand (2017): Mit Rechten reden?. In: https://www.der-rechte-rand.de/archive/2678/nicht-mit-rechten-reden/.

Passauer Neue Presse (2018): Andrea Nahles (SPD). Wir können nicht alle bei uns aufnehmen. In: https://www.pnp.de/nachrichten/politik/2958688_Andrea-Nahles-SPD-Wir-koennen-nicht-alle-bei-uns-aufnehmen.html.

Spiegel (2017): Dissonantes Pathos. 6/2017.

Stern (2017): Wagenknecht gibt Merkel Mitverantwortung für Berliner Anschlag. In: https://www.stern.de/politik/deutschland/stern--sahra-wagenknecht-gibt-Vmerkel-mitverantwortung-fuer-berlin-anschlag-7265304.html.

Tagesspiegel (2018a): Dobrindt beklagt eine ›Anti-Abschiebe-Industrie‹. In: https://www.tagesspiegel.de/politik/csu-landesgruppenchef-dobrindt-beklagt-eine-anti-abschiebe-industrie/21248990.html.

Tagesspiegel (2018b): 30.000 Menschen leben in Noteinrichtungen. In: https://www.tagesspiegel.de/berlin/obdach-und-wohnungslosigkeit-in-berlin-30-000-menschen-leben-in-noteinrichtungen/20975868.html?fbclid=IwAR35p2hfBmnUjMwC3ZgGYYsbtR_l_5ZD781B_rgNavMUqFYdID_uq4mPh3M.

rechte Quellen

de Benoist, Alain (1985): Kulturrevolution von rechts. Gramsci und die Nouvelle Droite. Krefeld: Sinus Verlag.

Kubitschek, Götz (2007): Provokation. Schnellroda: Antaios Verlag.

Tichys Einblick (2017): Götz Kubitschek. Wir stellen Normalität her. In: https://www.tichyseinblick.de/kolumnen/alexander-wallasch-heute/goetz-kubitschek-wir-stellen-normalitaet-her/.

von Waldstein, Thor (2015): Metapolitik. Theorie, Lage, Aktion. Schnellroda: Antaios Verlag.

Adressen

Basta Erwerbsloseninitiative Berlin

http://basta.blogsport.eu/

bastaberlin@systemli.org

Beratung

Schererstr. 8 in Berlin-Wedding

Dienstag 14 – 17 Uhr, Englisch, Italienisch, Deutsch, Spanisch

Mittwoch 10 – 13 Uhr, Englisch, Deutsch, Serbo-Kroatisch

Lunte, Weisestr. 53 in Berlin-Neukölln

jeden 2., 4., & 5. Donnerstag 18 – 20 Uhr, Sozialberatung zu ALG II, Englisch, Deutsch, Italienisch, Französisch und Türkisch

WiLMa, Magdalenenstr. 19 in Berlin-Lichtenberg

jeden 1. & 3. Donnerstag 18 – 20 Uhr, Sozialberatung zu ALG II, Englisch und Deutsch

Roter Stern Leipzig '99 e.V.

https://roternsternleipzig.de/

info@rotersternleipzig.de

Rothe Ecke Kassel

http://rothe-ecke.de/

Naumburger Straße 20a; 34127 Kassel

Schwarz-rote Bergsteiger*innen

https://srb.fau.org/

akfreizeit@riseup.net

Soligruppe Berlin der Gefangenen-Gewerkschaft / Bundesweite Organisation (GG / BO)

https://ggboberlin.blackblogs.org/

berlin@ggbo.de

Gefangenenhandy: 0174 8117954

Gefangenen-Gewerkschaft / Bundesweite Organisation (GG / BO)

c/o Haus der Demokratie und Menschenrechte, Greifswalder Straße 4, 10405 Berlin

https://ggbo.de/

ggbo@ggbo.de

Festnetz für Gefangene: 0341 39294884 (Anrufbeantworter)

Workers Center München

Initiative Zivilcourage – Infocafé im Infozentrum Migration und Arbeit

http://inizivi.antira.info/

Sonnenstraße 12, 80331 München

inizivi@gmx.de

Beratung

jeden Dienstag 14-17 Uhr

Kathrin Glösel & Hanna Lichtenberger

UNBEUGSAM & UNBEQUEM

Debatten über Handlungsräume und Strategien gegen die extreme Rechte

2018 | 296 Seiten | 18.00 €
ISBN 978-3-89771-232-4

Gespräche über Aktivismus gegen Hass, Abwertung und Hetze

Das vorliegende Debatten-Buch zeigt antifaschistische, widerständige Praxen auf und diskutiert anhand von sechs konkreten Politikfeldern Strategien, um eine handlungsfähige Gegenöffentlichkeit gegenüber der erstarkenden extremen Rechten zu schaffen. Dabei werden rechtliche, mediale, aktionistische sowie politstrategische Möglichkeiten gemeinsam mit Akteur*innen besprochen. Im Zentrum steht die Frage, wie widerständige Strategien entwickelt und der modernisierten extremen Rechten praktisch entgegengetreten werden kann.

Jule Bönkost (Hg.)

Unteilbar

Bündnisse gegen Rassismus

208 Seiten | 14 €
ISBN 978-3-89771-251-5

Über die Bandbreite der Widerstandsformen durch antirassistische Bündnisse

Unter den komplexen Herrschaftsverhältnissen einer global vernetzten, postkolonialen Gesellschaft (wie der deutschen) bedarf es im Kampf gegen Rassismus tragfähiger politischer Bündnisse. Doch welche Voraussetzungen müssen erfüllt sein, welche Aufgaben übernommen und welche Herausforderungen gemeistert werden, damit diese dauerhaft wirken können? Ausgehend von der Rassismusforschung beleuchten die Autor*innen intersektionale Sichtweisen und transnationale Perspektiven, die das Ziel haben, Rassismus als strukturelles Herrschafts- und Unterdrückungssystem abzubauen.

»Ein gelungener Sammelband, der nicht nur aufzeigt, wie wichtig die intersektionale Arbeit gegen rassistische Herrschaftsverhältnisse ist, sondern auch konkrete Beispiele liefert, wie das gelingen kann.«

ts, pogrom

Dana Fuchs

Hassbriefe

Moscheebau, Sprache und antimuslimischer Rassismus in Deutschland

2017 | 120 Seiten | 9.80 €
ISBN 978-3-89771-239-3

Reaktionen auf Moscheebauvorhaben in Berlin und Köln zeigen, wie offen und unhinterfragt rassistische Argumente mittlerweile formuliert werden.

Die Grenze des Sagbaren hat sich verschoben. Neue Rechte Bewegungen und wütende Bürger*innen hetzen schonungslos gegen Muslim*innen.

Mittlerweile werden rassistische Argumente offen formuliert und selten hinterfragt.

Dieses Buch analysiert knapp 200 Zuschriften, die während der Moscheebauvorhaben in Berlin und Köln an diverse stadtpolitische Akteur*innen geschickt wurden. Die Ergebnisse liefern Aussagen darüber, wie sich ein antimuslimisch-rassistischer Sprachgebrauch äußert, welche Begriffe verwendet und welche Bilder gezeichnet werden.

UNRAST Verlag | www.unrast-verlag.de | info@unrast-verlag.de